Helga Thoma
»Madame, meine teure Geliebte…«

Zu diesem Buch

SERIE PIPER

Die Herrscher des 17. und 18. Jahrhunderts konnten zwar ungehindert Kriege führen, Abgaben eintreiben und Schlösser bauen, beim Heiraten aber mußten sie sich der Staatsräson beugen: Fürstenehen hatten den dynastischen Erfordernissen zu entsprechen, der Repräsentation zu dienen und Thronerben hervorzubringen. Fürs Herz hielten sich insbesondere die französischen Könige Mätressen: geistreiche, schöne, sinnliche Frauen, die mit Intelligenz und diplomatischem Geschick erheblichen Einfluß auf die Staatsgeschäfte der Monarchen gewannen und mit unvorstellbarem Luxus verwöhnt wurden. Daß sie keineswegs nur genußsüchtige, eitle und verruchte Geschöpfe waren, zeigt Helga Thoma in sieben Porträts berühmter Mätressen der französischen Könige, und sie bricht eine Lanze für diese Frauen, die beim Volk verhaßt, aber bei Hof von großem Einfluß waren.

Helga Thoma, geboren 1958 in Klosterneuburg, schloß ihr Studium der Romanistik und Germanistik mit einer Dissertation über die Beziehung von Literatur und Tanz in der französischen Literatur ab. Nach mehrjähriger Tätigkeit in der Privatwirtschaft seit 1994 freie Autorin in Klosterneuburg, wo sie seit 1995 auch eine Ballettschule leitet.

Helga Thoma

»*Madame, meine teure Geliebte...*«

Die Mätressen der französischen Könige

Mit 11 Porträts

Piper München Zürich

Für Michael

Ungekürzte Taschenbuchausgabe
Piper Verlag GmbH, München
November 1998
© 1996 Verlag Carl Ueberreuter, Wien
Umschlag: Büro Hamburg
Simone Leitenberger, Susanne Schmitt, Annette Hartwig
Abbildung Umschlagvorderseite: Hubert Drouais
(»Madame du Barry«, Archiv für Kunst
und Geschichte, Berlin)
Druck und Bindung: Clausen & Bosse, Leck
Printed in Germany   ISBN 3-492-22570-5

INHALT

VORWORT

Mit dem Begriff Mätresse assoziieren wir heute in erster Linie Lasterhaftigkeit, Ausschweifung und Verschwendungssucht. Die Geschichtsschreibung des moralisierenden 19. Jahrhunderts hat die großen Geliebten vergangener Zeiten zu oberflächlichen, genußsüchtigen, eitlen und verantwortungslosen Geschöpfen, ja zu Urheberinnen des sittlichen und finanziellen Verfalls einer ganzen Epoche gestempelt und damit ein Bild von ihnen geprägt, das sich bis in unsere Tage gehalten hat. – In Wahrheit aber waren die Mätressen zumeist viel besser als ihr Ruf.

Die Herrscher des 17. und 18. Jahrhunderts hatten in politischer Hinsicht – zumindest dem Anspruch nach – absolute Macht; nur wenn es um ihr persönliches Glück ging, mußten sie sich der Staatsräson und dynastischen Forderungen beugen. Fürstenehen wurden ausschließlich aus politischen Erwägungen geschlossen. Kein Mensch fragte dabei nach Neigungen oder Sympathien. So wundert es nicht, daß die königlichen Ehepartner kaum jemals zueinander paßten.

Die Monarchen betrachteten ihre Ehen als Pflichterfüllung und teilten das Bett mit ihren Gemahlinnen lediglich, um legitime Nachkommen zu zeugen und damit die Thronfolge zu sichern. Ihr emotionelles Defizit, das dadurch zwangsläufig entstand, deckten sie bei ihren Mätressen.

Diesen Frauen kam somit eine weitaus größere Rolle zu als bloß die der Bettgespielin. Sie waren die frei gewählten Lebenspartnerinnen, die dem König das schenkten, was die Königinnen nicht geben konnten, nämlich Liebe, Sinnlichkeit, Verständnis und Vertrauen.

Die Mätressen waren alles andere als kurzlebige Affären oder flüchtige Abenteuer. Sie bedeuteten den Männern, die sie liebten, so viel, daß diese sich in aller Öffentlichkeit zu ihnen bekannten und ihnen den Titel einer »maîtresse en titre«, also einer offiziellen Geliebten, verliehen. Sie waren die ungekrönten Königinnen.

Die Zeit des Absolutismus war also auch die Zeit der großen Mätressen. Sie tummelten sich an beinahe allen europäischen Höfen. August der Starke, Kurfürst von Sachsen, etwa oder auch Karl II. von England waren bekannt für die Vielzahl ihrer Geliebten. Vor allem aber in Frankreich wurden die Mätressen zur Institution, und einige der Favoritinnen der französischen Könige erlangten sogar historische Berühmtheit: Wenn etwa von Ludwig XV. die Rede ist, denkt wohl kaum jemand daran, daß eine gewisse Maria Lesczynska seine Gemahlin war, aber jeder weiß, daß Madame Pompadour und die Gräfin du Barry seine Geliebten waren.

Jede dieser Frauen war auf ihre Weise außergewöhnlich, und ebenso außergewöhnlich war auch das Leben, das sie führten.

Es schien mir daher wert, sieben dieser großen Mätressen zu porträtieren und damit vielleicht auch das Bild, das die Nachwelt von ihnen gezeichnet hat, ein wenig zurechtzurücken.

DIANE DE POITIERS

(1499–1566)

Nie zuvor in der Geschichte und niemals wieder hat eine Mätresse einen König so beherrscht wie Diane de Poitiers Heinrich II. von Frankreich. Sie galt als die schönste Frau ihrer Zeit, ein Ruf, der sie überraschenderweise ihr ganzes Leben begleitete, obwohl sie immerhin 66 Jahre alt wurde. Manche Legende rankte sich um die scheinbar unvergängliche Schönheit dieser faszinierenden Frau. Man murmelte, sie besitze das Geheimnis der ewigen Jugend. Denn in einem Alter, in dem sich im 16. Jahrhundert viele Damen bereits zurückzogen und ihren Lebensabend mit Lektüre und Handarbeit vorbereiteten, setzte Diane de Poitiers – sie war damals 37 Jahre alt – einen Schritt, der ihr Leben veränderte und sie zur mächtigsten und reichsten Frau ihres Landes machte: Sie wurde die Mätresse des 17jährigen Dauphins, des späteren Heinrich II. von Frankreich.

Bis zu diesem Zeitpunkt hatte nichts darauf hingewiesen, daß die Tochter von Jean de Poitiers, Sire de Saint-Vallier, und Jeanne de Batarnay einmal historische Bedeutung erlangen würde.

Um die Wende vom 15. zum 16. Jahrhundert befand sich Europa im Aufbruch: Die Beengtheit des Mittelalters machte der Großzügigkeit der Renaissance Platz, die, ausgehend von Italien, auch in Frankreich Einzug hielt. Hier fanden die neue Geisteshaltung und der verfeinerte Lebensstil einen fruchtbaren Boden.

Karl VII. hatte durch seine Erbansprüche auf das Königreich Neapel die französische Italienpolitik eingeleitet, die von seinen Nachfolgern Ludwig XII., Franz I. und Heinrich II. fortgesetzt wurde. Politisch gesehen brachten die Italienfeldzüge Frankreich wenig Glück, auf kulturellem und geistigem Gebiet jedoch bescherten sie dem Land einen enormen Aufschwung. Die Jenseitsbezogenheit der Vergangenheit wich einer sinnenfrohen Diesseitigkeit, die sich in bisher unbekannter Prachtentfaltung und verschwenderischem Luxus der adeligen Gesellschaft niederschlug.

Hohe Bildung sowie Sinn für Schönheit und Kunst wurden groß geschrieben. Ein Adeliger, der auf sich hielt, mußte Gedichte schreiben und die Laute spielen können, geistreich in der Konversation sein und gewandt in den feinen Umgangsformen: ein ideales Umfeld für Dichter, Maler, Bildhauer und Architekten. Frankreich entwickelte sich so bald zu einem Zentrum der Renaissancekunst.

In dieser Zeit der Erneuerungen wurde Diane de Poitiers am 31. Dezember 1499 hineingeboren.

Die Poitiers waren eine alte, sehr angesehene Familie, die in enger Beziehung zum Hause Bourbon stand, dessen Oberhaupt Anna von Beaujeu war. Anna, eine kluge und willensstarke Frau mit großen politischen Fähigkeiten, hatte von 1483 bis 1491 für ihren Bruder Karl VIII. die Regentschaft innegehabt. Nach dessen Tod wurde Ludwig XII. König, und Anna zog sich mit ihrem Gemahl Pierre von Beaujeu, der inzwischen Herzog von Bourbon geworden war, aus der Politik zurück.

Vieles deutet darauf hin, daß die kleine Diane de Poitiers häufig am Hofe der ehemaligen Regentin verkehrte, zumal diese eine Tochter namens Suzanne hatte, die nur um acht Jahre älter war als Diane. Suzanne soll ziemlich unattraktiv gewesen sein, sollte aber als einziges Kind des Herzogspaares einmal Titel und Besitzungen erben. 1505 wurde sie mit ihrem Vetter Karl von Bourbon verheiratet, der später als der Konnetabel von Bourbon Geschichte machte.

Wahrscheinlich war Diane auch einige Male am Königshof, denn auch dort gab es ein gleichaltriges Mädchen: Claude, die Tochter des Königs Ludwig XII., ein zartes, sanftes und wenig hübsches Geschöpf.

Wie sehr unterschied sich Diane von diesen beiden Mädchen! Sie strotzte nur so vor Gesundheit und Vitalität und entwickelte sich bald zu einer außergewöhnlichen Schönheit, die nicht zu übersehen war, wenngleich sie nur wenig dem damals herrschenden Ideal der Renaissancefrau entsprach.

Diane war nicht sanft und zerbrechlich, sondern glich mit ihrer Kraft und Energie vielmehr einer Amazone. Man darf sich dieses Mädchen nicht am Fenster eines Schlosses sitzend vorstellen, den Stickrahmen in der Hand, sehnsüchtig-melancholisch in die Ferne blickend; eher als schlanke Gestalt, hoch zu Roß in wildem Galopp hinter der Meute herjagend, stets eine schwarze Samtmaske vor dem Gesicht, um den blassen, makellosen Teint gegen Sonne und Zweige zu schützen.

Schon von frühester Jugend an war Diane eine hervorragende Reiterin. Sie begleitete ihren Vater auf ausgedehnte Jagden und war auch sonst alles andere als eine Mimose: Sie liebte das Aufstehen im Morgengrauen ebenso wie das Bad im eiskalten Fluß. Letzteres war übrigens eine Vorliebe, die sie zeit ihres Lebens beibehielt und der sie wahrscheinlich ein Gutteil ihrer sprichwörtlichen Gesundheit verdankte.

Im Jahre 1514 heiratete Claude von Frankreich ihren Cousin Franz von Angoulême, der ab 1515 als Franz I. regierte. Mademoiselle de Poitiers wurde Hofdame bei der jungen Königin. Sie war zwar noch keine 16 Jahre alt, doch für damalige Verhältnisse bereits im heiratsfähigen Alter. Deshalb fädelte der Konnetabel von Bourbon, ein enger Freund Jean de Poitiers', ihre Hochzeit mit einem der bedeutendsten Männer des Landes ein, mit Louis de Brézé. Diane wurde natürlich nicht gefragt, ihr Vater aber war mächtig stolz, einen solchen Mann zum Schwiegersohn zu bekommen. Und so wurde sie am 29. März 1515 mit Louis de Brézé, Graf von Maulevrier, Baron von Bec-Crespin und Mauny, Herr von Nogent-le-Roi, Anet, Brissa, Brévalta und Montchauvet, Großseneschall der Normandie, vermählt.

Brézé war 56 Jahre alt, also um genau 40 Jahre älter als Diane. Er hatte einen Buckel, und Zeitgenossen beschrieben ihn als ausgesprochen häßlich. Doch in seinen Adern floß königliches Blut, denn seine Mutter war eine legitimierte Tochter von Karl VII. und der schönen Agnes Sorel gewesen.

Selbst im 16. Jahrhundert, als derartige Arrangements durchaus gang und gäbe waren, wäre eine 15jährige bei der Aussicht auf eine Ehe mit einem unansehnlichen Greis alles andere als erfreut gewesen. Nicht so Diane. Stolz ging sie diese Verbindung ein, Louis de Brézé war schließlich einer der bedeutendsten Männer Frankreichs. Und Ehrgeiz war schon damals ein herausragender Charakterzug der Diane de Poitiers.

Doch es waren nicht nur Stolz und Ehrgeiz, Diane liebte ihren Gemahl aufrichtig. Ihre Briefe geben darüber Auskunft. Sie hatte Sehnsucht nach ihm, wenn er sich auf einer seiner zahlreichen Reisen befand oder den König auf einem Feldzug begleitete. Zu keiner Zeit ließ sie ein Wort des Abscheus oder des Bedauerns über ihre Ehe hören.

Das gemeinsame Leben mit Louis de Brézé über 16 Jahre hindurch prägte Diane entscheidend hinsichtlich ihrer geistigen Entwicklung. Ihr kluger und erfahrener Gemahl weckte in ihr den Sinn für Politik, Macht und Kalkül. Von ihm lernte sie Selbstbeherrschung und überlegtes Handeln. Ruhm und Reichtum für seine Familie zu erlangen war Brézés oberste Maxime. Und Diane war eine gute Schülerin – sie sollte es darin noch zur Perfektion bringen.

Die ersten Jahre ihrer Ehe verbrachte Diane auf Schloß Anet, dem Sitz ihres Gemahls in der Normandie, wo sie häufig Gäste, darunter auch den König empfing. Oft begleitete sie ihren Gatten auch auf seinen Reisen und natürlich an den Hof, wo sich ihre Schönheit bald herumgesprochen hatte.

1517 schenkte Diane einer Tochter, Françoise, das Leben. Zwei Jahre später folgte ein weiteres Mädchen, Louise. In jenem Frühjahr 1519 kam auch Königin Claude mit ihrem zweiten Sohn, Heinrich, nieder. Damals ahnte natürlich noch niemand, welche Bedeutung dieser Knabe einmal im Leben der Madame de Brézé spielen sollte.

Während sich die Königin nur langsam von der Geburt erholte, war Diane dank ihrer robusten Konstitution bald wieder am Hofe zu sehen, um, schöner denn je, ihren Dienst als Hofdame neuerlich anzutreten – ein Dienst, der sich für eine so hochgestellte Dame wie Diane auf die Anwesenheitspflicht reduzierte.

Die Sitten waren in den vergangenen Jahren bei Hofe immer lockerer geworden. Eine Mätresse oder einen Liebhaber zu haben gehörte beinahe zum guten Ton. Der König selbst diente darin als Vorbild. Franz I. war als großer Frauenheld bekannt: Neben seiner damaligen offiziellen Geliebten, Madame de Châteaubriant, hatte er ständig irgendwelche Liebesabenteuer, während seine Gemahlin ein sehr zurückgezogenes Leben zwischen Gebeten, Handarbeit und Wohltätigkeit führte.

Dianes auffallende Schönheit sorgte unter diesen Bedingungen natürlich für eine gewisse Unruhe sowohl unter den Damen als auch unter den Herren des Hofes. Doch sie blieb ihrem Gatten treu. Sie war kühl und distanziert in ihrem Verhalten und erzählte jedem, der es wissen wollte, welch glückliche Ehe sie mit dem alten Großseneschall führte.

Aus dieser Zeit, also etwa um 1520, stammt auch das älteste erhaltene Bildnis der jungen Madame de Brézé. Es zeigt eine gesunde, kräftige junge Frau mit breiten Schultern und ausladendem Dekolleté. Die Gesichtszüge sind noch nicht so markant wie auf späteren Porträts. Die blonde Haarfülle verbirgt fast zur Gänze die gewölbte Stirn, die Nase ist gerade, der Blick entschlossen. Die schmalen Lippen mit dem hochmütigen, etwas herablassenden Ausdruck lassen bereits eine willensstarke und berechnende Persönlichkeit erkennen.

Das Bild gehörte zu einer Sammlung von Gemälden schöner Frauen, die der König hatte anlegen lassen. Alle Porträts pflegte er eigenhändig mit einem Kommentar zu versehen. Unter Dianes Bildnis schrieb er die Worte: »Schön anzusehen, ehrbar im Umgang«, und bestätigte damit ihre Unnahbarkeit. Trotzdem fanden sich später immer wieder Historiker, die ihr ein Verhältnis mit Franz I. unterstellten, obwohl es dafür keinerlei Hinweise gibt.

Das Leben der Diane de Poitiers verlief in ruhigen Bahnen mit einem geordneten Tagesablauf, der stets mit dem kalten Bad am Morgen und einem langen Ausritt begann – bis im Jahre 1524 ein Schatten auf ihr glückliches Dasein fiel.

Die zweite kontinentale Großmacht in Europa war neben Frankreich das Haus Habsburg. Karl V., in dessen Reich »die Sonne nie unterging«, war also schon aus politischen Gründen der erklärte Erzfeind des französischen Königs. Hinzu kam noch eine regelrechte Antipathie zwischen den beiden Herrschern, die in der Verschiedenartigkeit ihrer Charaktere begründet war. Karl V. war ebenso ernst, streng und asketisch, wie Franz I. lebensfroh, leichtfertig und verschwenderisch war. Die geopolitische Situation im Verein mit dem gegenseitigen persönlichen Unverständnis war der Auslöser für einen fast 40jährigen Konflikt zwischen den beiden Ländern.

1519 kandidierte Franz I. bei der römisch-deutschen Kaiserwahl und unterlag Karl V. Später suchte er Allianzen mit Habsburgs Feinden wie Heinrich VIII. von England, dem Osmanischen Reich oder den protestantischen Fürsten Deutschlands. Er hatte allerdings wenig Glück damit. Heinrich VIII. verbündete sich mit dem Kaiser, und die beiden anderen Bündnispartner brachten dem französischen König die Proteste der Katholischen Liga und des Papstes ein. Obwohl Franz I. unter seinen Beratern zahlreiche Befürworter einer Aussöhnung mit Karl V. hatte, war eine Auseinandersetzung so gut wie vorprogrammiert. Von 1521 bis 1559 befand sich Frankreich in einem ständigen Kriegszustand mit Spanien, der lediglich durch ein paar kurzfristige Waffenstillstände und Friedensverträge unterbrochen wurde.

1523 wäre Frankreich beinahe dem Verrat eines seiner höchsten Adeligen zum Opfer gefallen. Der Konnetabel Karl von Bourbon ging nämlich mit dem Kaiser ein geheimes Bündnis ein. Er tat dies allerdings weniger aus staatspolitischen Überlegungen als vielmehr aus persönlichen Ressentiments: Seine Gemahlin Suzanne de Bourbon – wir haben sie als Jugendgefährtin Dianes kennengelernt – war 1521 gestorben und hatte in ihrem Testament ihren Gatten zum Universalerben gemacht. Louise von Savoyen, die ehrgeizige Mutter des Königs Franz I. und Cousine der Verstorbenen, focht das Testament jedoch an: Suzanne war kinderlos geblieben, also sollten ihre riesigen Besitzungen nun an die Krone zurückfallen.

Zwar hatte Ludwig XII. seinerzeit den Konnetabel als rechtmäßigen Erben des Hauses Bourbon anerkannt, doch die Königinmutter wollte nichts davon wissen und strengte einen Prozeß gegen Karl von Bourbon an.

Dieser, verbittert und gekränkt durch solch ein Vorgehen, fürchtete um sein Erbe. Schließlich sah er wohl keinen anderen Ausweg mehr, als sich mit Frankreichs Feinden zu verbünden: Sobald König Franz nach Italien aufgebrochen war, sollten die Armeen des Kaisers und Heinrich VIII. von England in Frankreich einfallen.

Doch der Verrat flog auf: Zwei Helfershelfer des Konnetabel wollten ihr

Gewissen erleichtern, indem sie zur Beichte gingen. Der Priester jedoch erkannte, daß es hier um das Schicksal Frankreichs ging, und brach sein Schweigegelübde. Er informierte keinen geringeren als den Großseneschall der Normandie, Louis de Brézé, der sofort seinen König in Kenntnis setzte.

Brézé sah sich und seine Familie schon für alle Zeiten mit Ruhm bedeckt, als sich herausstellte, daß sein Schwiegervater in die Sache verwickelt war. Der Konnetabel hatte nämlich seinem Freund Jean de Poitiers von seinem Plan erzählt. Dieser, stets ein treuer Untertan seines Königs, wollte sich – wie er in späteren Vernehmungen beteuerte – auf keinen Fall an dem Vorhaben beteiligen, und er warnte Bourbon vor den Folgen seines Handelns. Aber gleichzeitig schwieg Poitiers. Er stellte seine Loyalität gegenüber dem Freund über jene gegenüber der Krone. Und das war Hochverrat.

Karl von Bourbon konnte rechtzeitig fliehen und begab sich unter den Schutz des Kaisers Karl V. Jean de Poitiers aber wurde 1524 gefangengenommen und zum Tode verurteilt. Er hatte das Schafott bereits bestiegen, als ein Bote mit dem Begnadigungsschreiben des Königs eintraf.

Die Situation war wie geschaffen für die Entstehung jener Legende, die sich bis heute gehalten hat. Demnach soll sich Diane, die unnahbare Schöne, dem allseits als Lüstling bekannten König hingegeben haben, um das Leben ihres Vaters zu retten. Doch es war allein das Ansehen und der Einfluß von Dianes Gemahl, die Franz I. veranlaßten, das Todesurteil gegen Jean de Poitiers aufzuheben. Schließlich war es Louis de Brézé gewesen, der den Verrat aufgedeckt hatte. Zum Dank dafür mag ihm der König das Leben seines Schwiegervaters geschenkt haben.

Der Feind im eigenen Haus war mit dieser Affäre geschlagen, doch der Krieg ging weiter.

Um das Mailänder Gebiet, das seit 1500 im Besitz Frankreichs war, gegen Karl V. zu verteidigen, zog Franz I. wieder ins Feld. 1525 erlitt er in der Schlacht von Pavia eine verheerende Niederlage. Er wurde gefangengenommen und sah sich gezwungen, den Vertrag von Madrid zu unterzeichnen. Um dessen Einhaltung zu gewährleisten, mußte der König im Gegenzug für seine Freilassung seine beiden kleinen Söhne als Geiseln an die Spanier übergeben.

Louise von Savoyen, die Mutter des Königs, war während der Abwesenheit ihres Sohnes Regentin von Frankreich. Sie stimmte dem Ansinnen der Spanier zu, denn sie vergötterte ihren Sohn, den sie immer ihren »César« nannte, und hätte wahrscheinlich so gut wie alles für seine Freilassung getan. Das Schicksal ihrer beiden Enkel, die inzwischen ihre Mutter verloren hatten –

Königin Claude war 1524 gestorben –, schien sie nicht so sehr zu berühren, sonst hätte sie sie wohl kaum ohne größeren Widerstand an den Feind ausgeliefert.

1526 fand die Übergabe der Kinder in Bayonne statt. Diane war im Gefolge der Königinmutter dabei. François, der Dauphin, war gerade acht und sein Bruder Heinrich ganze sieben Jahre alt. Während sich die übrigen Hofdamen um den Thronfolger kümmerten und versuchten, ihm etwas von seiner Angst vor dem Aufenthalt in einem fremden Land zu nehmen, widmete sich die Großseneschallin dem kleinen Heinrich, der dankbar ihre mütterliche Zuneigung annahm. Niemand konnte damals ahnen, daß mit dieser Geste von Madame de Brézé der Grundstein für eine der erstaunlichsten Liebesbeziehungen gelegt wurde.

Erst vier Jahre später kamen die beiden Knaben gegen ein enormes Lösegeld wieder frei. Ein neuer Friede, jener vom Cambrai, wurde geschlossen und sollte mit der Vermählung Franz' I. und der Schwester Karls V. besiegelt werden.

Zum Empfang der Prinzen fand sich der Hof in Bordeaux ein. Wieder war es die schöne Madame de Brézé, inzwischen 30 Jahre alt, die den verstörten kleinen Heinrich in die Arme schloß. Das Kind hatte sie nicht vergessen und war glücklich über die Wärme, die sie ihm entgegenbrachte und die er bisher nie erfahren hatte.

Heinrichs Bewunderung für Diane wurde von Tag zu Tag größer, und er schloß sich immer mehr an die schöne Frau an. Mit der Zeit entwickelten sich seine Gefühle zu einer tiefen und leidenschaftlichen Liebe, die die Welt mit ungläubigem Staunen zur Kenntnis nehmen mußte.

Am 8. Juli 1530 fand die Hochzeit von Franz I. mit Eleonore von Österreich statt. Im Zuge der Feierlichkeiten wurde auch ein Turnier veranstaltet, an dem die beiden älteren Söhne des Königs teilnehmen durften. In ihren goldenen Brustpanzern und mit rotweißem Federschmuck an den Helmen ritten sie die Parade um den Turnierplatz mit. Es war der Brauch, daß jeder Ritter sein Banner vor einer Dame senkte zum Zeichen seiner Verehrung. Auch Heinrich hielt sein Pferd vor der Tribüne an und legte seine Standarte der Frau des Großseneschalls zu Füßen …

Ein Jahr danach war Diane Witwe. Louis de Brézé starb 1531 im Alter von 72 Jahren und hinterließ zum Erstaunen der Hofgesellschaft eine tief erschütterte Frau. Dianes Trauer um ihren Gatten war so groß, daß viele sie für Heuchelei hielten. Sie erklärte, nie wieder ihre Witwenkleidung ablegen zu wollen, und tatsächlich trug sie von diesem Tag an ihr ganzes Leben ausschließlich Schwarz.

Die Welt sah Diane fortan stets im weiten schwarzseidenen Rock, der in der Taille von einem edelsteinbesetzten Gürtel gehalten wurde. Das enggeschnürte Oberteil hatte einen viereckigen, perlenverbrämten Ausschnitt, der ihren Busen wundervoll zur Geltung brachte. Auch ihr Kopfputz war schwarz und mit Perlen besetzt. Lediglich die geschlitzten Ärmel ihres Kleides ließen ein weißes Unterfutter zum Vorschein kommen. Die Farbkombination Schwarz-Weiß wurde bald zu ihrem Markenzeichen.

Diane trauerte aufrichtig um ihren Gemahl, doch ihre Stärke und Selbstdisziplin ließen einen Rückzug ins beschauliche Privatleben nicht zu. Sie war 32 Jahre alt, gesund, schön und voller Energie und kehrte deshalb nach einiger Zeit an den Hof zurück, wo sie auch bald eine wichtige Aufgabe übernahm.

Der König war besorgt um die Entwicklung seines zweiten Sohnes, der im Gegensatz zu seinen Brüdern nichts von seinem lebensfrohen Vater hatte. Heinrich war verschlossen, kontaktscheu und manchmal sogar etwas seltsam. Franz I. war das gute Verhältnis seines Sohnes zur schönen Witwe des Großseneschalls de Brézé nicht entgangen. Also erzählte er ihr von seinen Sorgen, worauf ihm Diane geantwortet haben soll: »Vertraut mir, ich werde ihn zu meinem Ritter machen.« Von nun an sollte sich Madame de Brézé um die Erziehung des Prinzen kümmern.

Niemand war darüber mehr erfreut als Heinrich. Der unsichere, willensschwache Jüngling fühlte sich bei der selbstbewußten, starken Frau geborgen und sicher. Sie nahm ihm alle Entscheidungen ab, führte und leitete ihn. Und der Junge betete sie dafür an.

Heinrich war von angenehmer äußerer Erscheinung, doch er blieb zeit seines Lebens introvertiert und neigte zur Trübsinnigkeit. Seine intellektuellen Fähigkeiten waren mäßig, dafür fehlte es ihm nicht an körperlicher Kraft und Geschicklichkeit.

Die spanische Gefangenschaft hatte tiefe Narben auf der Seele des Knaben hinterlassen, einer Seele, die ohnedies schon unter der offensichtlichen Zurücksetzung litt, die der Vater seinem Zweitgeborenen widerfahren ließ. Franz I. liebte den Thronfolger und seinen jüngsten Sohn, Karl, weitaus mehr als Heinrich, dessen Charakter ihm völlig fremd war. Auch die Höflinge scharten sich lieber um den künftigen König, dem aufgrund seines Frohsinns und seiner Geselligkeit die Herzen zuflogen. Dem zweiten Sohn wurde kaum Beachtung zuteil, er war uninteressant und schwierig. Wen wundert es da, daß der Knabe immer unzugänglicher wurde und zu aggressivem, bisweilen gar brutalem Verhalten neigte.

Eigentlich gab es nur zwei Menschen, die Heinrich wirklich Zuneigung und Interesse entgegenbrachten: die Witwe des Großseneschalls und der Marschall von Frankreich. Anne de Montmorency, einer der einflußreichsten Berater des Königs und enger Freund des verstorbenen Louis de Brézé. Der Prinz dankte es den beiden mit leidenschaftlicher Liebe und tiefem Vertrauen und unterwarf sich mit der Zeit fast uneingeschränkt ihrem Willen.

Frankreich war zu der Zeit sehr an einer Festigung seiner italienischen Bündnisse interessiert, vor allem aber an einer Verbindung mit dem Papst, den es von Karl V. zu trennen versuchte. Seit Jahren wurden deshalb eifrige Verhandlungen über eine Eheschließung zwischen Heinrich und Katharina von Medici geführt. Katharina war die Nichte von Papst Clemens VII., der auch als ihr Vormund zeichnete, da das Mädchen bereits kurz nach seiner Geburt am 15. April 1519 Vollwaise geworden war: Katharinas Mutter, Madeleine de la Tour, eine Cousine von Diane de Poitiers,* war im Kindbett gestorben; ihr Gemahl Lorenzo de Medici, Herzog von Urbino, war ihr nur fünf Tage später gefolgt.

Am 24. April 1530 schließlich wurde der Heiratsvertrag – welch seltsamer Zufall – auf Schloß Anet im Beisein des Großseneschalls der Normandie und dessen Gemahlin unterzeichnet. Der Schatten von Heinrichs künftiger Mätresse fiel bereits auf Katharinas Leben, als sie, die Elfjährige, noch in ihrer Heimat weilte.

Drei Jahre später galt sie nach den Bräuchen der damaligen Zeit nicht mehr als Kind. Und so trat die Medici-Prinzessin die Reise nach Frankreich an, um dort mit dem gleichaltrigen Heinrich vermählt zu werden. Am 28. Oktober 1533 wurde die Trauungszeremonie von Papst Clemens VII. höchstpersönlich vollzogen.

Katharina war nicht gerade das, was man eine Schönheit nennt. Sie war klein und rundlich, hatte vorspringende Augen und eine große Nase. Doch sie verfügte schon früh über außergewöhnliche geistige Gaben, hohe Bildung und ein besonders angenehmes und freundliches Wesen. Sie wußte genau, daß es eine Ehre war, als Gemahlin eines französischen Prinzen auserkoren worden zu sein, denn das Ansehen der Medici galt in den Kreisen der europäischen

---

* Dianes Großmutter, Jeanne de la Tour, war die Schwester von Katharinas Großvater, Jean de la Tour.

Aristokratie nicht viel – ihr Adel war schließlich erst wenige Jahre alt. Katharina mußte sich ihr Leben lang ihre »niedrige« Herkunft vorwerfen und sich die Bezeichnung »florentinische Kaufmannstochter« gefallen lassen.

Doch Katharina war klug genug, solche Beleidigungen geduldig hinzunehmen und sich bescheiden und unauffällig zu verhalten. Sie war stets fügsam und freundlich zu jedermann. Wie sehr sie diese Eigenschaften noch brauchen würde, sollte sich nur allzu bald herausstellen. Denn ihr Gemahl war alles andere als begeistert von seiner jungen Frau. Er liebte nur eine: Diane de Poitiers, seine um 20 Jahre ältere »Gouvernante«.

In ihrer energischen und autoritären Art nahm die »Seneschallin«, wie sie allgemein genannt wurde, auch die kleine Prinzessin unter ihre Fittiche und dirigierte von nun an den Haushalt des jungen Ehepaares. Katharina war anfangs ein wenig eingeschüchtert durch die fremde Umgebung und wahrscheinlich froh, von der älteren Cousine so umsorgt zu werden – wußte sie doch noch nicht, wie sehr sie einmal unter dieser Frau zu leiden haben würde!

1536 passierte etwas, das das Leben aller Beteiligten von Grund auf veränderte. Der Dauphin, Heinrichs älterer Bruder François, starb ganz plötzlich, nachdem er, erhitzt von einem Ballspiel, einen Becher Eiswasser getrunken hatte.

König Franz war tief betroffen über den Tod seines Sohnes. Das, womit wohl niemand gerechnet hatte, war eingetreten: Der ungeliebte zweite Sohn war nun Erbe des französischen Thrones geworden, und Katharina von Medici, die unwürdige florentinische Kaufmannstochter, die künftige Königin von Frankreich.

Der Schock war groß. Einer der wenigen, die sich über die Entwicklung freuten, war Anne de Montmorency. Der verstorbene Dauphin hatte den mächtigen und anmaßenden Mann gehaßt und hätte ihn sicher seiner Ämter enthoben, sobald er König geworden wäre. Heinrich hingegen war Montmorency in Freundschaft verbunden, einer Freundschaft, die sich von nun an noch vertiefen sollte.

Und noch jemand durfte frohlocken: Diane de Poitiers. Sie trat nun aus dem Schatten heraus, in dem sie die letzten Jahre als Gouvernante des zweitgeborenen Prinzen gestanden war. Mit dem Tod von François ging ihr Stern auf, um mehr als zwei Jahrzehnte lang am Hofe Frankreichs zu strahlen.

Bislang war das Verhältnis zwischen Heinrich und der Seneschallin rein platonischer Natur. Diane liebte ihren Schützling mit mütterlicher Zärtlichkeit. Dieser aber empfand zusehends glühende Leidenschaft für sie.

Doch niemand hätte gewagt, der Seneschallin auch nur im entferntesten etwas Unschickliches zu unterstellen. Sie war über jeden Zweifel erhaben. Dafür sorgte sie mit ihrem betont kühlen und distanzierten Verhalten. Ihr Lebenswandel war stets tadellos und entsprach dem einer würdigen Witwe und Gouvernante. Damit stand sie in krassem Gegensatz zum frivolen Treiben am französischen Hof, so daß manch späterer Geschichtsschreiber sie als gefühlskalt und frigide bezeichnete.

Mit ihrer Kleidung unterstrich sie noch ihr Aussehen als unnahbare und in jeder Hinsicht unantastbare große Dame. In dem schlichten, fast schmucklosen Schwarz bildete sie einen auffallenden Kontrast zu den farbenprächtigen Roben der übrigen Hofdamen. Doch statt unscheinbar wirkte sie darin nur noch schöner.

Der erfahrene Montmorency, Heinrichs väterlicher Freund, hatte bereits seit einiger Zeit erkannt, daß der Dauphin und seine Gemahlin überhaupt nicht zueinander paßten. Katharina liebte ihren Gatten zwar aufrichtig; sie war überdies klug und gebildet und sehr sanft. Heinrich jedoch sah in seiner Ehe nur eine Pflicht, er hatte kaum geistige Interessen, die er mit seiner Frau hätte teilen können, und vor allem verlangte seine ganze Natur nicht nach einer sanften, sondern nach einer starken und dominierenden Frau.

Es war also anzunehmen, daß sich der Dauphin über kurz oder lang eine Mätresse nahm, die ihn möglicherweise beherrschen würde – mehr als Montmorency und seiner Clique lieb war. Für dieses Problem gab es nur eine Lösung: die Seneschallin.

Es scheint tatsächlich Montmorencys Idee gewesen zu sein, Diane und Heinrich zusammenzubringen. Klug, wie diese war, erfaßte sie auch die Gefahr, die das Auftauchen einer anderen Frau für sie bedeuten könnte. Gleichzeitig wird sie sich auch die Möglichkeiten vor Augen geführt haben, die sich ihr als Mätresse des künftigen Königs eröffneten. Angesichts des Einflusses, den sie bereits jetzt auf Heinrich hatte, wäre ihre Macht dann so gut wie uneingeschränkt. Welche Perspektive für eine Frau wie Diane!

Aber klar denkend und vernunftbegabt, wie sie war, wird sie sich auch die negativen Auswirkungen eines solchen Schrittes bewußt gemacht haben. Da war einmal ihr legendärer Stolz, den es zu überwinden galt. Sie, eine Poitiers, als Konkubine! Noch dazu als Konkubine eines Prinzen, dessen Gemahlin von weitaus niedrigerer Herkunft war als sie selbst. Außerdem war die Sache nicht ganz ungefährlich. Eine Welle von Spott, Intrige und Neid würde über sie hereinbrechen. Immerhin war sie jetzt 37 Jahre alt, Heinrich gerade erst 17. Was, wenn er sie in ein paar Jahren verstieß, um sich eine Jüngere zu nehmen?

All diese Fragen mögen der schönen Frau durch den Kopf gegangen sein. Aber sie war mutig und wollte ihre Chance nützen. Nicht zuletzt war Diane auch eine Frau, zwar nicht mehr sehr jung, doch noch weit entfernt von einem Alter, in dem das Interesse an Sexualität schwindet. Seit dem Tode ihres Gemahls vor fünf Jahren hatte sie ein keusches Leben geführt. Die glühende Anbetung, die ihr der gutaussehende junge Dauphin entgegenbrachte, mußte ihr einfach schmeicheln und ließ sie bestimmt nicht unbeeindruckt.

Auch wenn der berechnende Zug im Charakter der Diane de Poitiers nicht zu leugnen ist, so war sie noch lange keine gefühllose Frau. Sie liebte Heinrich innig, seit er sich als Siebenjähriger in Bayonne an ihren Rock geklammert hatte. Nun, zehn Jahre später, war sie entschlossen, seine Geliebte zu werden. Sie hätte ihm keine größere Freude bereiten können.

Montmorency spielte sozusagen den Regisseur. Er lud den Dauphin und Diane auf sein Lustschloß Ecouen ein. In diesem prächtigen Landsitz mit all seinen freizügigen Decken- und Fenstermalereien gab die Seneschallin dem Werben Heinrichs nach und ließ sich von ihm erobern. Es sollte ein Schritt von historischer Tragweite sein.

Heinrich war glücklich. Er war am Ziel seiner Wünsche angelangt. Die geliebte, die einzige Frau war sein! Und auch Diane war glücklich. Zum ersten Mal in ihrem Leben hatte sie die Freuden der Liebe genossen, die ein junger Mann ihr zu bereiten vermochte.

Nach außen hin bemühte sich Diane dennoch, ihren Ruf als würdevolle, hehre Witwe in den ewigen Trauerkleidern aufrechtzuerhalten. Tatsächlich war die Öffentlichkeit noch lange davon überzeugt, sie sei lediglich die Gouvernante des Dauphins, die ihm mit Rat und Tat zur Seite stand und sein uneingeschränktes Vertrauen besaß.

Heinrich allerdings konnte sein Glück über die Erfüllung seiner Liebe nur schwer verbergen. Fortan schmückten die Farben der Großseneschallin – Schwarz und Weiß – sein Banner und sein Wappen. Auch ließ er sich ein neues Monogramm anfertigen, das für einige Verwirrung sorgte. Um seine Initiale, das H, schlangen sich zwei Mondsicheln, Symbol der Jagd- und Mondgöttin Diana, die gleichzeitig zwei einander überkreuzende D bildeten. Nur wenige Naive hielten sie für zwei C, für Cathérine; die meisten lasen Heinrichs Monogramm als eine Hommage an seine große Liebe.

Katharina von Medici entging das geänderte Verhältnis ihres Gemahls zu

Madame de Brézé natürlich nicht. Doch sie mußte es stillschweigend hinnehmen. Sie verfügte über keinerlei Macht, um zu protestieren. Im Gegenteil, sie war in gewisser Weise sogar von Diane abhängig geworden. War sie es doch, die Heinrich stets an seine ehelichen Pflichten erinnerte und ihn in Katharinas Bett schickte. Diane war klug genug, um zu wissen, wie wichtig legitime Nachkommen für den Dauphin waren.

Dennoch stellten sich keinerlei Zeichen einer Schwangerschaft bei Katharina ein. Der Hof wurde zusehends unruhiger, und die Position der Dauphine geriet in Gefahr. Hatten vor Jahren schon so manche eine Medici für unwürdig gehalten, in die königliche Familie einzuheiraten, ja gar einmal die Krone zu tragen, so wurde ihr ihre Kinderlosigkeit nun beinahe zum Verhängnis. Man erwog bereits von verschiedenen Seiten, Katharina heimzuschicken, die Ehe zu annullieren und Heinrich mit einer anderen, hoffentlich fruchtbareren Prinzessin zu verheiraten.

Dieses Gerücht versetzte nicht nur Katharina in Panik, sondern auch ihre Rivalin. Diane sah ihre eigene Position ebenfalls in Gefahr. Katharina als künftige Königin schien ihr überhaupt kein Hindernis: Sie war demütig und ergeben und fügte sich stets den Wünschen der älteren Frau. Und selbst wenn sie einmal Widerstand leisten sollte, so würde Heinrich sie schon wieder auf ihren Platz verweisen. Eine neue Dauphine hingegen, die vielleicht hübscher und reizvoller als Katharina und weniger unterwürfig war, könnte Heinrichs Liebe zu ihr, Diane, untergraben und damit ihrer Vormachtstellung und den damit verbundenen Zukunftsperspektiven ein Ende machen. Katharina mußte also unbedingt bleiben.

So paradox es klingt, aber die Geliebte machte sich für die Frau ihres Geliebten stark. Sie unterstützte Katharina und sorgte dafür, daß auch Heinrich die Partei seiner Frau ergriff. Was immer sie ihm erzählte, sie überzeugte ihn, daß Katharina die einzig richtige Gemahlin für ihn war. Möglicherweise war es auch Dianes Idee, das Mitleid des Königs zu erwecken. Denn Katharina warf sich Franz I. schluchzend zu Füßen und erklärte sich bereit, ihren Platz einer anderen Prinzessin zu räumen und sich in ein Kloster zurückzuziehen, wenn seine Majestät dies wünschte. Der König mochte seine Schwiegertochter trotz ihrer mangelnden Schönheit gern. Er schätzte ihre Bildung und Kultiviertheit. Tief bewegt von so viel Unterwürfigkeit erklärte er: »Da es Gottes Wille war, daß Ihr meine Schwiegertochter und die Frau des Dauphins seid, will ich nicht, daß es anders sei. Und vielleicht wird Gott Eure und unsere Wünsche erfüllen.«

Katharina hatte nun auch den mächtigsten Mann am Hof als ihren Verbündeten. Ihre Position – und die Dianes – war damit gesichert. Doch gleichzeitig litt sie von Tag zu Tag mehr unter den Demütigungen, die sie wegen Diane zu ertragen hatte.

1543 wurde Katharina endlich schwanger, und 1544 brachte sie einen Sohn, den späteren Franz II., zur Welt. In den folgenden zehn Jahren schenkte sie ihrem Gemahl noch weitere sechs Kinder. Doch auch die gesicherte Erbfolge brachte Katharina keine Aufwertung: Diane war viel zu stark und autoritär, Heinrich ihr viel zu sehr verfallen.

Zwar strahlte die Dauphine eine natürliche Majestät aus und war in ihrem Verhalten durch und durch Königin. Ihr Salon war berühmt für die geistreiche Unterhaltung, die dort geführt wurde, für sein hohes künstlerisches Niveau und die Eleganz seiner Gäste. Mit der Medici-Prinzessin erfuhr der französische Hof großen kulturellen Aufschwung. Doch all dies nützte nichts. Katharina blieb weiterhin im Schatten der dominierenden Mätresse ihres Gatten.

Der Haushalt des Thronfolgerpaares war eine klassische ménage à trois, an deren Spitze die Seneschallin stand, die alles dirigierte und kontrollierte, was auch nur irgendwie mit dem Dauphin in Zusammenhang stand. Mit wahrhaft mütterlicher Fürsorge widmete sie sich seinen Kindern. Sie entschied über die Wahl der Ammen und Erzieher. Selbst in die medizinische Behandlung mischte sie sich ein, wenn eines der Kinder krank war. Aus verschiedenen Briefen, in denen sie genau über den Gesundheitszustand der königlichen Nachkommen, über Krankheitssymptome oder -verläufe berichtet, geht hervor, mit welchem Engagement und welcher Hingabe sich Diane um die Kinder ihres Geliebten kümmerte. Die Kenntnisse der Seneschallin auf dem Gebiet der Heilkunst waren übrigens ganz erstaunlich und ihr Interesse für die Naturwissenschaften äußerst ungewöhnlich für eine Dame des 16. Jahrhunderts. Aber es entsprach ganz ihrem Charakter. Sie war eine realistische und praktische Frau, und alles, was nützlich war und die Lebensbedingungen verbesserte, interessierte sie.

Im Gegensatz zu seiner Gemahlin – Katharina fühlte sich zurecht übergangen – ließ sich Heinrich diese Bevormundung dankbar gefallen. Immer mehr ordnete er sich dem Willen seiner Mätresse unter.

Wir besitzen keine Aufzeichnungen darüber, ob Diane ihren eigenen Kindern eine ebenso gute Mutter war; ob sie sich selbst um deren Erziehung kümmerte oder ob sie diese anderen überließ. Um die Zukunft der Mädchen, das heißt um die Wahl ihrer künftigen Ehemänner, war sie allerdings sehr besorgt. Durch ihre enge Verbindung zum Dauphin hatte sie in der französischen Adelsgesellschaft hohes Ansehen erlangt, wodurch auch die Chancen ihrer Töchter stiegen, in die allerhöchsten Kreise einzuheiraten. 1538 wurde Dianes Älteste, Françoise, dann auch mit dem mächtigen Robert de la Marck, Herzog von Bouillon, vermählt. Für die um zwei Jahre jüngere Louise hatte sie noch größere Pläne, deren Realisierung jedoch noch auf sich warten ließ. Wer das Sagen im Hause des Dauphins hatte, wurde immer offenkundiger. Heinrich war ein bedeutender Machtfaktor geworden und mit ihm Diane. Ehrgeizige Familien begannen, die beiden zu umschmeicheln, allen voran die Guisen.*

Dieses stolze Adelsgeschlecht, dessen Abstammung bis auf den heiligen Ludwig (1214–1270) zurückging, fühlte sich von Franz I. benachteiligt. Da selbst von königlichem Blute, meinten die Guisen, den Valois an Würde und Bedeutung in nichts nachzustehen.

Vielleicht war es gerade deshalb, daß ihnen der König mit Mißtrauen begegnete und sie trotz ihrer großen Popularität und des kriegerischen Geschicks einiger ihrer Mitglieder so weit wie möglich von allen Ämtern fernhielt.

Auch Anne de Montmorency stand den Guisen wenig wohlwollend und bald mit wachsender Eifersucht gegenüber.

Diane dagegen erlag vor allem dem Charme des 20jährigen Erzbischofs von Reims, Karl von Lothringen. Auch das Oberhaupt der Familie, die Herzogin von Guise, forcierte die Annäherung ihres Hauses an die Mätresse des Dauphins. Um diese Bindung noch zu vertiefen, schlug sie sogar eine Heirat zwischen ihrem Sohn Claude und Dianes jüngerer Tochter vor. Die Seneschallin fühlte sich von diesem Vorschlag geschmeichelt, mußte sich allerdings noch einige Jahre gedulden und auf den Tod des Königs warten. Denn Franz I. hätte einer solchen Verbindung mit Sicherheit nicht zugestimmt. Er hätte vermutlich die Strategie der Lothringer durchschaut, auf diesem Wege an die Macht in Frankreich zu kommen. Der König sah nämlich mit wachsender Besorgnis den Einfluß, den Diane auf seinen Sohn ausübte, und er wußte genau, daß er dagegen machtlos war. Wenn er die Seneschallin vom Hof verbannte, würde dies das Zerwürfnis mit seinem Sohn bedeuten. Und dies konnte er auf keinen Fall riskieren: Das Ansehen und die Autorität der

---

* Nebenlinie des Hauses Lothringen, die 1527 von Claude I., Herzog von Guise, gegründet worden war. Siehe auch Tafel II.

Dynastie und der Monarchie überhaupt galt es zu bewahren. – Diane war unantastbar geworden.

Ihre einzige Rivalin am französischen Hof war zu jener Zeit Anne de Pisseleu, Herzogin von Etampes, die letzte Mätresse des Königs. Anne war neun Jahre jünger als Diane und ebenso schön wie intelligent und gebildet. Sie hatte großen Einfluß auf Franz I. und war daher stets von vielen Freunden und Anhängern umgeben, die sich durch sie Vergünstigungen oder Karrieren erhofften.

Der Aufstieg der Seneschallin war der Herzogin ein Dorn im Auge, denn diese war zu einer ebenbürtigen Gegnerin geworden, die offensichtlich versuchte, ihr die Vorrangstellung streitig zu machen.

Die beiden Damen haßten einander wie die Pest. Gegenseitige Beschimpfungen oder Intrigen standen auf der Tagesordnung. Die Herzogin machte sich über Dianes Alter lustig, diese konterte mit einer Aufzählung von Annes Liebhabern.

Die Rivalität der beiden Mätressen war Anlaß dafür, daß sich der Hof nach und nach in zwei Parteien spaltete, wodurch die persönlichen Ressentiments der beiden Damen bald auch eine bedenkliche politische Dimension erhielten.

König Franz und seine Geliebte standen einem Hofe vor, der das Raffinement, den Luxus und überhaupt alles Schöne liebte. Die beiden waren die Prototypen des französischen Renaissancemenschen. Sie bewunderten und förderten Literatur und Kunst, waren gebildet und genossen gleichzeitig die Annehmlichkeiten des Lebens. Das großzügige und humanistisch geprägte Denken fand auch in einer gewissen Toleranz gegenüber den neuen religiösen Strömungen seinen Niederschlag. So manche hochrangige Vertreter des Adels, allen voran die Schwester des Königs, Margarete von Navarra, bekannten sich zum reformierten Glauben. Auf politischer Ebene tendierte Franz I. zu einer Annäherung an die protestantischen deutschen Fürsten, um die Gegner des allzu mächtigen katholischen Habsburg zu stärken.

Ganz anders stellte sich die Partei dar, die sich um den Dauphin und Diane gebildet hatte. Sie repräsentierte sozusagen eine andere Welt. Man orientierte sich an Karl V. von Spanien und dessen strenger, fast asketischer Lebensführung. Der Luxus, das Geplänkel und die lockeren Sitten, die am französischen Hofe herrschten, wurden strikt abgelehnt. Statt Kunst und Kultur frönte man der körperlichen Ertüchtigung. Turniere und Zweikämpfe zählten zu den Lieblingsbeschäftigungen des Dauphins und seiner Gefolgsleute. Ihr

Auftreten war weniger höfisch-galant als derb und rüde. Kaum ein Tag verging, an dem nicht irgendein Streit mit der gegnerischen Clique vom Zaun gebrochen wurde. In religiösen Fragen gab sich der Kreis um den Thronfolger natürlich erzkatholisch, ganz im Gegensatz zur »Königspartei«.

Den politischen Differenzen an Frankreichs Hof fiel Montmorency zum Opfer. Er, der engste Berater des Königs, war stets für eine Aussöhnung mit Habsburg eingetreten. Franz I. entschied sich jedoch, wie bereits erwähnt, für eine Allianz mit den deutschen Fürsten, der Konnetabel fiel bald darauf auf Betreiben der Herzogin von Etampes in Ungnade und zog sich beleidigt nach Chantilly zurück.

Der Dauphin war darüber außer sich, und das ohnedies gespannte Verhältnis zwischen Vater und Sohn verschlechterte sich weiter. Heinrich hatte seinem Vater die offensichtliche Zurücksetzung gegenüber seinen Brüdern nie verziehen. Und nun hatte dieser Vater ihm auch noch seinen väterlichen Freund genommen. Würde er ihn vielleicht sogar um die Krone bringen? Die Herzogin von Etampes mochte Heinrich schon wegen Diane nicht, und sie engagierte sich sehr für den fröhlichen und charmanten Karl von Orléans, den jüngeren Sohn des Königs. Es war durchaus denkbar, daß es ihr gelang, Franz I. zu überzeugen, Karl als seinen Nachfolger zu bestimmen und sich damit über die Tradition hinwegzusetzen, daß jeweils der älteste Sohn den Thron erbte. Der Dauphin haßte seinen Bruder dafür, daß dieser vom Vater so innig geliebt und bevorzugt wurde. Aber das Schicksal stand auf Heinrichs Seite.

Mitte des Jahres 1545 brach eine Epidemie im Lande aus, der auch der erst 23jährige Karl von Orléans innerhalb von nur drei Tagen zum Opfer fiel. Der Tod des Prinzen kam so plötzlich, daß einige von Gift sprachen und hinter vorgehaltener Hand Diane de Poitiers beschuldigten, sie habe damit Heinrichs Position und zugleich die ihre ein für allemal sichern wollen. Urheberin dieses Gerüchtes war niemand anderer als die Herzogin von Etampes, die allerdings damit in einem recht hatte: Es gab nun tatsächlich niemanden mehr, der Heinrich die Krone streitig machen konnte. Er war der einzige Erbe.

Diese Tatsache verbesserte jedoch keineswegs die Situation zwischen Vater und Sohn. Sie waren und blieben einander fremd. Ein Jahr später kulminierte schließlich ihr Konflikt.

Heinrich ließ sich nämlich im Freundeskreis dazu hinreißen, über seine künftige Herrschaft zu sprechen, und er begann, Ämter und Aufgaben an seine Freunde zu verteilen. Niemand hatte jedoch bemerkt, daß der Hofnarr Briandas die Szene belauschte und auch sofort zum König lief, um zu berichten.

Franz I. war zutiefst betroffen. Ihn packte die Wut, und er stürzte in die Gemächer des Dauphins. Dort war jedoch niemand mehr, denn jemand hatte Briandas davonschleichen gesehen und Heinrich und seine Gefährten gewarnt. Der König konnte seinen Zorn nur noch an den Dienern und am Mobiliar auslassen.

Von diesem Tag an aber verabscheute er seinen Sohn. Nur die Vernunft sagte ihm, daß ein öffentlicher Bruch sich nachteilig auf die Regierung und das Land auswirken würde. Gegen Heinrich konnte er also nichts unternehmen. Dafür verbannte er sämtliche Freunde seines Sohnes vom Hof, die es gewagt hatten, sein Erbe bereits zu seinen Lebzeiten aufzuteilen. Einzig die Seneschallin blieb von dieser Maßnahme verschont – zur großen Enttäuschung der Herzogin von Etampes.

Doch die Zeit arbeitete ohnedies für Heinrich und seine Mätresse. Mit der schwindenden Gesundheit des Königs wurde auch die Position der Herzogin immer schwächer. 1547 fanden die Auseinandersetzungen zwischen Vater und Sohn und die Rivalitäten zwischen den beiden Damen ihr Ende: Franz I. starb im Alter von 51 Jahren an einer fiebrigen Erkältung, verbraucht von seinem ausschweifenden Leben und enttäuscht von dem, der nun sein Erbe übernahm und als Heinrich II. Frankreichs Thron bestieg.

Eine der ersten Handlungen Heinrichs als neuer König war die Entlassung aller bisherigen Berater der Krone und die Berufung neuer Männer an die höchsten Stellen des Staates: Allen voran Anne de Montmorency, dem er, der in Regierungsgeschäften vollkommen ahnungslos war, beinahe blindes Vertrauen entgegenbrachte.

Obwohl Montmorency einer der engsten Freunde Dianes war, witterte die kluge Frau sogleich die Gefahr, die ein mit so viel Macht ausgestatteter Konnetabel für sie darstellte. Sie wollte Heinrich allein beherrschen. Also suchte sie nach einer Möglichkeit, dieser Entwicklung gegenzusteuern. Sie fand sie in ihrer neuen Verwandtschaft.

Gleich nach dem Tod des alten Königs hatte die schon lang geplante Heirat von Dianes zweiter Tochter, Louise, mit Claude von Lothringen-Guise, Marquis von Mayenne und später Herzog von Aumale, stattgefunden. Damit waren die familiären Bande zwischen der Mätresse des Königs und einem der mächtigsten Häuser Frankreichs geknüpft, eine Verbindung, die beiden Familien zum Vorteil gereichen sollte. Die Guisen fanden in der Geliebten des Königs eine Förderin ihrer Machtambitionen, Diane sah in ihnen das ideale Gegengewicht zu Montmorency. Trotz eines Versprechens, das Heinrich seinem verstorbenen Vater gegeben hatte – nämlich die Lothringer vom Kronrat fernzuhalten –, lenkten diese alsbald die Geschicke des Landes.

Indem sie ihre neuen Verwandten favorisierte, gelang es der Seneschallin, den aufkeimenden Konkurrenzkampf zwischen ihr und Montmorency um den Einfluß auf den König auf eine Rivalität zwischen dem Konnetabel und den Guisen zu verlagern. So behielt sie ihre uneingeschränkte Autorität über Heinrich, der sich in so gut wie allen seinen Entscheidungen von seiner Geliebten leiten ließ.

Die Krönungsfeierlichkeiten zu Reims am 25. Juli 1547 wurden zu einer der prunkvollsten Zeremonien, die die Monarchie je gesehen hatte. Heinrich trug einen neuen Krönungsmantel aus blauem Satin, bestickt mit den goldenen Lilien der französischen Könige und verbrämt mit seinem aus Perlen gestickten Monogramm, dem H mit den beiden verschlungenen Mondsicheln, die gleichzeitig zwei D formten. Es war eine subtile Huldigung an seine Mätresse, die er damit am erhabensten Tag seines Lebens direkt teilnehmen ließ. Spätestens jetzt wurde auch den letzten Zweiflern klar, wer künftig – wenn auch nicht dem Namen nach – die Königin sein würde. Bis nach Rom gelangte die Kunde von Dianes Bedeutung: Der Papst sandte der neuen Königin von Frankreich eine goldene Rose und der Mätresse ein Perlenhalsband.

Nach seiner Inthronisation bereiste Heinrich in Begleitung seiner Gemahlin und seiner Mätresse Frankreich. Überall huldigte man Diane genauso wie der Königin, ja im Grunde mehr noch als dieser. Auf Stadttoren, Fahnen und Gewändern prangte Heinrichs zweideutig-eindeutiges Emblem, und die berühmt gewordene Farbkombination Schwarz-Weiß stach nur allzuoft aus den bunten Festumzügen hervor. Die Stadt Lyon ließ sich zur Begrüßung ihres Herrschers etwas ganz Besonderes einfallen: In einer Ballettaufführung legte die Göttin Diana dem König einen Löwen, Symbol der Stadt Lyon, zu Füßen.

Die Reise wurde zu einem Triumphzug für Diane und zu einer einzigen Demütigung für die Königin. Katharina war trotz ihrer hohen Stellung bedeutungs- und machtlos im Vergleich zur Rivalin geblieben. Stumm mußte sie all die Erniedrigungen ertragen. Ihre einzige Hoffnung war die Zeit. Die herrschsüchtige Seneschallin war immerhin um 20 Jahre älter als sie selbst, und sie würde mit großer Wahrscheinlichkeit vor ihr sterben – vielleicht schon bald, denn Madame de Brézé war nun fast 50, was im 16. Jahrhundert bereits als ein relativ hohes Alter galt.

Bis dahin mußte sich Katharina fügen und abwarten.

In der Zwischenzeit sonnte sich Diane im Glanz ihrer Macht und Heinrichs Liebe. Er überhäufte sie mit Geschenken und Auszeichnungen. Schon drei Monate nach dem Tode seines Vaters schenkte er ihr Chenonceau, jenes entzückende Renaissanceschloß im Tal der Loire, das Franz I. 1535 von einem gewissen Antoine de Bohier gekauft hatte. Damit war es in den Besitz der Krone übergegangen und somit laut Gesetz unveräußerlich. Doch Diane genügte es nicht, das Schloß einfach nur zu bewohnen, sie wollte es auch rechtlich ihr eigen nennen.

Dieses Problem konnte nur gelöst werden, wenn man den ehemaligen Kaufvertrag von 1535 für ungültig erklärte. Also beschuldigte man Bohier, mit 90 000 Livres einen überhöhten Preis verlangt zu haben, und strengte einen Prozeß gegen ihn an, der sich über Jahre hinzog. Schließlich floh Bohier ins Ausland, als er erkannte, daß er seinen Gegnern gegenüber macht- und chancenlos war. 1555 sollte das Urteil dann auch nach Dianes Wünschen ausfallen: Der Vertrag wurde annulliert, und sie konnte endlich Chenonceau um 50 000 Livres erwerben, ein Preis, der übrigens aus der Staatskasse beglichen wurde.

1548 ernannte der König seine Geliebte zur Herzogin von Valentinois, womit ihr die höchste Ehre zuteil wurde, die eine Frau in Frankreich erhalten konnte. Bisher war der Herzogstitel nur Prinzen von königlichem Geblüt – mit Ausnahme der Herzogin von Etampes – vorbehalten gewesen.

Die praktisch veranlagte Diane übernahm sofort die Organisation ihres Herzogtums, indem sie von ihr ausgewählte Verwalter und Bedienstete einsetzte. Da sie nun auch das Recht hatte, Steuern einzuheben, wuchs ihr Vermögen rasch an. Im Laufe der folgenden Jahre sollte sich ihr Besitz an Grund und Boden stetig vergrößern, denn sie überredete Heinrich, ihr die konfiszierten Güter der vertriebenen Protestanten oder Ländereien, die im Augenblick keinen Besitzer hatten, zu schenken. Auch vom Staat eingehobene Geldstrafen wanderten in die Tasche der Herzogin von Valentinois. Während ihrer Herrschaft soll sie nach heutigem Geldwert ein Vermögen von über 300 Millionen Deutsche Mark bzw. mehr als zwei Milliarden österreichische Schilling gehäuft haben.

Wenn es um Geld ging, kannte die schöne Diane weder Skrupel noch Mitleid. Im Jahre 1556 soll sie, ohne mit der Wimper zu zucken, 630 türkische Gefangene, die ein französischer Kapitän im Mittelmeer gefaßt hatte, an den Meistbietenden verkauft haben.

Keine Skrupel kannte Diane auch, als sie nun Gelegenheit hatte, sich an der ehemaligen Rivalin, der Herzogin von Etampes, zu rächen. Zwar hatte der verstorbene König seinen Sohn gebeten, für das Wohlergehen der Frau, die ihm so viel bedeutet hatte, Sorge zu tragen, doch wenn seine angebetete Diane etwas wünschte, vergaß Heinrich alles andere.

Anne de Pisseleu, die sich auf ihr Schloß Limours zurückgezogen hatte, mußte die Kronjuwelen, die ihr Franz I. überlassen hatte, wieder hergeben, doch nicht etwa an Königin Katharina, sondern an Diane. Auch die wertvollsten Schmuckstücke, die ihr der frühere König geschenkt hatte, wurden zurückgefordert und gingen unverzüglich in den Besitz der jetzigen Königsmätresse über. Gleichermaßen wurde mit den Herzogtümern Etampes und Chevreuse verfahren.

Am meisten hatte Anne jedoch unter ihrem Gemahl zu leiden. Er, der vor Jahren nur allzugern bereit gewesen war, gegen Reichtum und Ehren die Mätresse seines Königs zu ehelichen, damit diese Hofdame werden und so ständig in der Nähe ihres Geliebten weilen konnte, wurde nun nachträglich scheinbar von heftiger Eifersucht erfaßt. In Wirklichkeit war es jedoch seine Wut über den Verlust der Besitzungen, die er an seiner Gattin ausließ. Er rächte sich an ihr, indem er sie wie eine Gefangene auf einem seiner Landsitze hielt. Ja, er strengte sogar einen Prozeß gegen seine Frau an wegen Ehebruchs. Systematisch begann er, ihren Ruf zu zerstören, indem er wahre und erfundene Skandalgeschichten aus ihrem früheren Leben in Umlauf setzte. Die Rache an seiner Gemahlin wurde beinahe zu seinem einzigen Lebensinhalt. 33 lange Jahre büßte Anne de Pisseleu, Herzogin von Etampes, dafür, die Mätresse Franz' I. gewesen zu sein.

Unterdessen herrschte ihre Nachfolgerin gleich einer ungekrönten Königin. Heinrich traf keine Entscheidung, ohne sie zuvor mit Diane zu besprechen. Ihre Wünsche und Vorschläge waren ihm Befehl. Sie hatte Einblick in sämtliche Staatsgeschäfte, das Finanzwesen und die Justiz des Landes, so daß sie bald eine Schlüsselposition innehatte. Wer immer etwas wollte, wandte sich nicht etwa an den König oder die Königin, sondern an die einflußreiche Mätresse. Diane hatte engen Kontakt zu den bedeutendsten Persönlichkeiten des In- und Auslandes, sie verhandelte mit Botschaftern und Ministern und korrespondierte direkt mit dem Papst. Sie setzte sich natürlich für ihre Freunde und Verwandten ein, verschaffte ihnen hohe Ämter und Ländereien und ließ ihnen Vergünstigungen zukommen.

Mit dieser Vorgangsweise machte sich die allmächtige Dame allerdings nach und nach die Öffentlichkeit und Teile des Hofes zum Feind. Aber Diane war

Heinrich II. (1519–1559)

viel zu stolz und überheblich, um sich darum zu kümmern. Warum auch? Wußte sie doch, daß sie unangreifbar war, solange der König sie so sehr vergötterte. Heinrich konnte nicht ohne seine Geliebte leben. Er tat, was sie wollte. Diane war sich dessen nur allzu bewußt. Sollten die anderen sie also ruhig hassen, ihr konnte niemand etwas anhaben. Doch sie konnte fast jeden vernichten. Sie war die Herrscherin und sah keinen Grund, dies nicht zu zeigen. Bescheidenheit und Zurückhaltung gehörten nicht zu den Eigenschaften der Diane de Poitiers. Ihre Briefe begann sie stets mit: »Wir, Diane de Poitiers, Herzogin von Valentinois, Gräfin von Albon, Dame von Saint-Vallier…« Und in ihr Wappen nahm die Hochmütige sogar die königlichen Lilien auf, die sich nun mit den Silbermünzen der Poitiers, den goldenen Kreuzen der Brézés und den drei Mondsicheln, ihrem eigenen Symbol, vereinigten.

Doch nichts versinnbildlichte die Herrschaft Dianes so sehr wie Schloß Anet. Diese düstere, fast bedrohlich wirkende Burg aus dem Mittelalter war einst Besitz von Louis de Brézé gewesen. Nun war sie Eigentum seiner Witwe, denn der König hatte sie ihr zum Geschenk gemacht.

Diane beauftragte Philippe Delorme mit dem Umbau, der aus der Festung eines der zauberhaftesten und luxuriösesten Schlösser jener Zeit machte. Der Bau gilt heute als eine der gelungensten architektonischen Leistungen des 16. Jahrhunderts. Damals aber war Anet mehr. Es war eine Stätte der Verehrung für seine Besitzerin. An allen Ecken und Enden, in Stein gehauen, in Holz geschnitzt oder auf Fensterscheiben gemalt, prangten die berühmten Mondsicheln und die vielzitierten Initialen des Königs. Und die Hausherrin selbst begegnete dem Besucher auf Gemälden, als Statue und auf Reliefs in ihrer ganzen Schönheit. Fast immer war sie hüllenlos oder nur leicht verschleiert dargestellt, häufig in Gestalt der römischen Göttin der Jagd – schien sie doch wirklich das Ebenbild ihrer göttlichen Namensgeberin zu sein.

Die Künstler jener Epoche, darunter so berühmte Namen wie Benvenuto Cellini, François Clouet, Jean Goujon oder Francesco Primaticcio, übernahmen die Begeisterung des Königs für seine Mätresse und begründeten mit ihren Werken den Mythos von Dianes unvergänglicher Schönheit.

Während jedoch sowohl ihre Vorgängerin, die Herzogin von Etampes, als auch später die Marquise von Pompadour große Förderinnen der Kunst waren, trat Diane de Poitiers so gut wie gar nicht als Mäzenin auf. Dafür war sie Inspirationsquelle und erklärtes Lieblingsmotiv einer ganzen Epoche.

Heinrich konnte sich an der geliebten Frau nicht sattsehen: Die königlichen Residenzen waren übersät mit Darstellungen seiner Geliebten. Königin

Katharina blieb selbst bei Tisch der verhaßte Anblick nicht erspart. Ihr Gemahl hatte ein Salzfäßchen anfertigen lassen, dessen Deckel eine Statuette zierte, die unschwer als Diane zu erkennen war.

Auch die Dichter standen den bildenden Künstlern in nichts nach, wenn es darum ging, der Favoritin des Königs zu huldigen. Olivier de Magny, Clément Marot und sogar der große Du Bellay besangen ihre Schönheit und Heinrichs Liebe zu ihr.

Unter Aufbietung ihrer ganzen Klugheit und Selbstdisziplin ertrug Katharina von Medici diese jahrelangen Demütigungen. Plötzlich aber fiel ein Hoffnungsschimmer auf ihr Leben im Schatten der übermächtigen Rivalin: Sie sollte gekrönt werden.

Die Zeremonie war für den 10. Juni 1549 angesetzt. Würde sie das Ansehen der Königin vor der Öffentlichkeit wiederherstellen und ihre Position stärken? Mitnichten. Dabei war alles durchaus gutgemeint. Diane hatte die Krönung Katharinas befürwortet, war ihr doch bewußt, daß man die Königin für ihre Duldsamkeit entschädigen mußte, damit sie sich auch weiterhin so unauffällig wie bisher verhielt und ihr, Diane, keine Schwierigkeiten machte. Doch auch dieses Ereignis wurde zu einem Triumph Dianes und eine neuerliche Demütigung Katharinas.

Gemeinsam mit den Prinzessinnen von königlichem Geblüt schritt die Favoritin, gehüllt in die gleiche hermelinverbrämte Robe wie die Königin, einher, um dann wie selbstverständlich neben dem König Platz zu nehmen. Um Katharina während der Zeremonie vom Gewicht der Krone zu befreien, sah das Protokoll vor, daß ihr diese zu einem bestimmten Zeitpunkt wieder abgenommen und auf ein Kissen gelegt wurde. Es war Dianes Tochter, Madame de Mayenne, der die Aufgabe zufiel, die Krone zu übernehmen, die sie dann ohne einen Augenblick des Zögerns ihrer Mutter zu Füßen legte. Welch ein Affront! Die Krone unter der Obhut der Mätresse, vor aller Welt und mitten in der Kirche!

Zwar wagte es niemand, wirklich zu protestieren, aber einigen ging soviel Anmaßung nun doch zu weit. Selbst Dianes altem Freund, dem Konnetabel von Montmorency, wurde die Macht der Seneschallin langsam unheimlich. Die meisten aber standen dem Verhältnis des Königs zu seiner ehemaligen Gouvernante mit staunendem Unverständnis gegenüber. Gewiß, Madame war immer noch außergewöhnlich schön, doch dies änderte nichts an der Tatsache, daß sie nun schon 50 Jahre alt war; und es gab genug junge Frauen am Hofe, die es an Schönheit durchaus mit ihr aufnehmen konnten. Man hatte einfach keine Erklärung dafür, was der König an Diane fand, zumal es sich offenbar nicht um eine sexuelle Abhängigkeit handelte. Heinrich war nämlich auch seiner Geliebten nicht immer treu.

Bereits 1538, als Heinrich noch Dauphin war, hatte er während eines Feldzuges eine Affäre mit der schönen Piemonteserin Filippa Duci, die ihm 1539 eine Tochter gebar und gleich darauf für immer in einem Kloster verschwand. Das Kind wurde legitimiert und auf den Namen Diane getauft, was anfänglich für einige Spekulationen über die Person der Mutter sorgte. In Wahrheit aber war diese Namensgebung nur ein neuerlicher Beweis dafür, wen Heinrich wirklich liebte. Seine Mätresse war und blieb die große und einzige Liebe seines Lebens. In den ganzen 23 Jahren dieser erstaunlichen Beziehung gelang es keiner Frau, des Königs Leidenschaft für Diane de Poitiers zum Erkalten zu bringen.

Nur einmal nahm ein erotischer Ausflug des Königs Ausmaße an, die Diane beunruhigten. 1548 war die kleine Maria Stuart an den französischen Hof gekommen; es war geplant, sie später mit dem Dauphin zu vermählen. Maria war eine Nichte der Guisen. Ihre Mutter, Marie von Guise, war die Schwester des mächtigen Herzogs Franz von Guise und des berühmten Kardinals Karl von Lothringen. Sie hatte 1538 Jakob V. von Schottland geheiratet und ihm 1542 eine Tochter geboren. Jakob V. war bereits sechs Tage nach der Geburt seines einzigen Kindes gestorben, und seither war Marie von Guise für ihre minderjährige Tochter Regentin von Schottland. Eine Verbindung zwischen der schottischen Königin und dem künftigen König von Frankreich würde das Land unter französische Herrschaft bringen, wovon sich die Guisen einen enormen Machtzuwachs für ihr Haus erwarteten.

Aber Maria war erst acht Jahre alt, und es würde noch einige Zeit vergehen, bis sie die Herrschaft in ihrem Land übernehmen konnte. Bis dahin sollte sie in Frankreich erzogen werden. Begleitet wurde Maria von einer gewissen Lady Fleming, einer überaus reizvollen 35jährigen Frau.

Montmorency hatte schon seit einiger Zeit beobachtet, daß der König Lady Fleming mit bewundernden Blicken bedachte. Nun entstand in seinem Kopf der Plan, die schöne Schottin als Köder zu benutzen, um Heinrich aus den Fängen seiner Mätresse zu locken. Also machte sich der Konnetabel zuerst an die Lady heran, freundete sich mit ihr an und weihte sie vielleicht auch in seinen Plan ein. Möglicherweise hatte er auch die Königin für sein Vorhaben gewonnen, wußte er doch, daß auch Katharina ein Verschwinden Dianes begrüßen würde.

Gleichzeitig erzählte er dem König, wie sehr die Fleming in ihn verliebt sei und auf eine Begegnung mit seiner Majestät hoffe. Heinrich war geschmeichelt und alles andere als abgeneigt. Und so ließ er Montmorency ein nächtliches Rendezvous mit der schönen Schottin arrangieren.

Doch beide hatten sie die Aufmerksamkeit der Guisen unterschätzt, die Montmorencys Vertraulichkeit mit der Lady beobachtet hatten und Diane informierten. Diese schritt auch sofort ein. Sie lauerte dem König auf, als dieser die Gemächer der Fleming verließ und machte ihm eine großartige Szene. Sie, die sonst so beherrschte, stets kühle und rationale Frau, verlor zum ersten Mal ihre sprichwörtliche Ruhe. Wie eine Furie überschüttete sie Heinrich mit Flüchen und Beschuldigungen. Er ließe es zu, daß seine künftige Schwiegertochter von einer Hure erzogen werde, er ziehe die Ehre der Königin und seines Sohnes mit seinem Verhalten in den Schmutz, und nicht zuletzt mache er sie, Diane, die ihn liebe, zutiefst unglücklich.

Der König war durch diesen Auftritt dermaßen überrascht und von dem Wortschwall so eingeschüchtert, daß er nur eine ungeschickte Entschuldigung murmelte. Die Affäre Fleming schien damit erledigt oder besser gesagt, sie war auf ein paar weitere sexuelle Ausflüge des Königs reduziert. Doch als die Schottin 1551 einen Sohn, den späteren Henri von Angoulême, zur Welt brachte, wurde sie noch einmal gefährlich. Sie fühlte sich nun offenbar allzu sicher und gebärdete sich, als wäre sie die »maitresse en titre«. Das wurde nun nicht nur Diane, sondern auch der Königin zuviel. Die beiden Rivalinnen verbündeten sich wie schon zehn Jahre zuvor einmal. Damals hatte sich die Mätresse für die Dauphine eingesetzt, als man diese für unfruchtbar hielt und wegschicken wollte. Nun ergriff Katharina Partei für die Geliebte ihres Gemahls, um eine andere aus dem Weg zu räumen. Sosehr sie Diane auch haßte, so sehr brauchte sie sie. Dianes herrisches Auftreten bescherte ihr zwar eine Demütigung nach der anderen, doch sie sorgte auch dafür, daß Heinrich seinen ehelichen Pflichten nachkam, und sie stellte Katharinas Position als rechtmäßige Königin nie in Frage.

So waren sich die beiden Frauen einig: Die Schottin mußte weg, denn sie konnte leider gefährlich werden. Also machten sie gemeinsam Heinrich die Hölle heiß, bis dieser, der nichts so sehr haßte wie häusliche Streitereien, sich dem Wunsch seiner Gemahlin und seiner Mätresse beugte. Lady Fleming fiel in Ungnade, und es kehrte wieder Frieden in die »ménage à trois« ein.

Montmorencys Plan, Dianes Vorherrschaft zu brechen, war kläglich gescheitert. Vielmehr hatte er mit seiner Aktion ihr Mißfallen erregt, weshalb Diane, die wie eh und je unangreifbar war, sich von nun an verstärkt den Guisen, Montmorencys Erzfeinden, zuwandte.

Im Jahre 1551 war die Macht der Mätresse des Königs so groß, daß sie sich immer mehr in die politischen Angelegenheiten einmischte. So mußte etwa der Kanzler François Olivier auf Dianes Wunsch hin sein Amt zurücklegen und wurde durch einen ihrer Günstlinge, Jean Bertrand, ersetzt. Olivier hatte sich nämlich geweigert, Heinrichs Geschenke an seine Geliebte, Schloß Anet und das Herzogtum Valentinois, zu registrieren, indem er sich auf das bereits erwähnte Gesetz der Unveräußerlichkeit von Gütern der Krone berief. Bertrand dagegen war ein ergebener Diener seiner Gönnerin und würde künftig keine Schwierigkeiten machen.

1552 brach der Krieg gegen Spanien wieder aus. Gemeinsam mit Montmorency begab sich Heinrich zu seinen Truppen. Während der Abwesenheit des Königs bedurfte das Land eines Regenten, und es entsprach den Usancen, diese Funktion der Königin zu übertragen. Doch Bertrand, Dianes treuer Vasall, erhob Einspruch und verlangte eine Beteiligung an der Regentschaft. Als dies bekannt wurde, schäumte Katharina vor Wut, denn es war klar, wer in Wahrheit die Regentschaft mit ihr teilen wollte. Sie weigerte sich, eine solche Regelung zu akzeptieren. Erst auf ein briefliches Machtwort des Königs hin lenkte sie ein. Wieder einmal war sie der Rivalin unterlegen.

Unterdessen bedeckte sich Heinrich auf dem Schlachtfeld mit Ruhm. Die Franzosen besetzten mit dem Einverständnis der protestantischen deutschen Fürsten die Bistümer Metz, Toul und Verdun im Norden des Landes und forderten damit das katholische Habsburg heraus. Franz von Guise verteidigte Metz erfolgreich gegen Kaiser Karl V. und wurde damit zum Helden Frankreichs, während sich die kaiserlichen Armeen im Januar 1553 schwer geschlagen zurückziehen mußten.

Im selben Jahr wandte sich die allgemeine Aufmerksamkeit England zu. Eduard VI. starb ohne Nachkommen, und seine Halbschwester Maria Tudor, Tochter Heinrichs VIII. aus seiner ersten Ehe mit Katharina von Aragón, bestieg den Thron, nachdem sie sich gegen Jane Grey durchgesetzt und diese mitsamt ihrem Gatten aufs Schafott geschickt hatte.

Als Diane von der Hinrichtung Jane Greys erfuhr, schrieb sie, erschüttert angesichts des Schicksals der jungen Frau, die ohne ihr Zutun in die Rolle der Gegenkönigin gedrängt worden war, in einem Brief an Madame de Montaigu die berühmt gewordenen Worte: »... der Abgrund ist oben.«

Maria Tudor war gewillt, ihr Land wieder zum Katholizismus zurückzuführen. Der erste Schritt in diese Richtung war ihre Vermählung mit dem Sohn Karls V., Philipp von Spanien. Welch ein Schrecken für Frankreich! Ein Kind aus dieser Verbindung würde einmal über Spanien, England, die Niederlande und Westindien herrschen und damit eine immense politische Gefahr darstellen.

Doch Maria wurde nicht schwanger, und Kaiser Karl begrub seine Hoffnungen auf einen Enkel, der die Vorherrschaft Spaniens in Europa nicht nur bewahren, sondern sogar noch erweitern würde. Außerdem war er alt und müde und suchte nun den Frieden.

Montmorency, der schon seit jeher für eine Aussöhnung eingetreten war, sah nun eine große Chance für sein Land: Der Kaiser war geschwächt, also würde Frankreich die Bedingungen diktieren können. Der Konnetabel zögerte nicht lange und nahm die Verhandlungen auf.

Am französischen Hof jedoch fand er kaum Unterstützung für sein Vorgehen. Im Gegenteil, die Guisen, Diane und auch die Königin wollten keinen Frieden, sondern einen neuerlichen Italienfeldzug. Jetzt, wo die kaiserlichen Armeen offensichtlich am Ende waren, müsse man zuschlagen und Frankreichs Vormachtstellung in Italien ein für allemal sichern. Außerdem galt der neue Papst, Paul IV., als erklärter Gegner der Spanier, ein weiteres Argument für die Kriegsbefürworter. Heinrich II. war hin- und hergerissen, unfähig, eine Entscheidung zu treffen. Dies führte dazu, daß hinter seinem Rücken ein Machtkampf zwischen Montmorency und der Guisen-Partei entbrannte. Während der Konnetabel heimlich mit den Spaniern über einen Frieden verhandelte, schlossen die anderen ein Bündnis mit dem Papst gegen Spanien.

Montmorency setzte sich schließlich durch. Es gelang ihm, den Waffenstillstand von Vaucelles auszuhandeln. Dieser sah vor, daß Frankreich all seine bisherigen Eroberungen, wie die drei Bistümer Metz, Toul und Verdun, sowie Savoyen, Piemont, Montferrat und Teile der Toskana, behielt, was einem großartigen Sieg gleichkam und den Höhepunkt des französischen Machteinflusses in Europa bedeutete. Montmorency konnte seinen König davon überzeugen, daß ein Friedensschluß für Frankreich große Vorteile brachte, und Heinrich unterzeichnete das Abkommen, das von Karl V. umgehend ratifiziert wurde. Enttäuscht und von der Gicht geplagt, verzichtete der Kaiser 1556 auf seinen Thron. Seinem Bruder Ferdinand überließ er das Kaiserreich und den Titel, seinem Sohn Philipp vermachte er Spanien, die Niederlande und die italienischen Besitzungen.

Als der französische Hof aber von dem Waffenstillstand erfuhr, brach in den

Reihen der Kriegswilligen ein Sturm der Entrüstung los. Heinrich sah sich den Klagen und Vorwürfen des Kardinals von Lothringen, seiner Gemahlin und nicht zuletzt seiner Mätresse, die zum Werkzeug der Guisen geworden war, ausgesetzt.

Unterdessen spitzte sich der Konflikt zwischen dem Papst und dem Vizekönig von Neapel, dem Herzog von Alba, immer mehr zu, bis dieser am 1. September 1556 mit seiner Armee den Vatikan überfiel. Paul IV. rief die Franzosen um Hilfe, und Heinrich befand sich wieder einmal in einem Dilemma: Während Montmorency verbissen um sein Friedenswerk kämpfte, forderte die andere Seite die Unterstützung für den Kirchenstaat. Im Oktober schließlich erklärte sich Heinrich bereit, den Waffenstillstand zu brechen, um auf seiten des Papstes zu kämpfen.

Im Januar 1557 befand sich Frankreich also wieder einmal im Krieg gegen Spanien, auf dessen Seite im Juni auch noch England trat. Doch die siegreiche Zeit der Franzosen war vorbei. Schon wenige Wochen später, nämlich am 10. August 1557, erlitten sie bei Saint-Quentin eine verheerende Niederlage. Montmorency geriet in Gefangenschaft. Die Spanier näherten sich bis auf wenige Meilen Paris, so daß die Bevölkerung in Panik geriet und eine riesige Fluchtwelle einsetzte. Das Volk rief nach Franz von Guise, dem Helden der Nation. Er schien der einzige, der Frankreich noch vor dem Untergang retten konnte.

Und tatsächlich gelang dem Lothringer ein Überraschungssieg. Er war kaum aus Italien zurückgekehrt – wo er übrigens ebenso erfolglos gekämpft hatte wie Montmorency im Norden –, als er im Januar 1558 nach Calais aufbrach und innerhalb von nur acht Tagen die Stadt, die seit über 200 Jahren in englischer Hand war, zurückeroberte. Dieser Sieg machte die Guisen zur populärsten Familie in ganz Frankreich.

Der Kardinal von Lothringen wollte die Gunst der Stunde nutzen und die Macht seines Hauses ein für allemal festigen, indem er die Vermählung des Dauphins mit Maria Stuart forderte. Dieses Ansinnen war ein Schock für Diane de Poitiers und auch für die Königin. Beide fürchteten um ihre Vorrangstellung. Die kleine Stuart war mittlerweile 16 Jahre alt und zu einer viel bewunderten Schönheit erblüht. Doch nicht nur als Frau würde sie den beiden älteren den Rang ablaufen. Als Dauphine würde Maria Stuart einen bedeutenden Machtfaktor darstellen, den sich die Guisen, unter deren Einfluß das junge Mädchen stand, sicherlich zunutze machen würden. Die Verteilung der Kräfte am französischen Hof wäre dann plötzlich eine ganz andere. Das wußte auch Montmorency. Von seinem Gefängnis aus schlug er rasch vor, den Dauphin statt mit Maria lieber mit der Schwester des Königs von Spanien zu vermählen, sobald ein Friede geschlossen sei. Der Vorschlag fand die Unterstützung der Königin und der Mätresse.

Aber Heinrich II. konnte sich dem Wunsch der Guisen nicht entziehen. Das Argument der Rückeroberung Calais' wog zu stark. Trotz Dianes und Katharinas Einwendungen fand am 24. April 1558 die Vermählung zwischen Maria Stuart und Heinrichs ältestem Sohn, dem späteren Franz II., statt.

Die Favoritin war wütend und enttäuscht über ihre Niederlage. Jahrelang hatte sie die Guisen unterstützt. Jetzt hatten sie mehr Macht und Einfluß, als ihr lieb war; sie waren anmaßend und arrogant geworden und hatten es gewagt, die Wünsche der Mätresse zu ignorieren. Das durfte nicht sein. Eine Frau wie Diane ließ sich so etwas nicht gefallen. Von einem Augenblick auf den nächsten wandte sie sich von den Guisen ab und deren erbittertstem Rivalen zu. Sie versöhnte sich mit dem Konnetabel von Montmorency und stellte damit das Gleichgewicht der Kräfte am französischen Hof wieder her.

Die Königin hingegen akzeptierte die neuen Gegebenheiten, vergaß ihren Groll und dachte an die Zukunft. Sie schenkte ihre Gunst den Guisen, war doch die französische Vorherrschaft in Italien ihr gemeinsames Ziel. Für Katharina stellte eine Verbindung zwischen ihrer ehemaligen und ihrer nunmehrigen Heimat nicht nur ein persönliches Anliegen, sondern eine politische Notwendigkeit dar.

Unterdessen herrschten Not, Hunger und Armut in Frankreich. Das Land blutete unter den zahlreichen Kriegen und den immer heftiger werdenden Religionsstreitigkeiten zwischen Katholiken und Hugenotten. Aber auch Spanien war am Ende seiner Kräfte.

Deshalb führte Heinrich, obwohl er die Einstellung der Guisen und seiner Gemahlin kannte, gemeinsam mit Montmorency eine geheime Korrespondenz mit Philipp von Spanien. Dieser stellte nun jedoch harte Forderungen: Er verlangte den völligen Abzug der Franzosen aus allen Gebieten, die ihnen das Abkommen von Vaucelles zugesichert hatte – schließlich hatte ja Frankreich den Waffenstillstand gebrochen.

Als Diane auf die Seite Montmorencys wechselte, machte sie damit auch eine außenpolitische Kehrtwendung. Gemeinsam mit dem Konnetabel bedrängte sie nun den König, einen Frieden um jeden Preis anzunehmen. Montmorency versprach ihr für ihre Bemühungen seinen zweiten Sohn als Gatten für ihre Enkelin Antoinette de la Marck.

Dianes Einfluß auf Heinrich II. hatte in diesem Augenblick größte politische Bedeutung. Sie entschied sozusagen über Krieg oder Frieden in Europa. Sogar der Papst wandte sich an die allmächtige Favoritin mit der Bitte, sich für ein Ende der Kampfhandlungen einzusetzen.

Tatsächlich gelang es Diane auch, Heinrich zu überzeugen. Mit der Geliebten an seiner Seite hielt der König diesmal den Vorwürfen und Argumenten der Guisen und seiner Gemahlin stand, die ein Einlenken Frankreichs für einen schweren politischen Fehler hielten.

Am 3. April 1559 wurde mit dem Vertrag von Cateau-Cambrésis der Krieg beendet. Alle Beteiligten hatten durch diesen Friedensschluß Gebiete verloren: Frankreich verzichtete auf seine Besitzungen in Italien, durfte dafür aber die Bistümer im Norden sowie Calais behalten. Es gab eigentlich nur eine wirkliche Siegerin – Diane de Poitiers. In einem Zusatzartikel vom 7. April 1559 nämlich wurde ihr für ihre Friedensbemühungen das italienische Marquisat Crotone zugesprochen.

Katharina von Medici war außer sich. Sie sah in Diane die Hauptschuldige dafür, daß Frankreichs Italienpolitik in einer Katastrophe geendet hatte. Alles, was man seit Karl VIII. erobert hatte, war verloren. Allein die Herzogin von Valentinois besaß Gebiete in Italien! Dies war der bisher so beherrschten Königin zuviel.

Als Diane eines Tages Katharinas Gemächer betrat, fand sie diese lesend vor und fragte: »Was lest Ihr, Madame?« Die Königin antwortete mit gespielt-liebenswürdigem Lächeln: »Ich lese die Geschichte dieses Königreichs, und ich finde darin, daß zu allen Zeiten und in allen Epochen die Staatsgeschäfte der Könige von Huren geleitet wurden.«

Damit hatte Katharina zum ersten Mal ihre Maske fallen gelassen und war aus ihrem eigenen Schatten hervorgetreten. Der Fehdehandschuh war geworfen. Allein das Schicksal verhinderte, daß der Krieg zwischen den beiden Frauen offen ausbrach.

Im Friedensvertrag von 1599 war die Vermählung von Heinrichs ältester Tochter, Elisabeth, mit Philipp II. von Spanien sowie die Hochzeit seiner Schwester Margarete mit dem Herzog von Savoyen vereinbart worden. Die Hochzeitsfeierlichkeiten erstreckten sich dem Anlaß entsprechend über mehrere Tage. Zur Unterhaltung der Gäste wurden täglich Turniere veranstaltet, an denen König Heinrich mit Begeisterung teilnahm.

Das letzte Lanzenstechen war für den 30. Juni 1559 angesetzt.

Dieser Tag sollte der letzte große Auftritt der Diane de Poitiers werden. Zum letzten Mal wurde die Welt Zeuge der großen Liebe Heinrichs II. zu seiner nunmehr 60jährigen Mätresse. Diane übte nach wie vor eine unglaubliche Faszination aus. Ihre hohe, schlanke Gestalt in der legendären schwarz-weißen Robe und ihr kaum geschminktes Gesicht zeigten keinerlei Spuren des Alters. Neben ihr verblaßten die Königinnen von Frankreich und Spanien und sogar die viel besungene Schönheit der jungen Königin von Schottland, zu deren Seiten die Favoritin Platz genommen hatte.

Katharina von Medici, bekannt für ihren Aberglauben, war an diesem Tag voll böser Ahnungen und erschien in einem violetten Kleid, der Farbe der Trauer. Schon 1552 hatte der Astrologe Luca Gaurico gewarnt, der König solle sich vor Einzelkämpfen in geschlossener Umgebung hüten, vor allem in seinem 41. Jahr. 1555 waren dann die »Prophezeiungen« des Nostradamus erschienen, die den berühmten Vierzeiler enthielten:

> Le lion jeune le vieux surmontera
> En champ bellique par singulier duel
> Dans cage d'or les yeux lui crevera
> Deux classes une, puis mourir, mort cruelle.*

Die Königin bat ihren Gemahl eindringlich, nicht an dem letzten Durchgang teilzunehmen, doch Heinrich, der seit seiner Jugend nichts so sehr liebte, wie seine Geschicklichkeit im Wettkampf zu beweisen, ließ sich nicht abhalten. Wie immer trug er die Farben seiner Dame, Schwarz und Weiß. Auf seinem neuen Pferd mit dem Namen Malheur – welche Ironie des Schicksals! – hatte er sich an den beiden ersten Turniertagen bravourös geschlagen. Daher wollte er es sich auch am letzten Tag nicht nehmen lassen, in die Arena einzureiten. Selbst der Marschall von Vieilleville konnte den König nicht umstimmen, obwohl er ihm erzählte, daß er seit drei Nächten immer denselben, Unheil verkündenden Traum habe.

Doch Heinrich ließ sich nicht abbringen. Im Gegenteil, er hatte es sogar eilig, wieder auf den Kampfplatz zu kommen. Statt seinen Stallmeister herbeizurufen, dem eigentlich diese Aufgabe zukam, befahl er gleich dem neben ihm stehenden Vieilleville, ihm beim Anlegen der Rüstung zu helfen. Noch bevor der Riemen seines Visiers richtig zugezogen war, sprengte der ungeduldige König auch schon davon.

---

* Der junge Löwe wird den alten überwinden/auf kriegerischem Feld im Einzelkampf/im goldenen Käfig die Augen wird er ihm ausstechen/von zwei Brüchen der erste, dann sterben, grausamer Tod.

Sein Herausforderer war diesmal Gabriel von Montgomery, der Kommandant der schottischen Garde, der bereits auf der anderen Seite Aufstellung genommen hatte. Wenig später ertönte auch schon das Kampfsignal, und die beiden Kontrahenten galoppierten aufeinander zu. Die Waffen klirrten. Der Aufprall war so heftig, daß beide Lanzen brachen, aber keiner der Reiter aus dem Sattel fiel. Die Turnierregel aber verlangte, daß einer der Kämpfer zu Boden fiel. Also ritten der König und Montgomery wieder an ihre Ausgangsplätze zurück. Heinrich nahm eine neue Waffe, Montgomery jedoch behielt – man weiß nicht warum – seine abgebrochene Lanze in der Hand. Aufs neue stürmten die beiden Männer los, wieder schlugen die Lanzen auf die Rüstungen, als das Unglück geschah: Montgomery rutschte ab, der Stumpf seiner Waffe schob das Visier des Königs auf und drang in dessen rechtes Auge ein.

Einen Moment lang war es totenstill auf der Tribüne. Dann schrien die Damen auf, die Königin fiel in Ohnmacht, während Diane de Poitiers schreckensbleich dastand.

Mit den Worten »Ich bin tot« sank der König vom Pferd. Rasch trug man den blutüberströmten Monarchen in die nahegelegene Residenz.

Von ihrem Platz auf der Tribüne sah Diane zum letzten Mal jenen Mann, der zeit seines Lebens nur sie allein geliebt hatte und dem sie so viel zu verdanken hatte.

Heinrichs Todeskampf war furchtbar und dauerte zehn lange Tage. Dennoch fand er noch die Kraft, den verzweifelten Montgomery von jeder Schuld freizusprechen. Am 10. Juli 1559 verschied der König von Frankreich im Alter von 40 Jahren.

Diane durfte Heinrich während seiner letzten Tage nicht mehr sehen. Da wußte sie, daß er sterben würde und ihr Sturz unmittelbar bevorstand. Welch ein Schock für die hochmütige Frau, die 12 Jahre lang die ungekrönte Königin des Reiches gewesen war. Hatte sie doch nie an die Möglichkeit gedacht, daß sie, die um 20 Jahre Ältere, ihren Geliebten überleben könnte.

Es waren Tage der Ungewißheit und der Angst, die Diane durchlebte, doch sie war nicht die Frau, die sich von Kummer und Furcht übermannen ließ. Bald schon hatte sie ihre Gefühle wieder im Griff, straffte den Rücken und hob den Kopf, um ihr Schicksal mit Würde zu tragen.

Im Grunde konnte sie doch mit ihrem Leben mehr als zufrieden sein: Sie hatte so viel erreicht, mehr, als sie sich hätte je träumen lassen, und mehr, als je eine Frau an Frankreichs Hof vor oder nach ihr erreicht hat. 23 Jahre lang war sie vergöttert worden, hatte Reichtümer angehäuft, Ruhm und Macht erlangt.

Sie hatte ihrer Familie zu einem enormen Aufstieg verholfen. Ihre Kinder und Enkel trugen die bedeutendsten Namen des Landes.

Diane war dazu erzogen worden, stets dem Interesse ihres Hauses zu dienen. Diese Pflicht hatte sie mehr als konsequent und erfolgreicher als jedes andere Mitglied ihrer Familie erfüllt. Der Kreis hatte sich für sie geschlossen. Sie war 60 Jahre alt, reich und mit den ersten Häusern des Landes verwandtschaftlich verbunden. Was konnte ihr also schon geschehen?

Tatsächlich blieb Fortuna der großen Dame auch weiterhin hold. Katharina von Medici, die so viele Jahre hindurch wegen Diane Demütigung und Zurücksetzung erlitten hatte, war nun mit einem Schlag zu einem Machtfaktor geworden. Sie war zwar nicht mehr Königin, denn das war jetzt die junge Maria Stuart, die Gemahlin des neuen Königs, Franz II. Aber der König war noch keine 16 Jahre alt und hatte seiner Mutter die Regierungsgeschäfte übertragen. Katharinas schwarze Gestalt – sie trug Schwarz, obwohl die traditionelle Farbe der Königswitwen damals Weiß war – sollte die nächsten Jahrzehnte beherrschen. Allein mit den Guisen, den Onkeln der neuen Königin, mußte sie die Macht teilen.

Diane de Poitiers hingegen stellte keine Gefahr mehr dar. Es waren ihre eigenen Verwandten und ehemaligen Verbündeten, die Guisen, die ihr mitteilten, daß sie bei Hofe nicht mehr erwünscht war. Sie zog sich nach Anet zurück und wartete dort auf Katharinas Rache. Diese fiel jedoch äußerst moderat aus. Lediglich die Kronjuwelen forderte Katharina von der ehemaligen Rivalin zurück. Auch Schloß Chenonceau mußte Diane hergeben, erhielt dafür aber als Ersatz Schloß Chaumont angeboten.

Katharina wußte wohl, daß so manche Leute bei Hofe Diane de Poitiers viel verdankten. Wenn sie nun einen Prozeß gegen die Mätresse ihres verstorbenen Gemahls anstrengte, würde sie sich viele Feinde machen. Und das wollte sie im Augenblick auf keinen Fall. Im Gegenteil, sie brauchte gerade jetzt viele Freunde und Verbündete, um nicht ganz von den Guisen abhängig zu werden.

Überdies sah die besorgte Mutter auch die schwächliche Gesundheit ihres Ältesten, und die Politikerin in ihr dachte bei diesem Anblick bereits an die Zukunft. Wenn Franz II. stürbe, wäre sie Regentin für ihren minderjährigen Sohn Karl. Für einen solchen Fall galt es, Vorsorge zu treffen und sich mit einflußreichen Persönlichkeiten zu umgeben. Mit einem Wort, Katharina hatte keine Zeit, sich an Diane de Poitiers zu rächen. Also zeigte sie königliche Großmut, was auch ihrem Charakter viel mehr entsprach.

Um sieben Jahre sollte Diane ihren Geliebten überleben. In dieser Zeit wurde sie Zeugin des Aufstiegs der ehemals unscheinbaren, unterwürfigen Katharina von Medici zur Herrscherin von Frankreich, ohne darauf Einfluß nehmen zu können. Auch die ausufernden Religionsstreitigkeiten zwischen den katholischen Guisen und den protestantischen Bourbonen, die immer mehr zu einem Kampf um die Vorherrschaft in Frankreich wurden, ja zu einem Kampf um den Thronanspruch, falls Katharinas Söhne kinderlos bleiben und damit die Valois aussterben sollten – all diese Entwicklungen und Konflikte registrierte Diane de Poitiers nur noch als unbeteiligte Beobachterin. Sie verbrachte ihre letzten Tage damit, ihren unermeßlichen Reichtum zu sichten und ihr Testament zu machen.

Was sie während ihrer Jahre im Glanz der Macht verabsäumt hatte, versuchte sie nun, da sie ihr Ende nahen fühlte, wiedergutzumachen. Sie widmete sich der Wohltätigkeit und setzte eine große Summe für die mittellosen Mädchen von Anet aus, damit diese eine Ehe eingehen konnten.

Auch die Kirche wurde großzügig bedacht, allerdings mit der Auflage, nach ihrem Tode regelmäßig eine Messe singen zu lassen, die mit den Worten »Priez Dieu pour Diane de Poitiers«* enden sollte.

Wie ihr ganzes Leben hindurch erfreute sich Diane auch im Alter stets bester Gesundheit. Doch im Frühjahr 1566 wurde sie plötzlich krank und verstarb am 15. April desselben Jahres im Alter von 66 Jahren.

Welch ein Triumph wäre es für diese stolze Frau gewesen, die so viel Wert auf hohe Geburt und edle Abstammung legte, hätte sie gewußt, daß ihr Blut in die mächtigsten Herrscherhäuser Europas gelangen würde.**

Denn die Nachkommen ihrer Tochter Louise haben sich mit dem Haus Savoyen verbunden, aus dem 1685 eine gewisse Marie-Adélaïde hervorging. Marie-Adélaïde war die Mutter Ludwigs XV., und durch sie wurden die späteren Könige von Frankreich zu direkten Nachfahren der Poitiers.

Doch nicht genug. In der nächsten Generation, nämlich durch die Tochter Ludwigs XV., Louise-Elisabeth, kamen auch die Könige von Spanien und die Herzöge von Parma in die Verwandtschaft, die sich schließlich mit Zita von Bourbon-Parma auch auf die Dynastie der Habsburger ausdehnte. Damit sind etwa ein König Juan Carlos von Spanien oder ein Otto von Habsburg späte Nachfahren dieser großen Mätresse.

---

* Betet für Diane von Poitiers.
** Siehe Tafel II.

GABRIELLE D'ESTRÉES

(1573–1599)

Es war der 18. August 1572, als die Glocken von Notre-Dame zu einer der unseligsten Ehen läuteten, die je geschlossen wurden. Dabei sollte die Vermählung zwischen der katholischen Margarethe von Valois, Tochter des Königs Heinrich II. und der Katharina von Medici, und dem hugenottischen Heinrich von Bourbon, König von Navarra, eigentlich ein Zeichen für die Versöhnung zwischen den seit einem Jahrzehnt verfeindeten religiösen Gruppen sein. Doch sie wurde zum Anlaß für eines der blutigsten Gemetzel in der Geschichte Frankreichs. Tausende Protestanten, die sich zur Hochzeit in Paris eingefunden hatten, wurden in der Nacht zum 24. August, der Bartholomäusnacht, auf Befehl König Karls IX., des Bruders der Braut, grausam abgeschlachtet. Der Bürgerkrieg war neu entfacht, und haßerfüllter als je zuvor gingen die Kämpfe zwischen Katholiken und Hugenotten weiter – sie sollten mehr als ein Vierteljahrhundert lang kein Ende finden.

Die Ehe, die von solch blutigen Ereignissen überschattet war, scheiterte ebenso wie die politischen Absichten, die man mit ihr verbunden hatte.

Margarethe von Valois hatte sich mit allen Kräften gegen die Heirat gesträubt, man hatte sie regelrecht vor den Altar schleppen müssen. Das Mädchen, das den schneidigen, feschen Herzog von Guise, einen der Anführer der Katholischen Liga, liebte, hatte nichts als Spott und Verachtung für ihren Gemahl über. Mit seiner überdimensionalen Nase und seiner hageren Statur war Heinrich von Bourbon nicht gerade ein Adonis, und obendrein verströmte er auch noch einen Geruch nach Knoblauch und Schweiß, was Margarethe dazu veranlaßte, jedesmal, wenn er das Lager mit ihr geteilt hatte, sofort die Laken wechseln zu lassen.

Die neue Königin von Navarra fügte sich zwar bald in ihr Schicksal, einem ungeliebten Manne angetraut zu sein, doch ihren ausschweifenden Lebenswandel, dem sie bisher am Hof in Paris gefrönt hatte, gedachte sie nicht aufzugeben. Offensichtlich nymphomanisch veranlagt, schenkte sie ihre Gunst jedem, der ihrer faszinierenden Schönheit verfiel. Und das waren nicht gerade wenige, denn Margarethe kannte bei der Wahl ihrer Liebhaber keinerlei Standesunterschiede: Vom Herzog bis zum Gärtner war ihr jeder recht.

Ein solches Verhalten war für eine Königin nicht nur skandalös, sondern schlichtweg untragbar, denn im Falle einer Schwangerschaft hätte man wahrscheinlich die Legitimität des Kindes in Frage gestellt. Doch Margarethe wurde nicht schwanger, und Heinrich sah über ihr Verhalten großzügig hinweg. Er selbst war ja auch kein Kind von Traurigkeit und hielt sich nicht nur einmal anderweitig schadlos. Aber er war eben ein Mann, und für Männer galten in Liebesdingen schon immer andere Maßstäbe.

1585 jedoch begann Margarethe, eigenmächtig Politik zu machen, indem sie sich mit der Katholischen Liga verband. Damit stellte sie sich nicht nur gegen ihren Gemahl, sondern auch gegen den König von Frankreich und dessen Interessen. Heinrich III., der nach dem Tod seines Bruders Karl IX. 1574 den Thron bestiegen hatte, ließ daher seine rebellische Schwester kurzerhand auf Schloß Usson gefangensetzen, wo sie die nächsten 18 Jahre ihres Lebens verbringen sollte. Dort vertrieb sich Margarethe die Zeit in erster Linie mit den jungen Männern ihres Personals oder Handelsleuten, die im Schloß ihre Waren feilboten.

Dem König von Navarra kam die Aktion seines Schwagers sehr zupaß, und er machte keinerlei Anstalten, seine Gemahlin zu befreien. Hinter Schloß und Riegel konnte sie wenigstens keine hochverräterischen Handlungen mehr setzen. Und sonst ging sie ihm ja auch nicht gerade ab.

Heinrich von Bourbon galt nicht zu Unrecht als der berühmteste Schürzenjäger des Landes. Obwohl er in jenen Jahren von einem Kriegsschauplatz zum anderen hetzte, fand er doch zwischendurch immer wieder Zeit für das eine oder andere erotische Abenteuer. Seit 1583 hatte er eine Liaison mit der schönen Diane d'Andouins, Gräfin von Gramont, genannt »La Corisande«, unter deren Einfluß er die galanten Umgangsformen eines Edelmannes annahm. Doch auch sie hinderte Heinrich nicht daran, auch weiterhin andere Damen aus allen Schichten der Bevölkerung zu beglücken.

Mit der Ermordung Heinrichs III. im Jahre 1589 ging der letzte Valois ohne Erben dahin, und die Thronfolge fiel ausgerechnet auf den hugenottischen Béarner, wie Heinrich von Bourbon gerne nach der größten Provinz seines winzigen Königreiches genannt wurde.

Heinrich III. hatte seinen Schwager zwar als seinen legitimen Nachfolger anerkannt, doch die Katholische Liga, angeführt vom mächtigen Clan der Guisen, setzte alles daran, um dem ersten Bourbonen auf Frankreichs Thron die Krone streitig zu machen. Der Krieg dauerte unvermindert an, und es sollte noch einige Jahre dauern, bis Heinrich IV. wirklich Herrscher seines Reiches sein durfte.

Als hätte er keine anderen Sorgen gehabt, packte den hochgebildeten Mann, den harten Soldaten und klugen Politiker ausgerechnet in jenen schwierigen Zeiten eine Leidenschaft, die binnen weniger Jahre die gesamte europäische Diplomatie in Aufregung versetzen sollte.

Es war an einem Tag Anfang November 1590, als Heinrich IV. von Frankreich seinen Oberstallmeister und getreuen Freund, Roger de Saint-Lary, Herzog von Bellegarde, zu einem Besuch auf Schloß Cœuvres begleitete. Voller Stolz stellte Bellegarde seinem König die 17jährige Tochter des Hauses, Gabrielle d'Estrées, vor, die er bald als seine Frau heimzuführen gedachte. Heinrich war beim Anblick des schönen Mädchens wie vom Donner gerührt, und die nächsten Tage konnte er an nichts anderes mehr denken als an diesen blonden, sanften Engel. Er wollte, er mußte Gabrielle haben!

Er besann sich auf seine Vormachtstellung als Herr und Gebieter und machte Bellegarde unmißverständlich klar, daß er seine Absichten auf das Fräulein d'Estrées aufzugeben habe, wenn ihm seine Karriere lieb sei. Es spricht nicht gerade für Bellegardes Gefühle zu seiner Braut, daß er sich ohne langes Zögern für seine Laufbahn entschied und Gabrielle fortan aus dem Wege ging, wie es ihm sein König befohlen hatte.

Gabrielle d'Estrées hatte Ende des Jahres 1573 als Tochter von Antoine d'Estrées, Marquis de Cœuvres, und Françoise Babou de la Bourdaisière das Licht der Welt erblickt. Die Familie war begütert, doch ihr Ruf, vor allem der ihrer weiblichen Mitglieder, war nicht eben der allerbeste. Dafür hatte in erster Linie die Marquise mit ihrem skandalösen Lebenswandel gesorgt. 1583 hatte sie ihren Mann und ihre neun Kinder verlassen, um mit ihrem neuesten Liebhaber zusammenzuleben. Seither standen Gabrielle und ihre Geschwister unter der Obhut ihrer Tante, Isabelle de Sourdis, mit deren Tugendhaftigkeit es allerdings auch nicht weit her war, wußte doch jeder, daß sie ihren Gemahl mit dem Grafen von Cheverny betrog.

Über Gabrielle d'Estrées' Kindheit und Jugend ist nicht allzuviel bekannt. Man darf jedoch annehmen, daß sie nicht von Prüderie geprägt waren. Madame de Sourdis war eine ebenso erfahrene wie ehrgeizige Dame, die wußte, wie ein Mädchen Karriere machte. Also nahm sie 1587 ihre beiden ältesten Nichten, Diane und Gabrielle, und präsentierte sie bei Hofe. Es war dann auch während jenes mehrmonatigen Aufenthaltes in Paris, daß Gabrielle den schönen Bellegarde kennen- und lieben lernte. Sie sah sich bereits als künftige Herzogin von Bellegarde, als Heinrich IV. in ihr Leben trat und ihre Pläne durchkreuzte.

Das schöne Edelfräulein war allerdings alles andere als begeistert darüber, daß ihr der König den Hof machte. Es fand den um 20 Jahre älteren Mann abstoßend häßlich und entzog sich ihm, sobald er auf Schloß Cœuvres erschien. Doch Heinrich ließ nicht so schnell locker. Er warb um die Angebetete mit allen Mitteln, wenn auch anfangs ohne Erfolg.

Erst die Tante rückte der widerspenstigen Nichte den Kopf zurecht. Der häßliche, stinkende Werber war immerhin der König von Frankreich, und die Möglichkeiten, die sich Gabrielle als Mätresse dieses Mannes eröffnen würden, wären doch wahrlich alles andere als unangenehm. Sie sollte doch nur die Vorteile bedenken, die der ganzen Familie daraus erwuchsen. So oder so ähnlich mag Madame de Sourdis wohl zu dem jungen Mädchen gesprochen haben, und wahrscheinlich hat sie ihm auch gleich ein paar Tips in puncto weiblicher Taktik gegeben, denn von da an zeigte sich Gabrielle Heinrich gegenüber weniger abweisend, womit sie gleichermaßen seine Hoffnungen und sein Begehren schürte.

Ob Heinrich IV. seine Angebetete tatsächlich im Frühjahr 1591 gleichzeitig mit der Stadt Chartres eroberte, wie dies vielfach vermutet wird, darüber läßt uns die Geschichtsschreibung im dunkeln. Im klaren über die Absichten des Königs war sich jedoch Antoine d'Estrées, der Vater des schönen Fräuleins. Anders als seine Schwägerin war er nämlich überhaupt nicht von dem Gedanken begeistert, seine Tochter als Konkubine des Königs zu sehen. Da Bellegarde offensichtlich aus dem Rennen war, um aus Gabrielle eine ehrenwerte Frau zu machen, verheiratete er sie im Juni 1592 an einen Mann namens Nicolas d'Amerval, Lehnsherr von Liencourt und Baron von Benais, ein Witwer aus der Nachbarschaft mit zwei Töchtern, die kaum jünger waren als ihre Stiefmutter.

Gabrielle war todunglücklich über diese Ehe, und als Heinrich kurze Zeit später in Liencourt auftauchte, verließ sie ihren Gatten drei Monate nach der Hochzeit und folgte dem König. Nicht daß sie Heinrich damals schon geliebt hätte, doch es schien ihr offenbar immer noch besser, seine Mätresse zu sein, als ein Leben lang an d'Amerval gekettet zu bleiben. Außerdem hoffte sie wahrscheinlich, Bellegarde in der Nähe des Königs anzutreffen, eine Hoffnung, die sich erfüllte, und bald waren die zarten Bande, die einst zwischen ihr und dem attraktiven Herzog bestanden hatten, wieder neu geknüpft.

Während Gabrielle von nun an ihren königlichen Liebhaber von einem Schloß zum anderen begleitete, begann ein Dreiecksverhältnis, das dem verliebten Monarchen so manche Seelenpein bescherte. Heinrich betete die junge Frau an, doch immer riß ihn der unvermindert andauernde Krieg aus ihren Armen, in die sogleich der schöne Bellegarde eilte.

Wenn er nicht bei der Geliebten sein konnte, wurde er von Sehnsucht verzehrt, der er in solch glühenden Liebesbriefen wie jenem vom 10. Februar 1593 Ausdruck verlieh: »Ich weiß nicht, welches Zaubermittel Ihr angewendet habt, denn Eure Abwesenheit ist mir unerträglicher als jede andere, und es kommt mir vor, als sei ich schon hundert Jahre von Euch getrennt. Es gibt nicht eine Ader, nicht einen Muskel in mir, der mir die Entfernung von Euch nicht schmerzlich spürbar machte. Glaubt mir, meine geliebte Königin, daß ich nie zuvor so heftig liebte wie jetzt ...« (Castelot: Heinrich IV., S. 207) Und eine Woche später schrieb er ihr: »Meine Liebe zu Euch ist mir teurer als meine Pflicht. Glaubt mir, mein schöner Engel, Euer Wohlwollen ist mein einziger Schatz und bedeutet mir mehr als ein Dutzend gewonnener Schlachten. Seid stolz auf Euch, daß Ihr mich besiegt habt, was vorher noch niemandem gelungen ist. Ich küsse millionenfach Eure Füße.« Trotzdem mußte er sich damit abfinden, daß Gabrielle ihre Gunst zwischen ihm und Bellegarde teilte. Sie war sich ihrer Schönheit und ihrer Anziehungskraft auf den König nur allzu bewußt und verstand es, seine Leidenschaft nur noch mehr anzustacheln, indem sie sich bisweilen abweisend verhielt und offenbar kein Hehl daraus machte, daß er nicht der einzige war. Heinrich, obzwar von quälender Eifersucht geplagt, akzeptierte sogar eine Zeitlang seinen Freund als Nebenbuhler. Ja, er trug es sogar mit Humor, wenn man jener Anekdote Glauben schenken darf, wonach sich Gabrielle eines Tages gerade mit Bellegarde in ihrem Schlafzimmer vergnügte, als draußen Heinrichs Schritte hörbar wurden. Der Oberstallmeister sah keinen anderen Ausweg, als sich unter dem Bett zu verstecken, auf dem sich nun der König neben der Schönen niederließ. Heinrich hatte kandierte Pflaumen kommen lassen, die er genüßlich zu verspeisen begann, wobei er ab und zu eine davon unter das Bett warf. Auf Gabrielles fragenden Blick hin antwortete er amüsiert: »Ich teile redlich, wie Ihr seht, denn schließlich müssen wir ja alle leben.«

Doch irgendwann wurde er dann doch ungeduldig: »Ihr wißt, wie sehr es mich verletzt, meinen ›Rivalen‹ neben Euch zu sehen, wofür mich Euer Blick nur halb getröstet hat, denn was Ihr sagtet, kam nicht von Herzen ... Ich bitte Euch, meine teure Geliebte, entscheidet Euch für einen Eurer ergebenen Diener, und seid gewiß, daß niemand auf der Welt Euch mit größerer Liebe und Treue dienen wird als ich. Ah, die Eifersucht, die ich vor Euch nicht gekannt habe, bringt mich noch zum Wahnsinn ... Ich habe so große Sehnsucht, Euch zu sehen, daß ich gerne vier Jahre meine Lebens hingäbe, um mit diesem Brief bei Euch zu sein und millionenfach Eure Hände zu küssen.« (Castelot, S. 243)

Auch Gabrielle spürte, daß es an der Zeit war, eine Entscheidung zu treffen. Die Person Gabrielle d'Estrées' und ihr Einfluß auf Heinrich IV. sind bis heute umstritten. Das Bild, das von ihr gezeichnet wird, schwankt zwischen dem einer berechnenden, treulosen Hure und dem einer hingebungsvollen Liebenden. Die einen beschreiben sie als oberflächlich und unendlich dumm, die anderen billigen ihr dagegen großes Einfühlungsvermögen und diplomatisches Geschick zu. Fest steht jedoch, daß sie sich im Laufe der Jahre 1593 und 1594 von Grund auf wandelte. Aus dem jungen, flatterhaften Mädchen wurde eine reife Frau, deren Beziehung zum König sich vertiefte. Gabrielle begann, die großen Gefühle, die ihr Heinrich entgegenbrachte, zu schätzen, ebenso wie seinen Intellekt, seinen Charme und natürlich auch seine Macht. Irgendwann in dieser Zeit verbannte sie schließlich Bellegarde aus ihrem Herzen, und von da an gab es in ihrem Leben nie wieder einen anderen Liebhaber als den König, auch wenn böse Zungen nicht aufhören wollten, sie als liederliches Frauenzimmer hinzustellen.

Bereits im Juni 1593 schrieb Heinrich glücklich: »Ich bin mir Eurer Liebe sicher.« Und selbst Maximilien de Béthune, der spätere Herzog von Sully und wichtigster Berater des Königs, der der Mätresse seines Herrn immer mit Ablehnung gegenüberstand, mußte zugeben: »Die d'Estrées kicherte nicht mehr albern und kokettierte auch nicht mehr mit den anderen Männern bei Hofe, auch lachte sie nicht mehr viel zu laut über zotige Witze. Ihr Benehmen war zurückhaltender geworden, und sie hatte nur noch Augen für den König. Genauso wollte er sie haben, und war dafür blind gegenüber den vielen Fehlern, die andere an ihr entdeckten.« (Edwards: Lady of France, S. 85)

Die Fehler, die Sully hier anspricht, waren wohl in erster Linie Gabrielles Hang zum Luxus, und ihre Unpünktlichkeit, die selbst dem verliebten König bisweilen zu schaffen machte. Manchmal ließ sie Heinrich einfach sitzen, wenn sie plötzlich mit einem Kleid oder mit ihrer Frisur nicht zufrieden war. Der König, der von Ratssitzung zu Ratssitzung eilte, mit seinen Truppen oft die ganze Nacht hindurch marschierte, der sogar während der Mahlzeiten seinen Sekretären Briefe diktierte, konnte diese Launenhaftigkeit und Unzuverlässigkeit nur schwer verstehen – wenn er ihr auch nahezu alles verzieh.

Doch selbst in dieser Hinsicht begann sich die 20jährige mit der Zeit zu ändern. Welcher Art auch immer ihre Motive gewesen sein mögen, ob es Liebe war oder purer Ehrgeiz, sie interessierte sich plötzlich für Heinrichs Angelegenheiten und fing an, ihn bei seinen Aufgaben zu unterstützen. Dazu gehörte auch, daß sie ihren Lebenswandel dem seinen anpaßte.

Das war wichtig, denn gerade jetzt brauchte der König jede Unterstützung; stand er doch vor der vielleicht wichtigsten Entscheidung seiner Regierungszeit.

Das katholische Frankreich hatte seit vier Jahren einen hugenottischen König, eine Konstellation, die die Religionskriege nur noch angeheizt hatte. Der Papst hatte Heinrich exkommuniziert, große Teile des Adels hatten sich gegen ihn erhoben, und er mußte ernsthaft um seinen Thron fürchten. Deshalb beschloß er 1593, zum Katholizismus zu konvertieren, um so vielleicht seinem Land den Frieden zu bringen und seine Position als König zu festigen.

Die Befürworter eines solchen Schrittes wurden von Tag zu Tag mehr, nur von Katharina, der Schwester des Königs, einer hochgebildeten und klugen Frau, auf deren Urteil Heinrich großen Wert legte, kam nach wie vor heftige Opposition.

Gabrielle und Katharina waren in den vergangenen Monaten Freundinnen geworden, und die Mätresse, die begriffen hatte, wieviel hier für ihren Geliebten auf dem Spiel stand, wandte sich am 1. Juli 1593 mit folgendem Brief an Katharina: »Madame, Jene, die Seiner Majestät zu einer Konversion raten, werden täglich fordernder mit dem Argument, daß der Krieg enden würde, wenn er dem hugenottischen Glauben abschwörte. Ich bitte Euch nicht, mit diesen Leuten mit einer Stimme zu sprechen, doch wenn Ihr Eure Opposition zu solch einem Schritt aufgeben würdet, würde dies sowohl den Geist als auch das Herz Seiner Majestät erleichtern. Bedenkt doch auch, daß auch der Freund, der Euch so nahe steht, ein Sohn der Katholischen Kirche ist, und Ihr werdet sicher erkennen, daß diese Leute keine pferdebehuften Teufel sind. Eure ehrerbietige Dienerin Gabrielle d'Estrées« (Edwards, S. 88)

Gabrielle erwies sich hier zum ersten Mal als gute Psychologin, wenn sie auf Katharinas Liebe zum Grafen von Soissons, einem Katholiken, anspielte. Und tatsächlich gab die Prinzessin ihren Widerstand gegen einen Glaubensübertritt ihres Bruders auf. Am 25. Juli 1593 fand schließlich die feierliche Aufnahme Heinrichs IV. in den Schoß der katholischen Kirche in Saint-Denis statt. Die Bevölkerung jubelte, und der König wußte, daß er richtig gehandelt hatte.

Nun stand seiner feierlichen Krönung nichts mehr im Wege. Diese fand am 27. Februar des folgenden Jahres in der Kathedrale zu Chartres statt, da Reims, die traditionelle Krönungsstadt der französischen Könige, noch immer in den Händen der Liga war.

Beflügelt durch seine jüngsten Erfolge, ging Heinrich nun daran, auch noch die letzte Hürde im Kampf um sein Königreich zu nehmen: die Rückeroberung seiner Hauptstadt, die ebenfalls noch von den Anhängern der Katholischen Liga gemeinsam mit ausländischen Söldnern gehalten wurde. Und auch das gelang ihm: Schon nach kurzer Belagerung öffnete Paris am 22. März 1594 dem legitimen Herrscher des Landes seine Tore. Fünf Jahre waren vergangen, seit er die Nachfolge des letzten Valois angetreten hatte, nun endlich war Heinrich IV. wieder im Besitz seiner Hauptstadt, deren Bevölkerung ihm begeistert zujubelte.

Heinrichs Vertrauen in seine Mätresse war durch ihren vollzogenen Wandel so sehr gewachsen, daß er ihr nun auch politische Aufgaben überließ. Gabrielle wurde zur Ansprechpartnerin für die Anhänger der Liga, die königlichen Pardon erbitten wollten. Der ewig mißtrauische Sully sah in ihrer Vermittlerrolle zwar nichts weiter als die Aktivitäten einer machtgierigen Frau, Heinrich hingegen war stolz auf seine Geliebte. Sein Stolz und sein Glück waren vollkommen, als ihm Gabrielle am 7. Juni 1594 einen Sohn gebar, der den Namen César erhielt und später zum Herzog von Vendôme ernannt wurde. César wurde wie ein Thronerbe mit 101 Salutschüssen begrüßt: ein erster deutlicher Hinweis darauf, welche Bedeutung seiner Mutter bereits zukam.

In wenigen Monaten war Gabrielle d'Estrées von der Konkubine zur First Lady des Landes aufgestiegen, und am 15. September 1594 hatte sie ihren ersten großen öffentlichen Auftritt, als sie, in grünen Samt gewandet und mit Juwelen behängt, an Heinrichs Seite feierlich Einzug in Paris hielt.

Das Glück des Paares war nur durch die Tatsache getrübt, daß Gabrielle immer noch mit d'Amerval verheiratet war. Also hatte sich die Mätresse bereits im August an den Bischof von Amiens gewandt mit dem Antrag auf Annullierung ihrer Ehe, zu der sie als 18jährige von ihrem Vater gezwungen worden und die aufgrund der Impotenz ihres Gatten nie vollzogen worden sei – eine schwere Anschuldigung, die d'Amerval nicht so einfach hinzunehmen bereit war. Doch die Macht stand eindeutig auf Gabrielles Seite, und man darf annehmen, daß auf den Baron der nötige Druck ausgeübt wurde, damit er seine »Impotenz« eingestand. Ganz Paris lachte über den bedauernswerten Mann.

Diese Scheidung war kein Ruhmesblatt für Heinrich und Gabrielle, doch darüber machten sich die beiden wahrscheinlich wenig Gedanken. Kaum war die Annullierung der Ehe im Januar 1595 rechtskräftig geworden, wurde der kleine César auch schon legitimiert. Seine Mutter wurde nicht nur zur Marquise von Montceaux erhoben, sondern sie erhielt auch den Titel »Maîtresse en titre seiner Majestät, des Königs von Frankreich«. Sogar ein eigener Hofstaat wurde für Gabrielle geschaffen, und per Dekret ordnete Heinrich an, daß alle ausländischen Gesandten von nun an auch ihr vorgestellt wurden. Ebenso mußten auch alle Mitglieder des französischen Adels, des Klerus und des Parlaments der Marquise ihre Reverenz erweisen, nachdem sie vom König selbst empfangen worden waren.

Gabrielle wurden also alle Ehren zuteil, die man normalerweise einer Königin erwies, und von jenem Zeitpunkt an begann sie wohl, sich Hoffnungen auf den Thron zu machen. Nach außen hin gab sie sich allerdings dezent und zurückhaltend, indem sie nur im Louvre Wohnung nahm, wenn auch der König anwesend war. Die übrige Zeit residierte sie im nahegelegenen Hotel d'Estrées.

Stufe für Stufe kletterte Gabrielle die Erfolgsleiter hinauf. In einem revolutionär zu nennenden Erlaß vom 28. Januar 1596 gewährte Heinrich seiner Mätresse Privilegien, die für eine Frau des 16. Jahrhunderts höchst ungewöhnlich waren, selbst für Königinnen. Sie erhielt nämlich die Vormundschaft über ihren Sohn César und dessen Besitz, was nichts anderes bedeutete, als daß sie von nun an auch Ämter und Würden im Namen ihres Sohnes übernehmen konnte. Ein halbes Jahr später schließlich ließ Heinrich IV. seine Geliebte und seine Schwester an den Sitzungen des Kronrates teilnehmen. Beide Damen hatten sich als geschickte Diplomatinnen erwiesen, und er legte großen Wert auf ihre Meinungen.

Zu ihrer engelhaften Schönheit, die ihre Wirkung auf die Männer kaum jemals verfehlte, besaß Gabrielle ein besonders einnehmendes und verbindliches Wesen, das ihr auch die Zuneigung zahlreicher hochgestellter Damen einbrachte. So trug ihre Freundschaft mit Louise von Guise, der Tochter des ermordeten Liga-Führers Heinrich von Lothringen,* dazu bei, daß sich Heinrich IV. mit seinen mächtigsten Feinden im eigenen Land, dem Haus Lothringen-Guise, aussöhnte. Am 24. Januar 1596 hatten der Herzog von Mayenne, Oberhaupt der rebellischen Familie, und seine Gefolgsleute auf Schloß Montceaux den Treueeid auf den König geschworen und dafür volle Amnestie erhalten. Gabrielle hatte damals als Gastgeberin großes Taktgefühl bewiesen, so daß dieser Augenblick nicht zu einer Demütigung des stolzen Herzogs wurde, sondern den Beginn für eine politisch ungemein wichtige Allianz darstellte.

---

* Heinrich I. von Lothringen, Herzog von Guise, genannt »Le Balafré« (das Narbengesicht), war am 23. Dezember 1588 auf Befehl Heinrichs III. in Blois ermordet worden, weil er nicht aufhören wollte, gegen seinen König zu kämpfen.

Heinrich IV. (1553–1610)

Am 11. November 1596 schenkte die Marquise in Rouen einer Tochter das Leben, die den Namen Cathérine-Henriette erhielt. Die Taufe wurde zu einer Zeremonie, als handle es sich um ein Königskind. Sogar Königin Elisabeth I. von England entsandte einen Vertreter. Und eifrige Beobachter vermerkten, daß die Mutter des Täuflings in einer Samtrobe erschien, deren Rot sich nur in einer Schattierung vom königlichen Purpur, einer Farbe, die allein dem Herrscher und den Prinzen von Geblüt vorbehalten war, unterschied und die fortan Estrées-Rot genannt wurde – eine scheinbare Nebensächlichkeit, die jedoch anschaulicher als alles andere symbolisierte, welchen Platz die Mätresse des Königs in der inoffiziellen Hierarchie bereits einnahm.

Heinrich war glücklich wie nie zuvor in seinem Leben und überhäufte seine Geliebte mit Ehren und Geschenken, darunter das Palais Schomburg, das direkt gegenüber dem Louvre lag und einen Privatzugang zum Schloß hatte.

Das traute Glück der »königlichen Familie« wurde jedoch am 12. März 1597 jäh unterbrochen. Man tanzte gerade ausgelassen auf einem Fest bei Prinzessin Katharina, als ein Bote mit der Nachricht eintraf, daß die Spanier Amiens überfallen hatten. Die Bestürzung war groß, überall sah man plötzlich bleiche Gesichter, der König war tief betroffen, und Gabrielle brach in Tränen aus. Beide wußten, daß für einen neuerlichen Feldzug kein Geld da war. Doch die junge Frau erholte sich rasch wieder, zögerte nicht lange und entnahm ihrer Privatschatulle ihre gesamte Barschaft, rund 50 000 Ecus, damit Heinrich wenigstens fürs erste Sold und Verpflegung seiner Soldaten bestreiten konnte. Doch das reichte natürlich noch lange nicht. Also machte sich Gabrielle, die immer noch ihr Festkleid trug, weil sie sich nicht einmal Zeit genommen hatte, sich umzuziehen, auf den Weg zu den mächtigen und reichen Adeligen und sammelte eine weitere beträchtliche Summe.

Sodann begab sie sich zu Sebastian Zamet, dem größten Financier von Paris, einem Italiener und ehemaligen Schuster, der mit Katharina von Medici nach Frankreich gekommen war und hier sein Glück gemacht hatte. Sie versetzte ihren gesamten Schmuck für weitere 110 000 Ecus. Binnen weniger Stunden hatte Gabrielle einen Großteil ihres Vermögens ihrem Geliebten zur Verfügung gestellt. Ihre Liebe zu dem Mann, den sie einst abgewiesen und dann betrogen hatte, war in den vergangenen sechs Jahren so sehr gewachsen, daß sie auch die Gefahr nicht scheute, wenn es darum ging, Heinrich zu unterstützen. Nicht nur mit Geld wollte sie ihm zur Seite stehen, sondern auch durch ihre Anwesenheit. So ritt sie eine Stunde, bevor der König aufbrach, in Richtung Amiens. Zu seiner großen Überraschung und Freude traf Heinrich dann in Beauvais mit der geliebten Frau zusammen. Sie, das verwöhnte, kapriziöse Geschöpf, scheute weder Kälte noch Unbequemlichkeiten und tauschte den Luxus ihrer Palais mit dem rauhen Leben im Feld, nur um dem König auch in diesen schweren Stunden nahe zu sein. Selbst ihre schärfsten Kritiker, Sully und d'Aubigné, lobten ihre aufopfernde Hingabe und ihre Loyalität, und Louise von Guise, mit der Gabrielle in diesen Tagen korrespondierte, schrieb in ihren »Aventures«: »Gabrielle hatte vor Amiens viel zu erleiden. ... sie wusch sogar ihre Wäsche selbst; da aber Seife knapp war, war sie gezwungen, ihre Kleider mit Steinen zu schrubben, so wie es die gemeinen Bauern tun. Auch konnte sie der Drangsal nicht entkommen, indem sie ein romantisches Buch las, da es kein Öl gab, sondern nur Kerzen von der allerschlechtesten Qualität, die nur wenig Licht spendeten.« (Edwards, S. 194f.)

Die Lage der französischen Truppen vor Amiens war verzweifelt. Weder die zugesagten Regimenter noch die finanzielle Unterstützung der königstreuen Adeligen war bisher eingetroffen. Zu allem Unglück erkrankte auch noch der König schwer. Wochenlang pflegte Gabrielle ihren Geliebten mit aufopfernder Fürsorge. Es dauerte lange, bis Heinrich IV. wieder zu Kräften kam, doch am Ende hatten sich all die Mühen und Entbehrungen gelohnt. Am 25. September 1597 eroberten die Franzosen Amiens zurück und vertrieben die Spanier aus dem Land.

Heinrich vergalt seiner Mätresse ihre hingebungsvolle Liebe mit wahrhaft königlicher Großzügigkeit. In einer Schatulle überreichte er ihr die gesamte Summe, die sie ihm geliehen hatte, und in einem zweiten Kästchen ihren Schmuck, den er von Zamet zurückgekauft hatte. Schließlich erhob er Gabrielle zur Herzogin von Beaufort und ernannte ihren Vater zum Gouverneur der Ile-de-France und zum Generalleutnant von Paris, während ihre beiden Schwestern mächtige Ehemänner bekamen: Diane d'Estrées ehelichte den Marschall von Balagny, und Julienne-Hippolyte wurde mit Georges von Villars-Brancas, Chevalier d'Oyse, vermählt.

Die Feinde waren aus dem Land gejagt, und die meisten der hohen französischen Adeligen hatten Heinrich IV. als ihren König anerkannt. Nur die Bretagne gab den Widerstand nicht auf. Ihr Herr, der Herzog Philippe-Emanuel von Mercœur, Halbbruder der Königinwitwe Louise, verwehrte weiterhin den Eid auf die Krone. Heinrich verlor schließlich die Geduld und beschloß, diesen letzten Rebellen ein für allemal in die Knie zu zwingen. Im Februar 1598 brach er mit einer Armee, begleitet von der hochschwangeren

Gabrielle, in den westlichsten Teil seines Reiches auf. Daß es bei dieser Expedition zu keinem neuerlichen Blutvergießen kam, war wahrscheinlich nicht zuletzt Gabrielles Verhandlungsgeschick zu verdanken. In einem nicht überlieferten Gespräch gelang es ihr, die Herzogin von Mercœur zum Einlenken zu bewegen, während Heinrich dem Herzog die Unterwerfung durch eine stattliche finanzielle Entschädigung schmackhaft machte. Besiegelt wurde die Aussöhnung schließlich am 5. April 1598 durch die Verlobung des vierjährigen César mit der um zwei Jahre älteren, einzigen Tochter Mercœurs.

Seit dem Winter 1597/98 war Gabrielle in die Politik des Königs involviert und leistete gemeinsam mit Prinzessin Katharina einen nicht zu unterschätzenden Beitrag für den Frieden im Lande. Heinrich bediente sich der beiden Frauen, um seine politischen Ziele zu verwirklichen, das heißt die Aussöhnung zwischen Katholiken und Protestanten durch ein neues königliches Edikt zu erreichen. Während Gabrielle die Aufgabe hatte, die Katholiken zur Annahme der Vorschläge des Königs zu bewegen, sollte Katharina die Hugenotten dazu bringen, ihre Forderungen zurückzuschrauben. Die Damen machten sich offenbar mit Feuereifer an die Arbeit, denn sie empfingen in ihrem Palais zahlreiche Gäste, um über die Bedeutung von religiöser Toleranz zu diskutieren.

Scipion Dupleix berichtet in seiner »Histoire de Henry le Grand«, daß Gabrielle eines Tages zu einem besonders uneinsichtigen Anhänger der Katholischen Liga, dem Parlamentspräsidenten Séguier, sagte: »Auch ich sehe keinen vernünftigen Grund, warum man Leute der Reformierten Religion, die dem König treue Dienste geleistet haben, von Ämtern im Staat oder Parlament ausschließen sollte, während dieses Recht den Liga-Anhängern gewährt wird, die die Waffen gegen Seine Majestät erhoben haben.« (Edwards, S. 226) Am 13. April 1598 schließlich erließ Heinrich IV. das berühmte Edikt von Nantes, das den katholischen Glauben als Staatsreligion anerkannte und gleichzeitig den Hugenotten Gewissensfreiheit sowie den Zugang zu öffentlichen Ämtern zugestand. Damit waren die Religionskriege nach fast vier Jahrzehnten beigelegt.

Um Heinrichs Triumph vollkommen zu machen, schenkte ihm Gabrielle sechs Tage später einen zweiten Sohn, Alexandre, den späteren Chevalier von Vendôme.

Gabrielle war nun am Höhepunkt ihrer Macht. Sie agierte nicht nur selbst wie eine Königin, sie wurde auch so behandelt. Sie hielt ihre »levers« und »couchers« nach einem strengen Protokoll ab, und die höchsten Damen des Reiches waren ihr beim Ankleiden und Frisieren behilflich.

»Es ist ein Wunder«, schreibt Agrippa d'Aubigné, »wie diese Frau, deren große Schönheit völlig frei von Sinnlichkeit ist, seit so vielen Jahren eher wie eine Königin denn eine Mätresse lebt und dabei so wenige Feinde hat.«

Die Herzogin von Beaufort war beliebt und geachtet, denn ihr Lächeln oder ihr Stirnrunzeln konnten den Zugang zum König eröffnen oder verwehren. Daher war es von Vorteil, in ihrer Gunst zu stehen. Doch es sollte nicht mehr allzu lange dauern und ihre Gegner würden aus ihrer Bedeckung hervorkommen und ihre Stimme erheben.

Im Frühjahr 1598 nahm Heinrich IV. die Verhandlungen mit seiner immer noch auf Schloß Usson gefangenen Gemahlin über eine Scheidung nach fünfjähriger Pause wieder auf. Auch Margarethe war seit langem an der Annullierung ihrer Ehe interessiert, würde sie ihr doch die Freiheit wiederbringen. Man einigte sich schließlich darauf, daß Margarethe eine stattliche Pension erhalten sollte und sämtliche ihrer Schulden getilgt würden. Darüber hinaus dürfe sie sich weiterhin Königin nennen oder Herzogin von Valois, und sie sollte die Erlaubnis erhalten, wieder an den Hof zurückzukehren, um dort eine hohe Position zu bekleiden. Im Gegenzug sollte sie das Herzogtum Etampes in Form einer Schenkung an Heinrichs Sohn César übertragen, der damit nicht nur Herzog von Vendôme, Beaufort und Etampes war, sondern auch noch Gouverneur der Bretagne.

Heinrichs Berater, allen voran der getreue Sully, beurteilten eine Scheidung von Margarethe grundsätzlich positiv. Seit längerem riet man dem König zu einer neuerlichen Heirat, da Frankreich einen Erben brauchte, damit der Friede gewährleistet blieb. Doch es stellte sich als ausgesprochen schwierig dar, eine passende Heiratskandidatin für den König zu finden, denn Heinrich hatte an jeder etwas auszusetzen:

»Von derjenigen, die ich heirate, verlange ich sieben Dinge. Sie muß schön von Angesicht, klug, geistreich und sanften Gemüts sein. Reichtum und königliche Abstammung sind auch sehr wichtig, doch nicht unerläßlich. Vor allem aber muß sie gesunde Kinder gebären können. … Und seht, so weit ich mich in ganz Europa umschaue, ich finde keine, die mich ganz zufriedenstellt. Ich würde mich ja mit der Infantin von Spanien abfinden, so alt sie auch sein mag, vorausgesetzt, daß sie mir die Niederlande als Mitgift brächte. … Man hat mir auch von einigen deutschen Prinzessinnen gesprochen, deren Namen ich immer wieder vergesse, aber die Frauen dieser Gegenden

haben nichts Anziehendes für mich. Ich hätte das Gefühl, neben einer Wein-
gutter im Bett zu liegen! Vielleicht die Nichte des Großherzogs der Toskana?
Sie soll recht hübsch sein, aber sie entstammt einem der bescheidensten
Adelshäuser des christlichen Abendlandes, die diesen Titel tragen. Ihre Vor-
fahren waren noch vor sechzig und achtzig Jahren nichts anderes als die
reichsten und mächtigsten Bürger von Florenz. … Nein, sie ist wohl kaum die
Richtige. Gehört sie nicht derselben Rasse an wie die selige Königinmutter
Katharina, die so viel Unheil über Frankreich brachte, von mir ganz zu
schweigen.« (Castelot, S. 279)

Langsam wurde auch dem Unsensibelsten klar, daß der König gar nicht daran dachte, eine ausländische Prinzessin zu heiraten, sondern daß er seine
Mätresse in den Rang der Königin von Frankreich erheben wollte. Das Ent-
setzen unter den Ministern und Gesandten der europäischen Fürstenhöfe war
entsprechend groß. Der kluge König von Frankreich, der gewiefte Staats-
mann, hatte in seiner Leidenschaft für eine Frau offensichtlich den Sinn für
die Realität verloren. Eine solche Heirat würde das Land vor ernsthafte politische Probleme stellen. Vor allem nach Heinrichs Tod wären die Konflikte
hinsichtlich der Thronfolge vorprogrammiert. War der König tatsächlich ver-
blendet, oder war ihm das Risiko bewußt und setzte er einfach auf seine große
Beliebtheit beim Volk, von dem er hoffte, daß es seinen Sohn César als seinen Nachfolger anerkennen würde?

Er wußte wohl, was er tat, denn immerhin hatte er seine Pläne schon längere
Zeit mit sich herumgetragen, bevor er am 2. März 1599 während eines Ban-
ketts den Hochzeitstermin für sich und Gabrielle bekanntgab und seiner künftigen Gemahlin und Mutter seiner Kinder seinen Krönungsring über den Fin-
ger streifte mit den Worten: »Madame, hier ist der Ring meiner Weihe, Pfand
meiner Vermählung mit dem Königreich von Frankreich. Er sei hiermit Euer
Eigentum.« (Castelot, S. 287)

Gabrielle strahlte, sie war am Ziel ihrer Wünsche und Sehnsüchte. Die Hochzeit sollte am Ostersonntag, dem 11. April 1599, stattfinden. Nicht viel Zeit
also für die Hochzeitsvorbereitungen. In Windeseile wurden prunkvolle Gewänder – nun nicht mehr im Estrées-Rot, sondern im echten königlichen Purpur – und natürlich auch das Brautkleid für die künftige Herrscherin gefertigt,
während Gabrielle im Louvre die Gemächer der Königin bezog.

Inzwischen war es Ende März geworden, und noch immer war keine Nachricht aus Rom eingetroffen. Eine königliche Ehe wie die zwischen Margarethe und Heinrich war nicht so einfach von einem französischen Bischof zu

trennen wie Gabrielles Ehe mit d'Amerval. Dazu bedurfte es der Zustimmung des Papstes. Doch Klemens VIII. ließ sich Zeit. Er hätte am liebsten die Nichte des Großherzogs der Toskana, Maria von Medici, auf dem französischen Thron gesehen, doch nun mußte auch er zur Kenntnis nehmen, daß Heinrich IV. fest entschlossen war, seine Mätresse zu heiraten.

Frankreichs Zukunft lag also nun in den Händen des Papstes. Dieser aber zögerte und zögerte, während die Welt gespannt auf eine Entscheidung wartete. Da passierte etwas Seltsames – Klemens VIII. hatte eine Vision und erklärte: »Gott hat vorgesorgt.«

Während der Papst mit sich und Gott um eine Entscheidung rang, wurde Gabrielle von Ängsten und bösen Vorahnungen heimgesucht. Sie war im fünften Monat schwanger und ihr Gesundheitszustand im Gegensatz zu den früheren Schwangerschaften diesmal besorgniserregend. Ständig fühlte sie sich unwohl und klagte über Kopfschmerzen und böse Träume. Kein Wunder auch, denn die Wahrsager hatten Hochsaison, und kein einziger hatte ihr bisher eine gute Prophezeiung gemacht. Sie würde niemals Königin werden, ein Kind würde ihre Hoffnungen zunichte machen, sie würde Ostern nicht erleben: das waren die Weissagungen, die sie zu hören bekam.

Der Hof weilte damals gerade in Schloß Fontainebleau, das Heinrich hatte renovieren lassen. Gemäß der Tradition sollte das Königspaar jedoch die letzten Tage vor der Hochzeit getrennt verbringen, gewissermaßen zur Besinnung und inneren Sammlung. Da man sich überdies in der Karwoche befand, schien eine solche Maßnahme auch aus religiösen und moralischen Gründen durchaus angebracht. Zuerst widersetzte sich Gabrielle heftig diesem Ansinnen, um dann aber doch am Dienstag, den 6. April mit einem Boot die Seine aufwärts nach Paris zu fahren. Heinrich begleitete sie bis zur Anlegestelle, und beim Abschied verlor die künftige Königin von Frankreich vollkommen die Contenance. Sie brach in Tränen aus und schluchzte, als Heinrich sie umarmte. Gabrielle war überreizt und nervös wie nie zuvor in ihrem Leben, so als fühlte sie, daß dies ein Abschied für immer sein sollte.

Gegen drei Uhr nachmittags legte das Boot beim Arsenal in Paris an. Gabrielle beschloß, bei Sebastian Zamet einzukehren, ihrem langjährigen Bankier, der auch mit dem König auf gutem Fuß stand. Zum Abschluß eines leichten Essens reichte man ihr noch eine Zitrone, von der sie ein wenig kostete, die ihr jedoch angeblich ziemlich bitter erschien. Ein Faktum, an das man sich später noch erinnern würde.

Nach dem Mahl bei Zamet begab sich die Herzogin von Beaufort nach Saint-Germain-l'Auxerrois, dem Sitz ihrer Tante Isabelle de Sourdis, um sich dort ein wenig zu erholen, denn sie fühlte sich äußerst unwohl. Am nächsten und am übernächsten Tag ging es ihr auch tatsächlich etwas besser, doch am Karfreitag-Nachmittag wurde sie plötzlich von heftigen Krämpfen erfaßt. Stundenlang wand sie sich in qualvollsten Schmerzen, während die Ärzte ratlos waren und außer Aderlässen und Klistieren keine Maßnahmen zu treffen fähig waren. Schließlich entschlossen sie sich, ihr das Kind aus dem Leib zu holen. Doch die Krämpfe hörten nicht auf. Vor Schmerz zerkratzte sich Gabrielle den ganzen Körper und das einst so schöne Gesicht. Gegen Abend war sie ertaubt und erblindet. Sie fiel in ein Koma. In den Morgenstunden des Karsamstag, des 10. April 1599, waren ihre Leiden zu Ende, ihr Geliebter Heinrich kam für jeden Beistand zu spät.

Der Tod Gabrielle d'Estrées' 36 Stunden bevor sie Königin von Frankreich geworden wäre, hat zahlreiche Spekulationen hervorgerufen.

Obwohl zum Zeitpunkt ihres Todes niemand Zweifel an der Natürlichkeit ihres Ablebens hegte, wurden später die verschiedensten Vermutungen angestellt. Bis heute nicht ganz verstummt sind die Gerüchte um eine Vergiftung durch jene Zitrone, die Gabrielle im Hause Zamets gekostet hatte. Immerhin war Zamet Italiener und stand mit dem Hof von Toskana in Verbindung, der ja die Medici-Tochter auf den französischen Thron hatte bringen wollen. Beweise für eine Vergiftung hat es allerdings nie gegeben, und nach dem heutigen Wissensstand der Medizin dürfte Gabrielle d'Estrées einer Eklampsie erlegen sein.

Dennoch war vieles merkwürdig an diesem Tod: der Zeitpunkt, die Umstände und nicht zuletzt jene Vision des Papstes, die sich damit auf wundersame Weise erfüllt hatte. Klemens VIII. ließ zum Dank dafür ein Hochamt zelebrieren, und auch sonst atmeten zwischen Florenz und Paris erstaunlich viele Leute auf. Nur einer schien untröstlich: Heinrich.

Nachdem er der geliebten Frau ein Begräbnis hatte ausrichten lassen, wie es eigentlich nur königlichen Prinzessinnen zuteil wurde, zog er sich tagelang mit seinem ältesten Sohn zurück und wollte sonst niemanden sehen. Am 15. April schrieb er an seine Schwester: »Trauer und Schmerz werden mich bis ans Grab begleiten. Aber da Gott mich nicht um meinetwillen in diese Welt gestellt hat, sondern zum Wohl des Königreiches, so soll künftig mein ganzes Sinnen und Trachten nur seiner Erhaltung gelten. Die Wurzeln meiner Liebe sind gestorben und werden nie mehr Blüten treiben.« (Castelot, S. 292)

HENRIETTE D'ENTRAGUES

(?1579–1633)

Die Trauer Heinrichs IV. um seine Mätresse Gabrielle d'Estrées war echt und tief, wenn auch nicht von allzu langer Dauer, denn der energiegeladene König hatte schon nach wenigen Wochen den Schmerz verwunden. Seine Umgebung war darüber erfreut und erleichtert, doch die Erleichterung sollte schon bald in Besorgnis umschlagen. Denn nach ein paar flüchtigen Abenteuern in jenem Frühjahr 1599 packte den sinnesfreudigen Bourbonen erneut eine wilde Leidenschaft, von der er sich zu beinahe irrationalen Handlungen hinreißen ließ, und die unter seinen Ratgebern ein verzweifeltes Händeringen auslöste.

Ende Juni 1599 verfing sich der alternde König – er war damals 46 Jahre alt – in den Netzen eines 20jährigen Mädchens namens Henriette d'Entragues. Landauf, landab war Heinrichs Lüsternheit wohlbekannt, und jeder hatte am Beispiel Gabrielle d'Estrées sehen können, welch grandioser Aufstieg einer Frau beschieden sein konnte, wenn sie das Herz dieses Mannes eroberte. Das wußten natürlich auch der Graf Franz von Balzac d'Entragues und seine Gemahlin, und sie waren fest entschlossen, eine ähnliche Karriere wie die Familie d'Estrées zu machen. Um ihre hochgesteckten Ziele zu erreichen, überließen sie nichts dem Zufall, wobei sie sich ihres großen Erfahrungsschatzes im Bereich der Intrige und Hofkabale bedienten. D'Entragues und seine Frau waren beide kein unbeschriebenes Blatt. Der Graf war nicht nur einst ein erklärter Anhänger der Katholischen Liga gewesen und hatte sich lange Zeit geweigert, dem Hugenottenkönig den Treueeid zu leisten, sondern er war auch als ehemaliger Liebhaber der Noch-Königin Margarethe bekannt. Madame d'Entragues ihrerseits war die Geliebte Karls IX. gewesen, als sie noch Marie Touchet geheißen hatte. Aus ihrer Verbindung mit dem vorletzten Valois-König stammte ein legitimierter Sohn, Karl von Valois, Graf von Auvergne und später Herzog von Angoulême, der noch für einige Unruhe während der Regierungszeit Heinrichs IV. sorgen sollte.

Das gewiefte Paar hatte erkannt, daß es vor allem in der ältesten seiner beiden Töchter, Henriette, ein wahres Juwel besaß, das es so teuer wie möglich zu verschachern gewillt war, und zwar an keinen geringeren als an den König selbst. Henriette de Balzac d'Entragues war ein hübsches, schlankes, brünettes Ding. Das reizvollste an ihr war jedoch ihr Temperament und ihr sprühender Geist. Und das Kind war intelligent und ebenso ehrgeizig wie seine Eltern, weshalb Madame d'Entragues keinerlei Schwierigkeiten hatte, ihrer Tochter jene Tricks und Verhaltensregeln beizubringen, mit denen der Vert galant* schließlich geködert wurde.

Das intrigante Trio brauchte gar nicht lange zu warten, denn bereits Ende Juni 1599 führte der Weg Heinrichs IV. nach dem Schlosse Bois-Malherbes, dem Sitz der Entragues', und das Spiel konnte beginnen. Henriette war offenbar mit Feuer und Flamme bei der Sache und spielte ihre Rolle perfekt. Der König biß an und umwarb die junge Dame stürmisch. Diese jedoch gab sich – wie von der Mutter instruiert und ganz gegen ihre wahre Natur – jungfräulich scheu. Nicht einmal seine Geschenke nahm sie an.

Heinrich IV., durch solches Verhalten in seinem Begehren noch mehr angestachelt, überwand seine ansonst sprichwörtliche Sparsamkeit und fragte den Grafen d'Entragues nach dem Preis seiner Tochter. Dieser zögerte nicht lange und nannte die stolze Summe von 100 000 Ecus. Ein hoher Preis für eine Liebesnacht, fand Heinrich, doch er war bereit zu zahlen.

Der treue Sully hingegen ahnte bereits Furchtbares, wußte er doch, zu welch unüberlegten Handlungen sein liebestoller Herr fähig war, wenn es um die Befriedigung seiner Leidenschaften ging. Er protestierte heftig und nannte Henriette »ein arrogantes, durchtriebenes Weibsbild, das auch gar nicht mehr unschuldig sei«. Vergeblich. Heinrich wollte dieses aufreizende Mädchen um jeden Preis und zahlte. Auf die dafür versprochene Liebesnacht mußte er jedoch noch einige Zeit warten, denn Henriette hielt ihn immer noch hin, ständig fiel ihr irgendeine Ausrede ein. Schließlich schenkte ihr Heinrich den Landsitz Verneuil, den er kurz darauf zum Marquisat erhob und seine Besitzerin damit zur Marquise von Verneuil. Aber immer noch ließ sie ihn nicht in ihr Bett.

Was wollte sie jetzt noch? Nichts weniger als ein Heiratsversprechen. Und sie bekam es auch tatsächlich. Es ist kaum zu glauben, daß der König von Frankreich ein solches Versprechen abgab, aber es ist wahr, denn das brisante Schriftstück, das da vor fast 400 Jahren aufgesetzt und unterzeichnet wurde, ist bis in unsere Tage erhalten geblieben und lautet:

»Wir, Heinrich der Vierte, von Gottes Gnaden König von Frankreich und Navarra, versprechen und schwören vor Gott und geben dem Edlen Franz von Balzac, Sieur d'Entragues, Ritter unserer Orden, unser königliches Wort, seine Tochter Henriette-Katharina von Balzac, für den Fall, daß sie, vom heutigen Tag an gerechnet, innerhalb von sechs Monaten schwanger wird und einem Sohn das Leben schenkt, zur Frau und legitimen, von der Kirche feierlich angetrauten Gattin zu nehmen. Wir schwören außerdem, obengesagtes

---

* Vert galant = Schürzenjäger oder Frauenheld, »Beiname« Heinrichs IV.

Versprechen zu bestätigen und zu erneuern, sobald wir vom Heiligen Vater die Auflösung unserer Ehe mit Dame Margarethe von Frankreich erlangt und die Erlaubnis erhalten haben, zum Weib zu nehmen, wen wir wollen. Unter Zeugen aufgesetzt und unterschrieben. Gegeben zu Bois-Malesherbes, heute, am 1. Oktober 1599.« (Castelot, S. 298)

Sully traute seinen Augen nicht, als ihm Heinrich das verhängnisvolle Schriftstück zeigte, und es kam zu einer heftigen Auseinandersetzung zwischen den beiden Männern. Der alte Freund und Ratgeber nahm sich dabei kein Blatt vor den Mund und schalt seinen König wie einen Schuljungen, um schließlich das Papier zu zerreißen.

Heinrich aber blieb völlig ungerührt vom Gezeter des treuesten seiner Gefährten. In seiner Sturheit und Verblendung ließ er einfach Papier und Tinte kommen, setzte sich hin und schrieb das Heiratsversprechen ein zweites Mal, um es dann sogleich dem Vater der Angebeteten auszuhändigen. Dieser hatte damit einen unschätzbaren Trumpf im Ärmel, der seinen ehrgeizigen Plänen noch gute Dienste leisten sollte.

Ein paar Tage später durfte der König von Frankreich dann endlich die Früchte seines unermüdlichen Werbens ernten: Henriette gewährte ihm die erste Liebesnacht.

Der gute Sully rang in schierer Verzweiflung die Hände. Das unselige Heiratsversprechen schwebte von nun an wie ein Damoklesschwert über den Verhandlungen, die nach Gabrielles Tod mit dem Hof von Florenz wieder aufgenommen worden waren, um doch noch eine Ehe zwischen Heinrich und Maria von Medici zustande zu bringen.

Als am 17. Dezember 1599 der Papst endlich die Annullierung der Ehe Heinrichs mit Margarethe bekannt gab, stand einem Abschluß der Heiratsgespräche zwischen den französischen und den florentinischen Verhandlungspartnern nichts mehr im Wege – außer dem lieben Geld. Heinrich forderte nämlich nicht weniger als eine Million Ecus an Mitgift. Das war selbst dem reichen Großherzog, dem sehr viel daran lag, seine Nichte auf den französischen Thron zu bringen, zu unverschämt, stand der König doch mit einer noch höheren Summe bei ihm auf der Schuldenliste. Als jedoch plötzlich das Schreckgespenst namens Henriette d'Entragues auftauchte und sowohl Frankreichs Minister als auch die Florentiner einen Sinneswandel Heinrichs befürchteten, einigte man sich schließlich auf einen Betrag von 600 000 Ecus, was immer noch die höchste Summe war, die jemals eine Frau bezahlt hatte, um Königin von Frankreich zu werden.

Maria von Medici zählte damals bereits 27 Jahre. Sie war keine große Schönheit, doch mit ihrer Körperfülle galt sie nach den Maßstäben ihrer Zeit immerhin als stattliche Erscheinung. Ihr Geist war ebenso schwerfällig wie ihr Körper, dafür war sie durch ihr hoheitsvolles Auftreten für die Rolle einer Königin prädestiniert.

Maria hatte keine sehr glückliche Kindheit verbracht. Sie war am 26. April 1573 als Tochter des Großherzogs Franz I. von Medici und der Johanna von Österreich zur Welt gekommen. Ihre Mutter, Schwester Kaiser Maximilians II., war eine aus politischen Motiven nach Italien »verkaufte« Habsburgerin. Still und ergeben hatte sie die Untreue und Lieblosigkeit ihres Gemahls ertragen und ihm Jahr für Jahr pflichtgemäß ein Kind geboren, bis sie 1578 erst 31jährig gestorben war.

Franz von Medici hatte nie ein Hehl daraus gemacht, daß seine ungeteilte Liebe allein seiner Mätresse, der schönen Bianca Capello, galt, die er dann nach Johannas Tod auch sogleich ehelichte.

Die vier Kinder aus seiner Ehe mit der Habsburgerin waren ihm mehr lästig als lieb. Sie verbrachten in den folgenden Jahren ein ziemlich freudloses Leben im Palazzo Pitti abseits des Hofes. Philippe, der einzige Sohn des Großherzogs, starb bereits 1583, ihm folgte ein Jahr später seine Schwester Anna; blieben nur noch Eleonore, die man 1584 mit Vinzenz von Gonzaga, dem Herzog von Mantua, verheiratete, und Maria. Die Elfjährige hatte plötzlich niemanden mehr, der ihr nahestand, außer einem um fünf Jahre älteren Mädchen, das man ihr als Spielkameradin zur Seite gestellt hatte, Leonora Galigaï. Zwischen den beiden heranwachsenden Mädchen entwickelte sich eine tiefe Freundschaft, die von der intellektuell weit überlegenen Leonora beherrscht wurde.

1587 war die romantische und von allerlei Legenden umwobene Liebesgeschichte zwischen Franz von Medici und Bianca Capello jäh zu Ende. Die beiden verstarben am 19. bzw. 20. Oktober im Abstand weniger Stunden unter bis heute nicht eindeutig geklärten Umständen.

Ferdinand von Medici, den man hinter vorgehaltener Hand für den Tod seines Bruders und dessen zweiter Gemahlin verantwortlich machte, legte seinen Kardinalshut ab, heiratete Christine von Lothringen und wurde der neue Großherzog der Toskana.

Obwohl plötzlich Vollwaise, kehrten nun Zuneigung und Fröhlichkeit in Marias Leben ein. Sie verstand sich gut mit ihrer fast gleichaltrigen Tante, und auch der Onkel war freundlich und zeigte großes Interesse an der Zukunft seiner Nichte. Er begann unverzüglich mit der Suche nach einem geeigneten Ehemann für sie. Da Maria immerhin eine der reichsten Erbinnen Europas war, durfte man ruhig einen hochrangigen Bräutigam erwarten. Der Herzog von Braganza, der Herzog von Lothringen-Vaudémont und sogar Kaiser Rudolf II. und sein Bruder und künftiger Erbe, Erzherzog Matthias, warben um die Hand der florentinischen Prinzessin. Doch welch Erstaunen: Maria von Medici lehnte sie alle ab.

Grund dafür war eine Weissagung, die man ihr eben zu jener Zeit machte und die lautete, sie würde einmal Königin sein. Unter dem Einfluß ihrer Freundin Leonora setzte sich Maria damals in den Kopf, Königin von Frankreich zu werden, und wies hartnäckig alle Angebote zurück.

Kurz darauf, im Jahre 1592, begann die seltsame Prophezeiung tatsächlich Gestalt anzunehmen.

Frankreich, das bei den Medici bereits hochverschuldet war, suchte neuerlich um ein Darlehen an. Es war allseits bekannt, daß Heinrich IV. schon seit vielen Jahren von seiner Gemahlin Margarethe getrennt lebte, so schnitt man im Verlauf der Gespräche das Thema einer möglichen Auflösung seiner Ehe und einer Wiederverheiratung mit der Nichte des Großherzogs an. Gleichzeitig stellte man die erkleckliche Mitgift von nicht weniger als einer Million Ecus in Aussicht, eine Summe, die wie Musik in den Ohren des von Geldsorgen geplagten Königs klang.

Heinrichs Schulden in Florenz stiegen, doch das Heiratsprojekt geriet im Zuge der turbulenten politischen Ereignisse während der folgenden Jahre in Vergessenheit. Erst 1598 gelangte es wieder aufs Tapet. Doch die Hoffnungen auf eine Krone für Maria von Medici schwanden neuerlich, als Heinrich seine Absicht erklärte, seine Mätresse zu ehelichen. Gabrielle d'Estrées' plötzlicher Tod machte dann doch noch den Weg frei für die Florentinerin.

Am 25. April 1600 war der Heiratsvertrag unterzeichnet worden, und am 5. Oktober fand in einer pompösen Zeremonie in Florenz die Vermählung per procurationem statt, bei der Heinrich durch Großherzog Ferdinand vertreten wurde. Eine Woche später bestieg Maria von Medici stolz und glücklich die prächtige Galeere, die sie mit einer Eskorte von 15 weiteren Schiffen von Livorno in ihre neue Heimat bringen sollte.

Während die Braut noch freudig ihrer künftigen hohen Stellung entgegensah, verhedderte sich der Bräutigam in jenem Netz seines komplizierten Privatlebens, das zu legen er ja selbst mitgeholfen hatte: Henriette teilte ihm triumphierend mit, daß sie schwanger sei. Der König war jetzt in einem argen Di-

lemma. Er wußte, daß er es seinem Volk schuldig war, eine neue, standesgemäße Ehe einzugehen und für eine legitime Thronfolge zu sorgen. Andererseits wußte er aber auch, daß er Henriette d'Entragues versprochen hatte,
sie zu heiraten, falls sie innerhalb einer Frist von sechs Monaten schwanger
wurde und einen Sohn gebar. Und sie war schwanger!

Die werdende Mutter sah sich auch bereits als Königin von Frankreich und
verhielt sich ihrem Temperament gemäß entsprechend herrisch. Heinrich
zitterte vor dem Donnerwetter, das ihn erwartete, wenn er seiner Mätresse
reinen Wein einschenken würde. Lange zögerte er daher die Aussprache hinaus und trug lieber sein schlechtes Gewissen mit sich herum. Als die Stunde
der Wahrheit dann aber nicht mehr länger hinausgeschoben werden konnte,
lieferte ihm Henriette eine Szene, die er so bald nicht mehr vergaß. Nie um
eine spitze Bemerkung verlegen, fuhr sie ihn nämlich an: »Und wann wird
Eure fette Bankierstochter eintreffen?« Heinrich konterte schlagfertig: »Sobald ich alle Huren von meinem Hof verjagt habe.«

Henriette tobte. Sie dachte nicht daran, sich den Thron von irgendeiner kleinen italienischen Prinzessin wegschnappen zu lassen. Sie war sicher, daß sie
einen Sohn zur Welt bringen würde, und sie pochte auf jenes Stück Papier, das
ihr Vater sicher verwahrte und das die Unterschrift des Königs trug. Nie und
nimmer würde sie von diesem Vertrag zurücktreten! Es hat sie wohl nur ein
hämisches Lächeln gekostet, als sie Heinrichs höchst naiven Brief vom
21. April 1600 las, in dem es heißt: »Wertes Fräulein, was Euch von mir an
Liebe, Ehren und Gütern zuteil wurde, hätte auch das leichtfertigste Herz der
Welt besänftigt. Eures aber wird von einem schlechten Charakter beherrscht.
Ich bitte Euch, mir das bewußte Schriftstück zurückzugeben... sowie den
Ring, den ich Euch neulich gab.« (Castelot, S. 307)

Das Papier zurückgeben? Niemals! Es war ihre stärkste Waffe, und sie würde sie einzusetzen wissen!

Doch wieder einmal brachte das Schicksal die Situation, in der Heinrichs
Liebesleben und Frankreichs politische Interessen unlösbar verworren schienen, in Ordnung.

Es war der 2. Juni 1600, als ein heftiges Gewitter über Paris niederging und
ein Blitz geradewegs in dem Zimmer einschlug, in dem die schwangere Marquise von Verneuil schlief. Die junge Frau erlitt einen solchen Schock, daß sie
eine Frühgeburt hatte und ein totes Kind, einen Knaben, zur Welt brachte.

Ein schwerer Schlag für Henriettes großartige Träume und eine Riesener-
leichterung für Heinrich und seine Umgebung, denn das ominöse Ehever-

sprechen konnte nunmehr als null und nichtig betrachtet werden. Rechtlich war die Angelegenheit damit auch eindeutig geregelt, und dem Einzug der Medici-Prinzessin als legitime Königin von Frankreich stand nichts mehr im Wege. Doch hinter den Kulissen war die Sache noch lange nicht ausgestanden. Da kannte man Henriette d'Entragues schlecht!

Als Maria von Medici am 3. November 1600 begleitet von Bellegarde in Marseille von Bord ging, wurde ihr ein ihrem Rang gebührender Empfang bereitet. Die höchsten Herren des Reiches waren zur Begrüßung ihrer neuen Fürstin gekommen, allein der königliche Bräutigam glänzte durch Abwesenheit. Er hatte sich entschuldigen lassen, weil der Krieg gegen Savoyen länger dauerte, als er erwartet hatte.

Mit fünfwöchiger Verspätung traf Heinrich IV. schließlich in Lyon mit seiner Gemahlin zusammen, wo am 17. Dezember auch die offizielle Hochzeit stattfand. Beim Anblick Marias war der König angeblich ebenso enttäuscht wie zuvor schon die Herzogin von Bouillon, die gemeint hatte: »Sie gleicht in nichts der verstorbenen Gabrielle d'Estrées. ... Die Königin ist nicht blond, sondern hellbraun und besitzt einen eher derben Mund. Ihr Auge ist schwarz, die Stirn hoch, ihr Gesichtsausdruck wirkt sanft. Außerdem ist sie sehr beleibt...« (Castelot, S. 314) Der wenig überwältigende erste Eindruck hinderte ihn jedoch offenbar nicht daran, seinen ehelichen Pflichten in den folgenden Tagen und Wochen nachzukommen, denn bei Maria stellte sich unverzüglich eine Schwangerschaft ein.

Doch bald schon gelüstete es Heinrich wieder nach schlankeren Körperformen und mehr Esprit, denn er schob wichtige Geschäfte vor, um sich am 21. Januar auf den Weg nach Paris zu machen, nicht ohne zuvor noch den besorgten Ehemann zu mimen und seiner Gemahlin zu raten, ihre Reise in die Hauptstadt ob ihres Zustandes recht langsam und gemächlich zu gestalten. Dann stob er im Galopp davon und traf am 28. Januar bereits auf Schloß Verneuil, seinem eigentlichen Ziel, ein, wo er eine ganze Woche in den Armen seiner Mätresse verbrachte. Und auch Henriette sollte bald wieder schwanger sein.

Anfang Februar 1601 traf Maria von Medici endlich mit ihrem Gefolge in Paris ein. Nachdem ihr Heinrich die wichtigsten Persönlichkeiten des Hofes vorgestellt hatte, besaß er doch tatsächlich die Taktlosigkeit, ihr seine Geliebte mit den Worten: »Dies ist meine Mätresse, die sich nichts mehr wünscht, als Eure ergebene Dienerin zu sein« zu präsentieren. Dabei zwang er Henriette – für die Worte wie »Ergebenheit« und »Dienerin« schlichtweg

Fremdwörter waren – durch einen kräftigen Druck auf die Schulter in einen tiefen Hofknicks und zum obligaten Kuß des Rocksaumes. Dies war der Auftakt zu einem Ehedrama, das ganz Europa bald mit Spannung verfolgen und Heinrich kaum noch eine ruhige Minute gönnen sollte.

Schon einmal hatte es ein Dreiecksverhältnis am französischen Hof zwischen einem König Heinrich, einer Medici und einer Mätresse gegeben.* Doch das war geradezu eine Idylle gewesen angesichts dessen, was sich hier nun rund 70 Jahre später abspielte.

Selbst die behäbige Maria von Medici begriff sofort, daß ihr in Henriette d'Entragues nicht eine ergebene Ehrendame gegenüberstand, sondern eine erbitterte Rivalin, deren Waffen sie allerdings wenig entgegenzuhalten hatte.

Henriette wußte nur zu gut, daß ihr Heinrich verfallen war. Ihre arrogante und herausfordernde Art, gepaart mit einer berechnenden erotischen Kunstfertigkeit, machten sie zur Herrscherin über die Sinne des großen Königs. Heinrich war offensichtlich außerstande, seine Mätresse in die Schranken zu weisen.

Durch sein entweder ungeschickt-hilfloses oder aber bewußt egoistisches Verhalten schüttete Heinrich beinahe Tag für Tag noch Öl in das Feuer der Rivalität, das sich zwischen seiner Gemahlin und seiner Geliebten entzündet hatte.

Er wollte auf keine der beiden Frauen verzichten, denn er brauchte sie beide. Die eine, um eine legitime Nachkommenschaft zu zeugen, die andere, um seine Sinnlichkeit zu befriedigen. Am liebsten wäre es ihm gewesen, sie hätten alle drei friedlich zusammengelebt. Doch dazu war weder Maria von Medici geschaffen noch Henriette d'Entragues. Die eine war stolz und furchtbar eifersüchtig, die andere nicht minder stolz und von dem Wunsche besessen, selbst Königin von Frankreich zu werden. So kam es, wie es kommen mußte.

Heinrich wurde so gut wie täglich mit Klagen, Wutausbrüchen, Tränen und Vorwürfen in sich steigender Lautstärke und Vehemenz konfrontiert. Henriette sprach von der Königin stets nur als von der »fetten Bankierstochter«, während diese ihre Rivalin schlicht als »putana«, als Hure, betitelte.

Der Streit eskalierte weiter, als beide Damen innerhalb weniger Wochen von einem Kind entbunden wurden. Die Königin brachte am 27. September 1601 den Dauphin, den späteren Ludwig XIII., zur Welt, und Henriette kam am 4. November ebenfalls mit einem Sohn nieder, der den Namen Gaston-Henri und den Titel Graf von Verneuil erhielt.

---

* Siehe das Kapitel »Diane de Poitiers«.

In ihrer unermeßlichen Arroganz erklärte Henriette, die nicht aufhörte, das längst ungültig gewordene Heiratsversprechen ins Spiel zu bringen, sie habe den Thronfolger geboren, während Maria lediglich eine Konkubine sei, die nun einen Bastard habe. Kein Wunder, daß die Königin nichts als Haß gegen die anmaßende Nebenbuhlerin verspürte und durch allerlei Intrigen versuchte, Henriette loszuwerden. Doch die bedauernswerte Frau erreichte damit nur das Gegenteil. Denn jedes Mal, wenn sich Henriette über eine Aktion Marias beklagte, entschädigte sie der König mit großzügigen Geschenken, während er seine Frau nur seine Mißbilligung spüren ließ. Nicht daß er seine Gemahlin etwa gehaßt hätte, nein, er mochte sie, wie er wahrscheinlich jedes weibliche Wesen mochte. Aber ihre ewigen Eifersuchtsszenen und ihre ständig schlechte Laune störten ihn, obwohl allein sein unsensibles Verhalten der Grund dafür war.

Das Duell der beiden Frauen ging ein Jahr später in die nächste Runde, als sie wiederum fast gleichzeitig ein Kind zur Welt brachten: Am 22. November 1602 wurde dem König von seiner Gemahlin die Tochter Elisabeth und am 21. Januar 1603 von seiner Mätresse die kleine Gabrielle-Angélique de Verneuil geschenkt.

Von welcher Frau seine Kinder auch waren, Heinrich liebte sie allesamt überschwenglich und wollte sie alle um sich haben. Daher bestand er darauf, daß alle seine Nachkommen gemeinsam erzogen wurden – im Jahre 1603 waren dies immerhin drei Kinder von Gabrielle d'Estrées, zwei von Henriette d'Entragues und zwei von Königin Maria. Wenn er schon rücksichtslos gegenüber den Gefühlen seiner Frau war, so erwies sich Heinrich doch als außerordentlich liebevoller und engagierter Vater. Trotz seines turbulenten Liebeslebens und umfangreicher Staatsgeschäfte fand er immer wieder Zeit, mit der kleinen Horde zu spielen.

Berühmt geworden ist jene, in einem Kupferstich dokumentierte Anekdote, nach der der spanische Botschafter zu einer Audienz eintrat und Heinrich IV. auf allen vieren vorfand, den kleinen Ludwig als Reiter auf dem Rücken. Als er das verblüffte Gesicht des Spaniers sah, fragte der König: »Habt Ihr Kinder, Herr Gesandter?«

»Ja, Sire.«

»Dann kann ich ja meine Runde durch den Saal beenden.«

Die Idylle im Kinderzimmer trog natürlich, denn ansonsten ging es in der königlichen Familie nicht so friedvoll und heiter zu. Und auch außer Haus lauerten Verrat und Intrige.

Karl von Biron, Marschall von Frankreich und hervorragender Feldherr, galt als einer der treuesten und besten Freunde Heinrichs IV. Doch der Mann war vom Ehrgeiz zerfressen. Für Philipp III. von Spanien und Karl-Emanuel von Savoyen gab es deshalb kein Problem, als sie den ruhmsüchtigen Marschall für ihre Verschwörung gewinnen wollten. Ihr Ziel war die Ermordung Heinrichs und des Dauphins und danach die Aufteilung Frankreichs. Savoyen sollte die Dauphiné und die Provence bekommen, Spanien die Languedoc, die Bretagne und Navarra, und Biron wurde ein souveränes Herzogtum Burgund versprochen. Der verbleibende Rest des Reiches sollte an den Sohn der Marquise von Verneuil (!) gehen.

Ebenfalls zur Verschwörung gehörte der Graf von Auvergne, der uneheliche Sohn Karls IX. und Halbbruder Henriette d'Entragues'. Doch das Komplott flog im Frühjahr 1602 durch einen Verräter aus den eigenen Reihen auf. Biron wurde hingerichtet, während d'Auvergne mit einem kurzen Gefängnisaufenthalt davonkam. Henriette leugnete erfolgreich jede Mitwisserschaft, obwohl die Verwicklung ihres Halbbruders ebenso verdächtig war wie die Tatsache, daß ihr Sohn zumindest für einen kleinen Teil von Frankreich als König vorgesehen gewesen war.

Heinrich glaubte seiner Mätresse ihre Unschuldsbeteuerungen, weil er sie glauben wollte. Der alternde Monarch war den Reizen dieser Frau nach wie vor ausgeliefert. Obwohl er den unbändigen Ehrgeiz seiner Mätresse kannte und die Gefahr, die sie dadurch darstellte, unternahm er nichts, um ihr Einhalt zu gebieten.

Maria von Medici war natürlich außer sich darüber. Sie hatte erwartet, die Rivalin nun endlich loszuwerden. Immerhin war ihr Name im Zusammenhang mit jenen gefallen, die dem König und dem Dauphin nach dem Leben getrachtet hatten. Doch sie mußte sich damit abfinden, daß alles so weiter ging wie bisher und ihre Schmach noch nicht zu Ende war. Ganz Europa sprach inzwischen über den Harem des Königs von Frankreich.

Henriettes Größenwahn war durch die gescheiterte Verschwörung Birons keineswegs gemindert worden. Im Gegenteil, er hatte dadurch offenbar noch Auftrieb bekommen. Nicht genug, daß sie Heinrich nach Strich und Faden betrog – zu jener Zeit war gerade der Graf von Soissons ihr Geliebter –, wurde sie täglich unverschämter und fordernder. Und sie bekam auch fast immer, was sie wollte. So vermachte ihr der König Anfang 1604 sogar einen Teil des Erbes seiner kürzlich verstorbenen Schwester Katharina. Doch anstatt so etwas wie ein wenig Dankbarkeit zu zeigen, beteiligte sie sich nun gar an einer großangelegten Konspiration gegen den Staat und das Leben ihres königlichen Liebhabers.

Die unverfrorene Henriette begann nämlich eine Korrespondenz mit dem Hof in Madrid. Ihr Vater, Franz von Balzac d'Entragues, und ihr Halbbruder hatten Birons Plan wiederaufgenommen. Die Kinder der Marquise de Verneuil sollten in ein spanisches Hoheitsgebiet gebracht werden, also entweder in die Niederlande oder die Franche-Comté, denn beide Regionen waren von Paris aus rasch zu erreichen. Währenddessen würden die Verschwörer den König und den Dauphin töten. Danach sollte der Graf von Auvergne den kleinen Gaston-Henri von Verneuil zum König von Frankreich proklamieren. Spanien, Savoyen und der Herzog von Bouillon hatten versprochen, diesen Akt anzuerkennen. Auch eine Anzahl hoher Adeliger in den verschiedenen Provinzen erklärte sich bereit, den Umsturzplan zu unterstützen.

Doch wieder einmal bekam Heinrich Wind von der Sache. Er stellte Henriette zur Rede, die jedoch, empört über solche Beschuldigungen, alles leugnete. Mehr unternahm der König nicht. Er litt nur unter der ganzen Situation und bettelte weiterhin um die Liebe seiner grausamen Mätresse: »Ich leide darunter, daß Ihr mich nicht liebt, aber wenn Ihr zu mir seid, wie es sich gehört, so bin ich mehr denn je Euer Sklave … wenn nicht, dann dürft Ihr diesen Brief als den letzten betrachten, den Ihr von mir erhaltet … der Euch millionenfach die Hände küßt.« (Castelot, S. 350)

Zwei Monate später jedoch bestanden keine Zweifel mehr daran, daß Henriette und ihr Clan in ein großangelegtes Komplott verwickelt waren. Dem betroffenen König blieb nichts anderes übrig, als seine angebetete Mätresse unter Hausarrest stellen zu lassen. Ihr Vater und ihr Halbbruder wurden verhaftet. Zuvor jedoch hatte Franz von Balzac d'Entragues noch das unselige Heiratsversprechen abgegeben, als man ihm mit der Todesstrafe drohte.

Dann geschah lange nichts. Heinrich war offenbar außerstande, gegen Henriette und ihre Familie vorzugehen. Maria von Medici war darüber empört und verzweifelt, das Trio hatte schließlich nichts Geringeres als Hochverrat begangen. Endlich aber zwang die Königin ihren Gemahl, die Verschwörer dem Gericht zu übergeben, das schließlich am 1. Februar 1605 Auvergne und d'Entragues zum Tode und die Marquise von Verneuil zu lebenslänglicher Haft verurteilte. Doch nur vier Tage später nahm Heinrich sein Recht als König in Anspruch und begnadigte die drei Verräter: Vater d'Entragues erhielt seine Freiheit und verschwand auf seinen Gütern, während Auvergne für die nächsten Jahre im Gefängnis blieb. Er hatte sich ja immerhin schon zum zweiten Mal an einem Umsturzplan beteiligt. Henriette durfte sich auf Schloß Verneuil zurückziehen. Allerdings dauerte ihre halbherzige Verbannung auch dieses Mal nicht allzu lange.

Die raffinierte Dame wußte offenbar ganz genau, was der König hören wollte. Denn plötzlich schlug sie ganz ungewohnte Töne an, die ihre Wirkung nicht verfehlten: »Ich brenne wie eh und je«, schrieb sie Heinrich, »doch – ach – wo bleibt die Glückseligkeit seit der, der mich mehr als sein Leben zu lieben vorgab, nun meinen Tod will … nein, Ihr habt mich nie geliebt … Ach, wenn ich meine Freiheit schon nicht meiner Unschuld verdanken darf, so doch wenigstens Eurer Güte!« (Castelot, S. 355)

Das war genau das, was der König wollte: eine Bitte um Verzeihung, eine Liebesbeteuerung. Und im Oktober 1606 flammte seine Leidenschaft für Henriette wieder auf. »Mein Alles, ich dachte, heute abend schon bei Euch zu sein, aber es wird Morgen, bis ich Eure Vorhänge öffnen und Euch beweisen kann, daß ich Euch mehr liebe als je zuvor. Ich küsse Euch millionenfach«, schrieb er ihr am 21. Oktober 1606. Henriette durfte an den Hof zurückkehren, mußte jedoch feststellen, daß sie nicht mehr die Alleinherrscherin über Heinrichs Herz und Sinne war. Der König hatte nun nämlich eine zweite Mätresse. Ihr Name war Jacqueline de Bueil, und auch sie leistete ihren Beitrag zur Vergrößerung der königlichen Kinderschar, als sie 1607 einen Sohn, Antoine, Graf von Moret, zur Welt brachte. Jacqueline wurde kurz danach von Charlotte des Essarts abgelöst, der Heinrich zwei Töchter, Jeanne-Baptiste und Marie-Henriette verdankte, die später beide Äbtissinnen wurden.

Neben seiner Gemahlin, die ihm in den Jahren zwischen 1606 und 1609 ebenfalls noch vier Kinder schenkte, und seinen offiziellen Mätressen hatte der liebestolle König noch eine Reihe anderer Affären, so daß der florentinische Botschafter eines Tages entsetzt ausrief, er habe noch nie etwas gesehen, was mehr einem Bordell glich als dieser Hof.

Heinrichs stürmisches Liebesleben in jener Zeit hatte jedoch auch ihr Positives, denn seine glühende Leidenschaft für Henriette begann sich langsam abzukühlen und wich nach und nach einer Gleichgültigkeit.

Spät, aber doch schien er den wahren Charakter seiner Mätresse erkannt zu haben, als er ihr 1608 schrieb:

»Es ist nicht Trägheit, die mich daran hindert, Euch zu schreiben, sondern die Überzeugung, die sich mir im Lauf der letzten fünf Jahre eingeprägt hat: daß Ihr mich nicht liebt. Euer Verhalten stand in dieser Zeit in so vollständigem

Widerspruch zu Euren Worten und Briefen und erst recht zu der Liebe, die Ihr mir geschworen habt, daß Eure Undankbarkeit meine Leidenschaft erstickte.« (Castelot, S. 388)

Ende des Jahres 1608 war die aufreibende Beziehung zwischen Heinrich IV. und Henriette d'Entragues endgültig tot. Die Marquise zog sich nach Verneuil zurück, wo sie nach den Berichten der damaligen Zeit ein ausschweifendes Leben führte. Sie wurde dick und unansehnlich. Dennoch hatte sie immer noch zahlreiche Liebhaber. Einer davon war der Herzog von Guise. Als Heinrich diese Affäre seiner ehemaligen Mätresse zu Ohren kam, meinte er nur sarkastisch: »Wir haben Ihnen so viel genommen [er spielte damit auf die Unterwerfung des Hauses Lothringen-Guise zu Zeiten der Hugenotten-Kriege an], also lassen wir Ihnen wenigstens das Brot und die Huren.« Dann wurde es ziemlich still um Henriette d'Entragues.

Am 14. Mai 1610 fiel Heinrich IV. einem heimtückischen Mordanschlag zum Opfer, dessen Hintergründe nie geklärt wurden. Der Attentäter, ein offenbar geistesgestörter Mann namens Ravaillac hatte trotz Folter bis zuletzt behauptet, allein und aus eigenem Antrieb gehandelt zu haben. Er wurde auf unvorstellbar grausame Weise am 27. Mai 1610 hingerichtet. Trotzdem blieben bis heute viele Fragen offen. Irgendwo schienen alle Leute in der Umgebung des Königs ein wenig verdächtig: der Herzog von Guise, der Herzog von Epernon, ja selbst die Königin und nunmehrige Regentin Maria von Medici und nicht zuletzt wieder einmal die Marquise von Verneuil.

Im Januar 1611 tauchte eine gewisse Jacqueline d'Escoman auf und bezichtigte Henriette d'Entragues und den Herzog von Epernon der Anstiftung zur Ermordung des Königs. Epernon war einer jener Männer, die seit Beginn der Regentschaft die Fäden im Lande zogen. Ein Verfahren wurde eingeleitet, das jedoch am 10. August 1611 mit einem Freispruch für die Beschuldigten endete. Die d'Escoman wurde wegen falscher Aussage zu lebenslänglichem Kerker verurteilt. Ob bei diesem Prozeß alles mit rechten Dingen zugegangen ist, läßt sich nicht mehr sagen, da sämtliche Akten bei einem Brand im Jahr 1618 vernichtet wurden.

Für die Regentin jedenfalls schien Henriette über jeden Verdacht erhaben zu sein, denn sie empfing die ehemalige Rivalin äußerst huldvoll wieder bei Hofe, und es entwickelte sich eine erstaunliche Freundschaft zwischen den beiden einst so sehr verfeindeten Frauen. 1622 erwies Maria von Medici der Marquise von Verneuil sogar die Ehre ihrer Anwesenheit, als deren Tochter, Gabrielle-Angélique de Verneuil in der Kathedrale von Lyon mit Bernard de

Nogaret, Marquis von La Valette und Sohn des Herzogs von Epernon, vermählt wurde.

Die Königin hatte die Verneuil-Kinder schon immer gern gemocht, denn sie waren ruhig und angepaßt. Henri-Gaston von Verneuil, der als Kind so oft im Mittelpunkt von Verschwörungen gestanden war, schlug die kirchliche Laufbahn ein und wurde Bischof von Metz.

Ganz anders stand es um die Vendôme-Kinder. Sie waren ganz im Gegensatz zu ihrer sanften Mutter Gabrielle d'Estrées, stolz und rebellisch und machten nichts als Schwierigkeiten. César von Vendôme war seit 1609 mit Françoise von Lothringen-Mercœur verheiratet, seine Schwester Cathérine-Henriette ehelichte 1619 Karl von Lothringen, den Herzog von Elbeuf, und Alexandre von Vendôme war zuerst Großprior von Malta, entsagte dann aber dem geistlichen Leben und schloß sich den aufrührerischen Umtrieben seines älteren Bruders an. Diese beiden unehelichen Kinder Heinrichs IV. machten der Regentin das Leben schwer. Sie waren an sämtlichen Revolten der Zeit beteiligt, bis sie schließlich auf Schloß Vincennes gefangengesetzt wurden, wo Alexandre 1629 starb. César jedoch gelang die Flucht nach England. Gemeinsam mit seinem jüngeren Sohn, François-Gaston, dem Herzog von Beaufort, setzte er seine umstürzlerischen Aktivitäten fort. Beaufort machte sich dann auch als einer der Anführer der Fronde* zu Beginn der Regierungszeit Ludwigs XIV. einen Namen, um schließlich doch noch als loyaler und ruhmreicher Admiral des Sonnenkönigs Karriere zu machen.

Seine Schwester Elisabeth von Vendôme heiratete Karl-Amadeus von Savoyen, Herzog von Nemours, den Ururenkel Diane de Poitiers'. Durch eben diese Verbindung wurde nun auch Gabrielle d'Estrées als zweite große Mätresse zur Stammutter der führenden europäischen Dynastien.**

---

* Politische Opposition des französischen Hochadels in der Zeit von 1648 bis 1653.
** Siehe Tafel III.

MADAME DE MONTESPAN

(1641–1707)

Ludwig XIV. war gerade 20 Jahre alt, als er der großen Liebe seines Lebens begegnete. Ende der 50er Jahre des 17. Jahrhunderts hatte der junge König noch so gut wie keine Ähnlichkeit mit jenem Mann, der als die Verkörperung des absoluten Herrschers in die Geschichte eingehen sollte. Mit seinen blonden Locken vermittelte er eher Sanftheit als Autorität, und wie die meisten jungen Männer seines Alters interessierte er sich in erster Linie für die Vergnügungen, die das Leben so bot. Ludwig XIV. liebte die Jagd und die Feste, und er war ein begeisterter Tänzer auf all den Bällen, die bei Hofe veranstaltet wurden. Als echter Enkel Heinrichs IV. hatten es ihm natürlich auch die Frauen angetan, an denen es in seiner Umgebung nicht mangelte.

Um die Staatsgeschäfte kümmerte sich Ludwig damals nur wenig. Das war auch nicht nötig, verfügte er doch über einen außergewöhnlich fähigen Ersten Minister, Kardinal Mazarin, dem er das Regieren überlassen konnte.

Mazarin war nicht nur ein hervorragender Politiker, er hatte auch sieben ausnehmend hübsche und noch dazu intelligente Nichten, die er nach und nach am französischen Hof einführte. Trotz ihrer relativ niedrigen Herkunft fanden sich für die schönen Italienerinnen hochrangige Ehemänner. So wurde etwa Anne-Marie Martinozzi eine Prinzessin Conti und ihre Schwester Laura eine Herzogin von Modena. Auch die fünf Töchter von Mazarins zweiter Schwester machten nicht weniger gute Partien. Die strahlende Olympia Mancini wurde mit Eugen von Carignan-Savoyen, Graf von Soissons, vermählt; ihr jüngster Sohn, Prinz Eugen von Savoyen, sollte einmal als einer der größten Feldherren seiner Zeit Geschichte machen. Laura Mancini avancierte zur Herzogin von Mercœur,* Hortense zur Marquise de Meilleraye und Marie-Anne zur Herzogin von Bouillon.

Die siebente im Reigen der schönen Nichten des Kardinals, Marie Mancini, erschien im Februar 1657 zum ersten Mal bei Hof. Damals war sie 17 Jahre alt, und kaum jemand beachtete sie. Gemessen an ihren beeindruckenden Schwestern Olympia und Hortense wirkte sie auch eher unscheinbar, zumal sie nicht dem herrschenden Schönheitsideal entsprach: Sie war weder klein noch rundlich, noch blond, noch blauäugig.

Nur der junge König war vom ersten Augenblick fasziniert von der großen, schlanken Gestalt mit dem üppigen, dunklen Haar und den großen, seelenvollen, schwarzen Augen Marie Mancinis, die sich ebenfalls sogleich zu dem

---

* Louis, Herzog von Mercœur und später auch von Vendôme, war der Enkel Heinrichs IV. und Gabrielle d'Estrées'!

ernsthaften, hübschen Jüngling hingezogen fühlte. Die beiden konnten sich stundenlang miteinander unterhalten und waren bald unzertrennlich. Marie war damals mit Sicherheit reifer als Ludwig XIV., und sie verstand es, auf ihn einzugehen. Bald war es nicht mehr zu übersehen, daß die beiden leidenschaftlich ineinander verliebt waren. Doch es blieb bei einer unschuldigen Romanze, denn Marie stand als unverheiratetes Mädchen ständig unter der Bewachung einer Anstandsdame.

So hatte man den König noch nie gesehen, und auch Marie war anders als alle bisherigen jungen Frauen, mit denen der König eine Affäre gehabt hatte. Die beiden schmachteten einander geradezu an und schienen jeden Sinn für die Realität verloren zu haben – ein Anblick, bei dem bei der Königinmutter und bei Kardinal Mazarin die Alarmglocken zu schrillen begannen. Marie mußte sofort verheiratet werden, denn eine Frau vom Stande Maries kann als Ehefrau ohne weiteres Ludwigs Mätresse werden, niemals aber Königin. Doch das verblendete Mädchen wollte niemand anderen heiraten als den König, und man befürchtete bereits, daß auch Ludwig auf die Idee kommen könnte, Marie zu seiner Frau zu machen. Tatsächlich bedurfte es einiger Anstrengung, um den verliebten jungen Mann zur Vernunft zu bringen. Ein König von Frankreich mußte unter allen Umständen eine königliche Prinzessin heiraten. Die einzige, die aus politischen Erwägungen als Gemahlin in Frage kam, war seine Cousine, die spanische Infantin Maria Teresa.

Dies sah schließlich auch Ludwig ein. Schweren Herzens und unter einer Flut bitterer Tränen nahm er von der ersten und vielleicht einzigen großen Liebe seines Lebens für immer Abschied. Es dauerte lange, bis die Wunden an der Seele des Königs vernarbten. Marie Mancini aber zerbrach an ihrem Kummer. Sie paßte mit ihrer Einstellung so gar nicht in ihre Zeit, denn sie liebte Ludwig von ganzem Herzen, seine Mätresse aber wollte sie nicht werden. So ließ sie sich mit dem Fürsten Lorenzo Colonna, Konnetabel von Neapel, verheiraten, womit ihr trauriges Schicksal seinen Weg nahm. Marie konnte offenbar nicht mehr glücklich werden, irgendwann verließ sie ihren Gatten und reiste fortan ziellos durch Europa, bis sie 1715 starb.

Ludwig XIV. hingegen handelte ganz im Sinne des herrschenden Zeitgeistes, indem er die Pflicht über alles andere stellte. Er verzichtete auf sein persönliches Glück und unterwarf sich der Staatsräson: Im Juni 1660 fand seine Vermählung mit Maria Teresa, der Tochter des Königs von Spanien, statt.

Doch die Beziehung zu Marie Mancini hatte Ludwig verändert. Aus dem fügsamen, sanften, etwas scheuen Jüngling war ein Mann geworden, der nun be-

gann, sich aus der Autorität seiner Mutter und seines Ersten Ministers los-
zulösen, um sich auf seine eigene Position und die damit verbundene Macht
zu besinnen. Maries leidenschaftliche Anbetung hatte in ihm jenen Stolz und
jenes Gefühl der eigenen Größe geweckt, das er von nun an kultivierte; sie
hatte damit entscheidend zur Entwicklung jener Persönlichkeit beigetragen,
die eine ganze Epoche prägen sollte.

Die neue Königin von Frankreich, die sich nunmehr Marie-Thérèse nannte,
war wohl das genaue Gegenteil von Marie Mancini. Sie war blond, winzig
klein, kaum hübsch zu nennen und vor allem ziemlich dumm. Trotz der
Sprachschwierigkeiten – Marie-Thérèse sprach so gut wie kein Französisch
und Ludwig nur wenig Spanisch – verliebte sich die junge Frau vom ersten
Augenblick an in ihren würdevollen, gutaussehenden Gemahl.

Ludwig XIV. hingegen tat nur seine Pflicht. Dennoch behandelte er seine Gemahlin ihr Leben lang mit gebührendem Respekt und kam auch regelmäßig
seinen ehelichen Pflichten nach, selbst als er Mätressen hatte. Marie-Thérèse
bestätigte dies durch ihre etwas seltsame Angewohnheit, jedes Mal, wenn der
König die Nacht mit ihr verbracht hatte, beim lever* begeistert in die Hände
zu klatschen.

Im Laufe ihrer 23jährigen Ehe brachte die Königin sechs Kinder zur Welt,
von denen allerdings nur der Dauphin überlebte.

Es wundert nicht, daß Ludwig XIV. nur wenig Gefallen an seiner kindischen
und geistlosen Gemahlin fand, deren Hauptinteresse ihrer Sammlung von
Zwergen und einer Schar kläffender kleiner Hunde galt. Und so ließ er schon
bald nach seiner Vermählung seinen Blick über die zahlreichen Schönheiten
des Hofes schweifen und entdeckte dabei seine Schwägerin.

Im Frühjahr 1661 hatte der Bruder des Königs, Philipp, Henrietta von England zur Frau genommen. Die junge Stuart-Prinzessin, übrigens ebenfalls
eine Cousine, war, obwohl nicht ganz gerade gewachsen, hübsch zu nennen.
Vor allem verfügte sie über einen unwiderstehlichen Charme, viel Verstand
und eine ganz besondere Anziehungskraft, der sich der königliche Schwager
nicht entziehen konnte. Auch Henrietta fand an Ludwig XIV. weitaus mehr
Gefallen als an ihrem Gemahl, den es schon damals mehr zum eigenen Geschlecht hinzog als zu den Frauen – was ihn allerdings nicht daran hinderte,
sogleich den eifersüchtigen Ehemann zu spielen, als er das Interesse seines
Bruders an seiner Gattin bemerkte.

---

* Zeremonielle Morgenaufwartung, die der höfische Adel dem Königspaar erweisen mußte.

So gut sich der König auch mit seiner Schwägerin verstand, eine intime Beziehung zu ihr kam wohl nicht in Frage. Aber dafür hatte Henrietta eine ganz bezaubernde Kammerfrau namens Louise de La Vallière, ein mittelloses Mädchen aus einer unbedeutenden Provinzfamilie. Louise hatte wundervolles, silberblondes Haar und blaue, unschuldige Augen. In ihrer Art aber erinnerte sie Ludwig vielleicht an Marie Mancini, denn sie hatte ein ebenso empfindsames Herz wie diese. Auch Louise de La Vallière betete den König mit glühender Leidenschaft an. Ja, sie liebte ihn um seiner selbst willen und nicht, weil er der König war; sie hatte keinerlei Ambitionen oder Machtgelüste und war nicht im geringsten an Geld interessiert. Obwohl die Königinmutter diese Verbindung mißbilligte und die Königin naturgemäß nichts als Haß für die Rivalin übrig hatte, setzte sich Ludwig durch und machte Louise zu seiner offiziellen Mätresse.

Die sanfte, zu jedermann liebenswürdige, junge Frau hatte das erreicht, wovon beinahe jede Dame bei Hof träumte. Dennoch war sie mit ihrer neuen Position nie wirklich glücklich. Louise de La Vallière war ausgesprochen öffentlichkeitsscheu und litt überdies unter ihrem eigenen Tun, das, wenn es auch noch so sehr der Liebe entsprang, doch grundsätzlich den Geboten der Religion widersprach. 1663 brachte sie heimlich ihr erstes von insgesamt vier Kindern zur Welt, die alle der Frau des Ministers Colbert anvertraut wurden. Nur zwei von ihnen, Marie-Anne und Louis, überlebten das Kindesalter.

Bevor der König im Frühjahr 1667 zu seiner Armee nach Flandern aufbrach – er wollte seine Erbansprüche mit militärischer Gewalt durchsetzen –, ernannte er seine Mätresse, die ihn wegen ihrer vierten Schwangerschaft nicht begleiten konnte, zur Herzogin von Vaujours und legitimierte seine 1666 geborene Tochter Marie-Anne, die später den Titel Mademoiselle de Blois erhielt. Auch den Sohn, den Louise in jenem Jahr gebar, anerkannte Ludwig und machte ihn zum Grafen von Vermandois.

Mit dieser Rangerhöhung seiner Geliebten und der Legitimierung seiner unehelichen Kinder folgte Ludwig XIV. dem Beispiel seines Großvaters Heinrich IV. und setzte sich damit über alle herrschenden Regeln der Moral hinweg, denn er bekannte sich damit ja öffentlich zu seinem Ehebruch. Gleichzeitig aber bedeutete diese großzügige Geste auch den Anfang vom Ende seiner Beziehung zu Louise de La Vallière.

Ludwig XIV. hatte sich in den vergangenen Jahren vom schüchternen jungen Mann zum selbstbewußten Monarchen gewandelt, der den Kult um seine Person ganz bewußt förderte. Er entwickelte einen starken Hang zur Prachtentfaltung und machte seinen Hof zum Mittelpunkt des gesellschaftlichen Lebens.

Dies alles hatte in erster Linie ein politisches Ziel: die Domestizierung des Adels. Ludwig vergaß sein Leben lang nicht, daß er als Elfjähriger vor der Fronde, einer Revolte der Aristokratie gegen den Herrscher, hatte fliehen müssen. Nun setzte er alles daran, die ehemaligen adeligen Aufständischen an die Leine zu legen, indem er sie zu Höflingen machte. Die Etikette, die Feste und Vergnügungen, aber auch die Kriege, ließen den Herzögen und Grafen keine Zeit, über Rebellion nachzudenken.

Die Person des Herrschers war zum Zentrum des Reiches geworden und damit zum Zentrum des Lebens der Höflinge. Wer Karriere machen wollte, mußte dem König dienen und sich bemühen, seine Aufmerksamkeit zu erlangen.

Das Protokoll und die höfischen Rituale wurden immer komplizierter und muten heute bisweilen lächerlich an. Doch zur Mitte des 17. Jahrhunderts bedeutete es viel, ja alles, wenn der König das Wort an jemanden richtete oder wenn man ihm beim lever das Hemd reichen durfte. Die einst so stolzen Adeligen gierten nun nach der Gunst ihres Herrschers, und Ludwig XIV. fühlte sich offenbar in dem von ihm selbst geschaffenen Korsett des Hofzeremoniells wohl, verlieh ihm diese straffe Organisation doch ein Gefühl der Sicherheit, jederzeit alles und jeden unter Kontrolle zu haben.

Der Ausbau des Jagdschlosses seines Vaters in Versailles diente ebenfalls den innenpolitischen Zielen des Königs. 1661 begann eine Schar namhafter Künstler, unter ihnen ein Le Vau, ein Mansart und ein Le Nôtre, mit dem Umbau des Schlosses, das zum schönsten Palast der Welt werden sollte. Ab 1682 war Versailles dann Residenz der Herrscher bis zur Französischen Revolution. Versailles lag außerhalb von Paris, nah genug, um die Hauptstadt bequem mit der Kutsche zu erreichen, doch für den mit dem Hofleben beschäftigten Adel weit genug entfernt, um nicht unbemerkt eine Rebellion anzuzetteln.

Trotz seiner enormen Ausmaße sollte der Palast bald schon zu wenig Platz für all die Bücklinge und Ehrgeizlinge bieten, die ständig in der Nähe des Königs weilen wollten, um nur ja nichts zu versäumen. Aus Sorge, das Wohlwollen des Monarchen zu verlieren, ließen die meisten ihre luxuriösen Wohnsitze in Paris und ihre Schlösser in der Umgebung verwaisen und waren froh, wenn sie in Versailles in einer winzigen Dachkammer hausen durften.

Systematisch kettete Ludwig die Aristokratie an sich und seinen Hof. Ein Fest jagte das andere, Ballette, Theateraufführungen, Maskenbälle und die berühmten Karussells boten jede Menge Zerstreuung. Phantasie und Kosten kannten keine Grenzen, wenn es um die glanzvolle Ausstattung solcher Veranstaltungen ging. Auch hinsichtlich der Kleidung wurde ein bisher nie dagewesener Aufwand getrieben. Der modebewußte Mann von Welt trug damals eine geschlossene Weste mit Spitzenhalstuch, dazu Kniebundhosen mit Strümpfen und Schnallenschuhen und darüber einen offenen Mantel, der bis zum Knie reichte.

Die Damen schnürten ihre Taillen in enge Korsetts und zeigten durch die tiefen, runden Ausschnitte viel Dekolleté. Die Röcke waren nach hinten gerafft und vorne geschlitzt, so daß der reichverzierte Unterrock zu sehen war. Während sich bei den Herren die würdevolle Allongeperücke durchsetzte, trugen die Damen ihr Haar aufgesteckt mit seitlichen Locken.

Die bescheidene Louise de La Vallière paßte so gar nicht in die glänzende, pompöse Umgebung ihres Geliebten, wohingegen ihre Freundin mit allen physischen und charakterlichen Attributen ausgestattet war, die die barocke Hofkultur repräsentierten: Françoise-Athénaïs de Montespan. So extravagant wie ihr zweiter Vorname, den sie sich übrigens selbst zugelegt hatte, war sie in ihrer ganzen Art. Mit ihren blonden Locken, den blauen Augen, dem schön geschnittenen Gesicht und der üppigen, wohlproportionierten Figur war sie nicht nur eine blendende Schönheit, sondern sie besaß auch Witz und Charme. Ihre Vorliebe für prächtige, auffallende Roben und ihr selbstbewußtes Auftreten, das dem einer Königin gleichkam, ließen sie alle anderen Damen des Hofes in den Schatten stellen.

Eine solche Frau konnte Ludwig XIV. einfach nicht lange übersehen, war sie doch wie geschaffen dafür, mit ihm die Liebe zu Luxus und Pomp und das Leben in großem Stil zu teilen.

Die schöne Françoise hatte am 5. Oktober 1641 als Tochter von Gabriel de Rochechouart, Herzog von Mortemart, Lussac und Vivonne, Fürst von Tonnay-Charente und der Diane de Grandseigne das Licht der Welt erblickt. Die Mortemarts zählten zu den höchstrangigen Adeligen des Landes, eine Tatsache, auf die Françoise ihr Leben lang sehr stolz war und die sie bei jeder Gelegenheit zu betonen pflegte.

Ihre Kindheit verbrachte sie auf dem väterlichen Schloß im Poitou. Mit zwölf oder dreizehn Jahren wurde sie dann zur Erziehung in das Kloster Sainte-Marie de Saintes geschickt, wo sie das lernte, was man Mitte des 17. Jahrhunderts für ein Mädchen wichtig hielt: Lesen und Schreiben, ein bißchen Rechnen, ein bißchen Latein und Schriftverkehr, Handarbeiten und natürlich Religion.

1660 durfte Françoise das Kloster endlich verlassen und wurde Hoffräulein bei der neuen Königin, Marie-Thérèse. Bei Hofe erregte die strahlende Schönheit von Mademoiselle de Rochechouart sofort Aufsehen, weil sie nicht nur bezaubernd anzusehen, sondern auch immer fröhlich war und so charmant zu plaudern wußte. Alles deutete darauf hin, daß sie binnen kurzem großen gesellschaftlichen Erfolg haben würde.

Es ist nicht weiter verwunderlich, daß sich für ein Mädchen wie Françoise de Rochechouart, das aus einer so angesehenen Familie stammte und noch dazu von der Natur so gut ausgestattet war, bald ein Verlobter fand. Louis-Alexandre de La Trémoïlle, Marquis von Noirmoutiers, war ein durchaus standesgemäßer Bräutigam für das hochgeborene Fräulein. Doch das Schicksal wollte es anders.

La Trémoïlle wurde 1662 in ein Duell verwickelt, bei dem es sogar einen Toten gab. Duelle aber waren dem Adel damals bei Todesstrafe verboten, und so ließ die Verurteilung der Beteiligten nicht lange auf sich warten. Den jungen Haudegen jedoch gelang rechtzeitig die Flucht. La Trémoïlle setzte sich nach Portugal ab, wo er fünf Jahre später in einer Schlacht gegen die Spanier starb. Françoise aber befand sich plötzlich in einer äußerst peinlichen Situation: sie stand ohne Verlobten da. Allerdings fand sich schon kurze Zeit später ein neuer Heiratskandidat, nämlich Louis-Henri de Pardaillan de Gondrin, Marquis de Montespan, der Bruder des Toten in der Duell-Affäre.

Im Gegensatz zu seinem Vorgänger war Montespan jedoch alles andere als eine gute Partie. Obwohl er von altem und hohem Adel war, ja sogar mit den Königen von Navarra verwandt, hatten doch mehrere Angehörige seiner Familie keinen sonderlich guten Ruf, sei es, daß sie der Fronde angehört hatten oder den Jansenisten* nahestanden. Darüber hinaus war der junge Montespan als Spieler bekannt, der sich in ständigen Geldverlegenheiten befand, worin er sich allerdings in nichts von seinem künftigen Schwiegervater unterschied.

Daß der Herzog von Mortemart diesen Mann als Gatten für seine Tochter akzeptierte, bleibt ein Rätsel, möglicherweise aber gestattete man den beiden jungen Leuten eine Liebesheirat. Auf jeden Fall fand die Vermählung ziemlich bald, nämlich am 28. Januar 1663, statt. Da der Vater der Braut aufgrund seines galanten Lebenswandels alles andere als liquide war, wurde im Ehevertrag festgelegt, daß Françoise ihre Mitgift erst aus ihrem Erbe, also nach

---

* Jansenismus: Religiöse Bewegung, die für mehr sittliche Strenge eintrat und sich gegen die Jesuiten und deren Moralsystem stellte. 1642 durch Papst Urban VIII. verurteilt.

dem Tode ihrer Eltern, erhalten sollte. Bis dahin mußte sie sich mit einer für eine Herzogstochter recht bescheidenen jährlichen Rente begnügen. Geldschwierigkeiten waren also für das junge Paar vorprogrammiert, doch vorerst hing der Himmel noch voller Geigen. Zehn Monate nach ihrer Hochzeit brachte die frischgebackene Marquise de Montespan eine Tochter, Marie-Christine, zur Welt, und 1665 folgte ein Sohn, der den Namen Louis-Antoine erhielt.

Die Geburten hatten Françoise noch schöner und üppiger gemacht, und als sie wieder bei Hofe auftauchte, zog sie unweigerlich alle Blicke auf sich. Zwar war der König noch immer sehr in Louise de La Vallière verliebt, doch auch ihm entgingen die prangende Schönheit und der sprühende Esprit der jungen Marquise de Montespan nicht. Im Laufe der Zeit begann Ludwig XIV. die scheue Sanftmut seiner Geliebten als langweilig zu empfinden, und es verlangte ihn bald nach mehr. Er wollte Aufregung, Abenteuer und sinnliche Reize.

Françoise-Athénaïs genoß zu Beginn ganz einfach das aufregende Hofleben, während ihr Gatte bei seinem Regiment Dienst tat. Und sie war stolz darauf, den König mit ihrer Fröhlichkeit und ihrem Wortwitz zu amüsieren. An mehr dachte sie damals gar nicht. Im Gegenteil, ihre streng religiöse Erziehung ließ sie im Ehebruch eine schwere Sünde sehen. Ludwig XIV. jedoch dachte sehr wohl an mehr. Er fühlte sich von Tag zu Tag mehr zu der schönen Marquise hingezogen, was dieser natürlich nicht entging.

Françoise-Athénaïs' Zuneigung zu ihrem Ehemann verflog mit der Zeit, denn die ewigen Geldsorgen lasteten schwer auf dieser Ehe. Sie mußte laufend Schmuck und Wertsachen verpfänden und für ihren Mann Schuldscheine unterschreiben oder Darlehen aufnehmen. All dies zusammen mit dem unübersehbaren Interesse des Königs an ihrer Person führten bei der jungen Frau wohl zu einem Sinneswandel. Sie erkannte, daß sie im Grunde nur zwei Möglichkeiten hatte: entweder ein amüsantes und luxuriöses, jedoch unmoralisches Leben bei Hofe oder ein zwar tugendhaftes, doch langweiliges Dasein auf dem Lande an der Seite eines Gatten, der ständig in finanziellen Nöten steckte. Sie entschied sich für die erste der beiden Möglichkeiten, und auf einmal erschien ihr das Leben einer Mätresse gar nicht mehr so verwerflich, und auch ihre Einstellung zum Ehebruch war rasch revidiert.

Im Frühjahr 1667 begann der Krieg gegen die spanischen Niederlande, und Ludwig XIV. begab sich zu seinen Truppen nach Flandern. Wie im 17. Jahrhundert üblich, reiste der König mit großem Gefolge und dem dazugehörigen Pomp. Selbstverständlich mußte eine zahlreiche Dienerschaft mit auf die Reise sowie Berge von Kisten voller Kleider und Pelze, Teppiche und Tapisserien, ja sogar silberne Kerzenleuchter durften im Gepäck der königlichen Gesellschaft nicht fehlen.

Auch die Damen zogen mit ins Feld. Da die frischgekürte Herzogin von Vaujours, Louise de La Vallière, wieder guter Hoffnung war, konnte sie die Reise nicht mitmachen. Dafür legte der König diesmal besonderen Wert auf die Begleitung seiner Gemahlin. Auf Marie-Thérèse selbst hätte Ludwig XIV. wahrscheinlich gerne verzichten können, doch die Königin reiste natürlich ebenfalls mit ihrem ganzen Haushalt und ihren Hofdamen, darunter auch Madame de Montespan.

Dieser Flandern-Feldzug war für Ludwig nicht nur ein militärischer Erfolg, sondern auch in Liebesdingen trug er ihm einen großen Sieg ein. Nach der Eroberung von Charleroi durch die Franzosen Ende Mai 1667 entschloß sich der König, eine kurze Kampfpause einzulegen. Er sandte einen Boten zu seiner in Compiègne zurückgebliebenen Gemahlin mit der Nachricht, sie möge mit ihm in Avesnes zusammentreffen.

Vieles deutet darauf hin, daß Madame de Montespan in jenen Junitagen des Jahres 1667 während des Aufenthaltes in Avesnes dem Drängen Ludwigs nachgegeben hat und seine Geliebte wurde.

Vorerst jedoch mußte alles geheim bleiben, denn es gab ein großes Problem: Die Marquise war eine verheiratete Frau. Eine Beziehung zu ihr bedeutete also doppelten Ehebruch. Was die Sache jedoch noch schwieriger machte, war der Ehemann, Monsieur de Montespan.

Man hätte annehmen können, daß der gute Mann, der bis zum Hals in Schulden steckte, mit Geld leicht dazu zu bewegen gewesen wäre, sein stillschweigendes Einverständnis dazu zu geben, daß seine Gemahlin die Mätresse des Königs wurde. Doch erstaunlicherweise war dem ganz und gar nicht so.

Der Marquis liebte seine Frau nämlich, und er hatte nicht die Absicht, sie mit irgend jemanden zu teilen, auch nicht mit dem König. Er wurde von einer so rasenden Eifersucht gepackt, daß er alle in Angst und Schrecken versetzte, besonders natürlich seine Gemahlin. Er fluchte gegen sie und den König und benahm sich wie ein Wahnsinniger. Mit Gewalt wollte er seine Frau zurückholen. Diese suchte daraufhin Schutz bei ihrer Freundin, Madame de Montausier, doch der tobende Ehemann fand sie. Schimpfend und schreiend stürzte er an der Dienerschaft vorbei, ohrfeigte seine Frau und stieß einen Tisch gegen Madame de Montausier, die vor Schreck in Ohnmacht fiel. Sodann wollte er seiner Frau Gewalt antun, konnte jedoch von einigen Bediensteten daran gehindert werden. Der Rasende wurde verhaftet, einen

Monat später aber wieder freigelassen unter der Bedingung, Paris unverzüglich zu verlassen und sich auf seine Güter in der Gascogne zu begeben.

Zu Hause angekommen, machte Monsieur de Montespan auf geradezu masochistische Weise seiner Eifersucht und seinem Schmerz Luft. Er verlangte, daß man ihm das große Tor öffne, da er mit seinen Hörnern nicht durch die kleine Pforte hindurchkomme. Dann ließ er ein Geweih an seiner Kutsche anbringen, damit alle Welt sehe, daß seine Frau ihn betrog. Schließlich legte er noch Trauerkleider an und ließ ein Requiem für seine Gemahlin lesen. Diesem Mann war alles zuzutrauen, und Françoise-Athénaïs verbrachte die nächsten Jahre in ständiger Angst vor ihm. Ludwig XIV. muß wohl leidenschaftlich in die schöne Marquise verliebt gewesen sein, daß er sich auf eine so komplizierte Beziehung einließ. Erst 1674 konnten die beiden wirklich aufatmen, nachdem Monsieur de Montespan sich endlich in das Unabänderliche gefügt und einer offiziellen Trennung zugestimmt hatte.

Bis dahin versuchte der König, zumindest anfänglich, sein neues Verhältnis so gut wie möglich zu kaschieren. Die maîtresse en titre hieß weiterhin Louise de La Vallière, die, vielleicht weil sie hoffte, den Geliebten wieder zurückzugewinnen, bei Hofe blieb. Dies konnte Ludwig nur recht sein. Es war bekannt, daß die La Vallière und Madame de Montespan Freundinnen waren, und außerdem lagen ihre Zimmer direkt nebeneinander. So konnte der König, wenn er seine offizielle Mätresse besuchte, ungesehen in die Gemächer seiner neuen Geliebten gelangen. Nach außen hin blieb also alles beim alten, wenn auch die meisten bald die Geheimniskrämerei durchschaut hatten.

Für Louise de La Vallière war diese Situation natürlich äußerst schmerzlich und demütigend. Dennoch konnte sie sich jahrelang nicht dazu entschließen, den Hof zu verlassen. Lieber ertrug sie all die Kränkungen und erniedrigte sich, indem sie Madame de Montespan fast wie eine Kammerzofe diente. Erst 1674 zog sie sich in ein Karmeliterinnenkloster zurück, wo sie 1710 im Alter von 66 Jahren starb.

Zuvor aber tauchten neue Schwierigkeiten auf, denn Françoise-Athénaïs wurde 1669 schwanger. In aller Heimlichkeit kam sie mit einer Tochter nieder, die allerdings nur drei Jahre alt werden sollte. Bereits 1670 gebar Madame de Montespan ein weiteres Kind, diesmal einen Knaben, der den Namen Louis-Auguste erhielt. 1672 folgte wieder ein Sohn, Louis-César; und ein Jahr später noch eine Tochter, Louise-Françoise.

Wegen des eifersüchtigen Ehemannes der Marquise, der ja offiziell als Vater der Kinder galt und damit jederzeit auf diese Zugriff gehabt hätte, wurde die

Existenz der illegitimen, aber immerhin königlichen Nachkommen geheimgehalten.

Zu diesem Zweck erwarb Madame de Montespan ein Haus in Vaugirard, damals noch ein Vorort von Paris, wo die Kinder unter der Obhut ihrer Gouvernante, einer gewissen Witwe Scarron, lebten. Françoise-Athénaïs hatte die Frau vor einigen Jahren im Hause ihres Verwandten, des Marschalls von Albret, kennengelernt. Madame Scarron war 34 Jahre alt, stammte aus kleinen Verhältnissen und lebte von einer bescheidenen Rente. Was die königliche Mätresse jedoch an ihr so beeindruckt hatte, war ihre Intelligenz gewesen, gepaart mit einer außergewöhnlichen Zurückhaltung und Diskretion. Genau diese Eigenschaften waren jetzt gefragt, und so bot sie Madame Scarron den Posten der Gouvernante ihrer Kinder an. Die Witwe akzeptierte mit Freuden, denn sie liebte Kinder über alles, und sie mochte auch Madame de Montespan. Es entstand fast so etwas wie Freundschaft zwischen den beiden so ungleichen Frauen, eine Freundschaft jedoch, die einige Jahre später in gegenseitige Abneigung umschlagen sollte.

Ludwig XIV. war, der Rechtsauffassung jener Zeit entsprechend, ein König von Gottes Gnaden. Er war überzeugt, auserwählt zu sein und weit über den anderen Sterblichen zu stehen. Seine ganze Hofhaltung, die komplizierte Etikette und der ganze Pomp, mit dem er sich umgab, alles war darauf ausgerichtet, dem Herrscher eine Art Halbgott-Charakter zu verleihen. Angesichts dieser Selbsteinschätzung des Königs ist es auch nicht weiter verwunderlich, daß er der Ansicht war, daß seine Kinder, selbst wenn sie unehelich waren, etwas Besonderes seien.

So entschloß sich Ludwig XIV. im Jahre 1673, diese seine Kinder zu legitimieren. Er hatte ja bereits sechs Jahre zuvor die beiden Kinder der La Vallière anerkannt, doch diesmal lag der Fall schwieriger, da Madame de Montespan ja verheiratet war. Die einzige Möglichkeit, dieses Problem zu umgehen, war, den Namen der Mutter unerwähnt zu lassen. Und so geschah es denn auch für das Pfarregister.

Am 20. Dezember 1673 wurden die Legitimierungen auch vom Parlament registriert und die Kinder mit hohen Titeln ausgestattet. Der dreijährige Louis-Auguste wurde zum Herzog von Maine ernannt, der kleine Louis-César wurde Graf von Vexin und die erst vor kurzem geborene Louise-Françoise erhielt den Titel Mademoiselle de Nantes.

Auch die Kinder, die noch folgen sollten, wurden natürlich legitimiert. 1674 erblickte Louise-Marie-Anne das Licht der Welt, die man zur Mademoiselle de Tours ernannte. Drei Jahre später schenkte Madame de Montespan einer weiteren Tochter das Leben, Françoise-Marie, die spätere Mademoiselle de Blois, und schließlich 1678 noch einem Sohn, Louis-Alexandre, der spätere Graf von Toulouse.

Mitte der 70er Jahre war Madame de Montespan am Höhepunkt ihres Lebens angelangt. Sie war der strahlende Fixstern des Hofes und Mittelpunkt all der Feste und Lustbarkeiten. Ludwig XIV. betete sie geradezu an und überschüttete sie mit Geschenken. 1674 etwa überreichte er ihr eine ganze Schatulle mit Schmuck. In einem Brief vom 6. Juni dieses Jahres gab er seinem Minister Colbert genaue Anweisungen, was die Kassette zu enthalten habe, nämlich: »eine Perlenkette,

zwei Paar Ohrringe, davon eines mit Diamanten und eines mit verschiedenen Steinen,

ein Collier mit Ketten aus Diamanten,

ein Collier mit Ketten aus verschiedenen Steinen, die auseinander genommen und auch mit den Diamanten zusammen getragen werden können. Es sollen Steine in jeder Farbe sein, damit immer das Passende zur Verfügung steht, ein Paar Ohrringe mit Perlen und

vier Dutzend Knöpfe, deren mittlere Steine man auswechseln kann.

Der äußere Teil soll aus kleinen Diamanten bestehen, die zu allem passen…«

Ein paar Tage später machte der König seiner Geliebten ein noch größeres Geschenk. Er hatte in Clagny, ganz in der Nähe von Versailles, Land gekauft und ließ dort für sie nach den Entwürfen des Architekten Jules Hardouin-Mansart ein Schloß erbauen, das leider während der Revolution von 1789 niedergerissen wurde. Aus den Plänen jedoch kann man sich heute noch eine Vorstellung davon machen, wie Clagny ausgesehen haben mag. Außerdem wissen wir aus verschiedenen Aufzeichnungen, daß Madame de Montespan keine Bescheidenheit kannte, wenn es um die Ausstattung ihrer Residenz ging. Insgesamt dauerten die Arbeiten an Clagny zehn Jahre und verschlangen die damals beträchtliche Summe von 2 073 000 Livres (etwa 3 Millionen Mark bzw. 20 Millionen Schilling). Clagny wurde ein Prachtbau mit allem Komfort, herrlichen Gartenanlagen, Teichen, Springbrunnen und sogar mit einem kleinen Bauernhof, womit die Marquise die berühmte Schäferinnen-idylle der Marie-Antoinette um hundert Jahre vorwegnahm.

Madame de Montespan genoß unübersehbar die ungeteilte Gunst des Königs, und sie sonnte sich im Glanz ihres Erfolges. Wegen ihres stolzen, arroganten Auftretens, das mit den Jahren immer herrischer wurde, hätte man sie glatt für die Königin halten können. Ihre Garderobe war unübertroffen, was Kostbarkeit und Extravaganz betraf. Berühmt wurde ihr goldenes Kleid, eine Robe ganz aus Goldstoff mit Stickerei in einem anderen Goldton und mit Goldfäden durchwirkt und schließlich mit Diamanten geradezu übersät.

Ludwig XIV. war hingerissen von dieser wahrhaft königlichen Frau, die seinen Geschmack und seine Vorliebe für das Großartige und Pompöse teilte. Beide waren sie die typischen Vertreter des Barock-Menschen. Madame de Montespan hatte sich als kongeniale Partnerin für den am Höhepunkt seiner Macht stehenden Monarchen entpuppt. Hinzu kam noch die außerordentliche sinnlich-erotische Anziehungskraft, die die Marquise auf den König ausübte. Nicht nur in der Öffentlichkeit, sondern auch im Schlafgemach war Françoise-Athénaïs genau das, was der heißblütige Bourbone wünschte.

Manchmal jedoch ließ sich das Temperament der Montespan kaum bändigen. Ihre spitze Zunge war am ganzen Hof gefürchtet, und mehr als einmal überschritt sie mit ihren Äußerungen die Grenze zwischen Wortwitz und Beleidigung, so daß der König sie zurechtweisen mußte. Auch neigte seine impulsive Mätresse zu heftigen Wutausbrüchen, die selbst vor ihm nicht haltmachten. So berichtet der Abbé von Choisy über einen Vorfall aus dem Jahr 1675, als der König nach dem Tod des Turenne, einem seiner fähigsten Feldherren, beschloß, sieben Generäle zu Marschällen von Frankreich zu ernennen. Als Madame de Montespan davon hörte, durchwühlte sie die Taschen des Königs auf der Suche nach der Liste der zu Befördernden. Sie fand sie, doch als sie feststellte, daß darauf der Name ihres Bruders, des Herzogs von Vivonne, fehlte, bekam sie einen solchen Wutanfall, daß es dem mächtigen Ludwig XIV. regelrecht die Sprache verschlug. Er stotterte irgend etwas von einem Versehen und daß der Minister, Louvois, sicherlich nur vergessen habe, den Namen des Herzogs auf die Liste zu setzen.

»Dann laßt ihn sofort holen«, soll die Marquise daraufhin verlangt haben. Als Louvois kam, erklärte ihm der König, daß die Liste unvollständig sei, und der Minister sah sich gezwungen, seinen Fehler zuzugeben. Die aufgebrachte Madame de Montespan machte ihm natürlich schwere Vorwürfe wegen dieser Nachlässigkeit, beruhigte sich jedoch, als eine neue Liste erstellt wurde, die nun auch den Namen ihres Bruders enthielt. Die Leute kommentierten die Ernennung der Marschälle so: »Sieben sind durch das Schwert emporgekommen, einer durch die Scheide.« (Bernier: Ludwig XIV., S. 192)

Wie in diesem Fall nützte Madame de Montespan immer wieder ihre Stellung, um sich für ihre Familie zu verwenden und den Verwandten einträgli-

Ludwig XIV. (1638–1·715)

che Posten zu verschaffen. So wurde etwa ihr Vater Gouverneur von Paris und ihre jüngste Schwester Äbtissin von Fontevrault, ein Amt, das bisher nur Prinzessinnen von königlichem Geblüt vorbehalten gewesen war.

Abgesehen von der Protektion ihrer Verwandten und Freunde hatte Françoise-Athénaïs jedoch, anders als etwa Diane de Poitiers, überhaupt keinen Einfluß auf die Politik. Ludwig XIV. hatte es sich zum Prinzip gemacht, sein Privatleben strikt von den Staatsgeschäften zu trennen. Für letztere hatte er einen Stab kompetenter Berater und Minister wie Colbert, Louvois oder Vauban. Seine Mätresse sollte ihn unterhalten und auf den zahlreichen Festen, die er gab, glänzen, aber sie sollte sich auf gar keinen Fall in die politischen Angelegenheiten einmischen. Françoise-Athénaïs hatte diesbezüglich auch keinerlei Ambitionen. Sie war in gewisser Hinsicht viel zu oberflächlich, um sich mit ernsten Problemen auseinanderzusetzen. Die Pflege und der Erhalt ihrer Schönheit, ihre Garderobe und ihr Lebensstil, die gesellschaftlichen Verpflichtungen und die Vergnügungen füllten ohnedies ihr Leben aus. Sie liebte aber die Musik und das Theater und wurde dadurch zu einer willkommenen Mäzenin der zahlreichen Künstler im Lande – zu denken ist etwa an Jean-Baptiste Lully, den Schöpfer der französischen Nationaloper, oder an Jean Racine und Molière, die großen Klassiker der französischen Literatur.

Je höher Madame de Montespan stieg, umso mehr verstärkten sich auch ihr Hochmut, ihr Egoismus und ihr herrisches Benehmen. So leidenschaftlich sie war, wenn sie das Bett des Königs teilte, so gefühlskalt konnte sie gegenüber anderen, vor allem gegenüber Menschen niederen Standes, sein.

Einmal überrollte ihre Equipage einen einfachen Mann, woraufhin die Damen ihrer Begleitung tief betroffen waren und sich hilflos und weinend über den Körper des Verletzten beugten. Madame de Montespan hingegen fand es nicht einmal der Mühe wert auszusteigen, sondern meinte nur kalt, ihre Damen würden sich nicht so echauffieren, wenn sich der Vorfall nicht gerade vor ihren Augen abgespielt hätte. Im übrigen hätte ihr Kutscher den Mann ja durch einen Zuruf gewarnt, und außerdem wisse jeder, daß eine Frau ihres Standes eben immer sehr schnell unterwegs sei.

Auch die La Vallière hatte diese Rücksichtslosigkeit zu spüren bekommen, als ihr Madame de Montespan den Geliebten abspenstig gemacht hatte. Die Königin Marie-Thérèse hatte einst die La Vallière gehaßt und über deren Sturz frohlockt. Doch ihre Freude währte nur kurz, denn sie mußte bald erkennen, daß sie in Françoise-Athénaïs eine neue Rivalin bekommen hatte. Und was für eine noch dazu! Im Gegensatz zu der sanften und schüchternen Louise de La

Vallière war Madame de Montespan arrogant und bemühte sich nicht einmal um Zurückhaltung, sondern war vielmehr ständig bestrebt, die Königin auszustechen und ihr zu zeigen, wie sehr sie ihr in jeder Hinsicht überlegen war. Sosehr sich Marie-Thérèse aber kränkte, sie war machtlos gegen diese Frau. Resigniert soll die gedemütigte Königin einmal geseufzt haben: »Diese Hure bringt mich noch ins Grab.«

Auch die Kirche stieß sich schon seit langem an dem doppelten Ehebruch, den der König und Madame de Montespan begingen. Als Françoise-Athénaïs zu Ostern des Jahres 1675 zur Beichte gehen wollte, verweigerte ihr ein junger Vikar namens Lécuyer die Absolution. Er forderte sie auf, nach Hause zu gehen, ihr skandalöses Leben aufzugeben und erst dann wiederzukommen, um sich dem Herrn zu Füßen zu werfen.

Madame de Montespan war außer sich über diesen Affront. Wütend berichtete sie dem König von dem Vorfall. Ludwig schickte daraufhin sofort nach Bossuet, dem Bischof von Meaux und seit 1670 Erzieher des Dauphins, der jedoch die Vorgangsweise des jungen Geistlichen guthieß. Er redete dem König ins Gewissen und beschwor ihn, diese sündige Affäre zu beenden. Und welch Wunder, es gelang ihm. Ludwig erklärte sich bereit, sich von seiner Mätresse zu trennen. Unter großen Emotionen sagten die beiden Liebenden einander Lebewohl. Der König begab sich wieder einmal zu seinen Truppen nach Flandern, und Françoise-Athénaïs zog sich nach Clagny zurück. Dort erhielt sie sogar Besuch von der Königin, die bereits glaubte, die Rivalin nun endlich los zu sein. Doch Marie-Thérèse irrte sich.

Die Trennung dauerte nur etwas mehr als ein Jahr, denn Ludwig konnte seine Geliebte nicht vergessen. Beinahe täglich schrieb er ihr, die sich inzwischen der Verschönerung ihres Heims widmete. In mehreren Briefen forderte der König auch seinen Minister Colbert auf, Madame de Montespan bei der Ausstattung von Clagny alle Wünsche zu erfüllen und dabei keine Kosten zu scheuen.

Françoise-Athénaïs regierte während dieser Zeit auf ihrem Schloß wie eine Königin und schwelgte im Luxus. Den König sah sie nur in der Öffentlichkeit. Im Juli 1676 war es mit der Enthaltsamkeit der beiden Liebenden zu Ende. Ludwig kehrte von der Nordgrenze seines Reiches zurück und begab sich unverzüglich nach Clagny. Die Begegnung fand in Gegenwart einiger Damen der Marquise statt. Der König zog sich mit Françoise-Athénaïs in eine Ecke des Raumes zurück, wo die beiden ein Gespräch unter vielen Tränen führten, um sich danach zur allgemeinen Verblüffung kommentarlos in das angrenzende Zimmer, das Schlafzimmer der Madame, zu begeben. Spätes Resultat dieser Wiedervereinigung war die Geburt von Françoise-Marie 1677 und von Louis-Alexandre 1678.

Madame de Montespan war also wieder in der Gunst des Königs, und ihre Position schien gefestigter denn je.

Versailles war zwar damals noch eine Baustelle, doch die Appartements in der künftigen Residenz wurden bereits vergeben. Françoise-Athénaïs wurde eine Wohnung mit den 20 schönsten und größten Zimmern im ersten Stock des Palastes versprochen, während für die Königin lediglich elf Räume in der zweiten Etage vorgesehen wurden. Deutlicher konnte man die Stellung der Mätresse wohl nicht mehr hervorheben. Lange sollte sich Madame de Montespan allerdings nicht mehr an ihrer wiedererlangten Macht erfreuen dürfen. Schon im Verlauf des Jahres 1677 tauchten erste Schwierigkeiten für die bisher so erfolgsgewöhnte Marquise auf. Zum ersten Mal in ihrer Karriere mußte sie um ihre Vorrangstellung bangen, und sie bekam es mit der Angst zu tun. Zwar hatte der König auch früher schon hin und wieder ein kurzes Verhältnis mit irgendeiner Schönen des Hofes gehabt, doch niemals etwas Ernstes. Madame de Montespan konnte immer gewiß sein, daß sie die unangefochtene Favoritin war. Nun aber, 1677, war der König für eine Ehrendame seiner Schwägerin, der Herzogin von Orléans, entflammt, eine gewisse Madame de Ludres, eine sehr schöne, temperamentvolle Frau mit einem entzückenden lothringischen Akzent. Ludwigs Interesse für die Dame war so unübersehbar, daß jedermann bei Hofe sie bereits für die kommende maîtresse en titre hielt. Madame de Ludres aber zerstörte sich ihre glänzende Zukunft selbst, indem sie einen ihrer Bekannten in ihr Privatleben einweihte: Ludwig XIV., der nichts mehr haßte als Indiskretion, traf sich daraufhin nie wieder mit ihr, bot ihr 200 000 Livres an und befahl ihr, sich in ein Kloster zurückzuziehen. Madame de Ludres schlug zwar stolz das Geld aus, verschwand aber fast augenblicklich in der Versenkung.

Diesmal hatte Françoise-Athénaïs noch Glück gehabt. Doch kaum war die Angelegenheit zu ihrem Vorteil entschieden, als auch schon die nächste Rivalin auftauchte – diesmal in Gestalt eines etwas dümmlichen Mädchens, das die Marquise in ihrer Gefahr so unterschätzte, daß sie die Affäre anfangs sogar forcierte.

Marie-Angélique de Scorailles de Roussille, Fräulein von Fontanges, war ein engelsgleiches Geschöpf von 17 Jahren. Zart und sanft mit wundervollem goldenem Haar und großen grau-blauen Augen, makellosen Zähnen und einer reinen, unschuldigen Ausstrahlung. So schön sie auch war, so fehlte es ihr doch an Intelligenz und Esprit. Das schien den König aber wider alle Erwartungen nicht zu stören. Wie ein romantischer Jüngling verliebte sich Ludwig in Marie-Angélique de Fontanges, die trotz ihrer Sanftmut nicht frei von Ehrgeiz war und ungeduldig darauf wartete, zur maîtresse en titre ernannt zu werden.

Mit allen Mitteln versuchte Madame de Montespan, nun ihren Geliebten zu halten, doch ihr Gezänk und ihre Wutausbrüche störten den König mehr und mehr. Nicht einmal Tränen nützten ihr diesmal etwas. Zähneknirschend mußte sich die stolze Marquise mit der Rivalin abfinden. Nach außen hin blieb sie zwar die offizielle Mätresse, es fragte sich nur, wie lange noch. Die Fontanges war ihr nun gleichgestellt, wenn es um öffentliche Auftritte ging.

Der immer aufmerksame Beobachter Primi Visconti berichtet, daß der König mit seinen Mätressen lebte, als gehörten sie zur Familie. Beim täglichen Besuch der Messe in Saint-Germain saß Madame de Montespan mit ihren Kindern auf der linken Seite und Mademoiselle de Fontanges auf der rechten Seite der Kapelle, während in Versailles die Montespan auf der Evangelien- und die Fontanges auf der Epistelseite Platz nahm. Alle Welt konnte sehen, daß es nun zwei Frauen – neben der Königin – an der Seite des Herrschers gab. Gleichzeitig war aber auch für alle sichtbar, welche – nämlich die Fontanges – das Herz des Monarchen erobert hatte. Und jeder rechnete nun damit, daß der Sturz der Montespan unmittelbar bevorstand.

Zunächst machte Ludwig seine alte Mätresse 1679 zur Oberaufseherin im Haushalt der Königin, eine Position, von der Françoise-Athénaïs seit langem geträumt hatte und die in der Regel nur Mitgliedern der königlichen Familie zustand. Ihren Herzenswunsch aber, den Titel einer Herzogin, konnte ihr der König nicht erfüllen, denn dazu hätte er den Ehemann der Marquise in den Herzogsstand erheben müssen; dieser jedoch zeigte sich immer noch unversöhnlich und ließ verlauten, daß er ein solches Geschenk nicht wolle, das der Preis für die Dienste seiner Frau sei. Wenn schon keinen Titel, so räumte der König seiner Mätresse doch den Rang und die Vorrechte einer Herzogin ein. Dies bedeutete, daß Madame de Montespan nun in Gegenwart der Königin auf einem Schemel sitzen durfte, während die übrigen Hofdamen von niedrigerem Rang stehen mußten.

Alle deuteten diese großzügige Geste des Königs dahingehend, daß Françoise-Athénaïs nun ein ähnliches Schicksal wie Louise de La Vallière erwartete. Madame de Montespan aber hoffte weiterhin darauf, daß Ludwig die kleine

Fontanges bald satt haben würde. Ihre Hoffnungen schwanden allerdings, als Marie-Angélique im selben Jahr zur Herzogin ernannt wurde.

Die Angelegenheit regelte sich aber schließlich doch noch quasi von selbst. Denn 1680 brachte Fontanges ein totes Kind zur Welt und sollte sich von den Strapazen der schweren Geburt nicht mehr erholen. Ludwig XIV. konnte mit der kränkelnden jungen Frau nichts anfangen, seine Leidenschaft für sie erlosch ebenso schnell, wie sie entflammt war. Marie-Angélique zog sich vom Hof zurück und starb 1681 im Alter von erst 20 Jahren an Lungenentzündung.

Spätestens Ende 1678 dürfte Ludwig XIV. seine intime Beziehung zu Madame de Montespan beendet haben, was mit der mittlerweile gewaltig gewachsenen Leibesfülle der Françoise-Athénaïs zusammenhängen mag. Nichts erinnerte mehr an die einst so schöne Frau. Sie war so dick, daß Primi Visconti in seinen Erinnerungen notierte, er habe die Marquise einmal aus ihrer Kutsche steigen sehen und dabei eines ihrer Beine zu Gesicht bekommen, dessen Umfang beinahe dem seines eigenen Körpers entsprochen habe.

Dennoch war sie nach wie vor, zumindest nach außen hin, die offizielle Mätresse des Königs. Die schönen, jungen Frauen, die ihr diesen Rang hätten ablaufen können, waren alle aus dem Rennen. Trotzdem konnte sie Ludwig nicht mehr zurückgewinnen. Denn die Frau, von der sie es wohl am allerwenigsten erwartet hätte, wurde zu ihrer größten Rivalin, der einzigen, der es gelang, sie von ihrem Podest zu stoßen: die Gouvernante ihrer Kinder.

Seit der Geburt ihres ersten Kindes im Jahre 1669 hielt die königliche Mätresse Madame Scarron in ihrem Dienst. Sie hatte sich als ausgezeichnete Pädagogin erwiesen und liebte die ihr anvertrauten Kinder, als wären es ihre eigenen.

Ab etwa 1673 fiel Madame de Montespan jedoch auf, daß der König ein ungewöhnlich großes Interesse für die Erzieherin an den Tag legte, obwohl er sie anfangs gar nicht gemocht hatte. Trotz ihrer 38 Jahre und ihrer einfachen, meist schwarzen Kleidung war Madame Scarron eine ausnehmend schöne Frau, die noch dazu über sehr viel Verstand verfügte. Ludwig XIV. fand so viel Gefallen an ihr, daß er es sich zur Angewohnheit machte, fast täglich lange und angeregte Gespräche mit ihr zu führen.

Arrogant, wie Madame de Montespan nun einmal war, maß sie der immer auffälliger werdenden guten Beziehung zwischen ihrem Geliebten und der Gouvernante jedoch keine große Bedeutung zu.

Selbst als der König Madame Scarron 1675 zur Marquise de Maintenon ernannte, wertete sie dies lediglich als Auszeichnung für deren Verdienste um die Erziehung seiner und ihrer Kinder. Da diese Kinder außerdem seit zwei Jahren legitimiert waren, konnten sie unmöglich noch länger von der Witwe Scarron erzogen werden, die noch nicht einmal Aristokratin war.

Wie die anderen Beobachter bei Hofe hielt auch Madame de Montespan dieses Verhältnis für ein rein platonisches, wenn sich auch ihre Zweifel mehrten.

Selbst während seiner stürmischen Affäre mit Mademoiselle de Fontanges setzte der König seine Besuche bei Madame de Maintenon fort. Es war offensichtlich, daß er eine tiefe Zuneigung für die schöne, reife Frau empfand. 1680 enthob er sie ihrer Funktion als Gouvernante, und als sein Sohn im selben Jahr Maria Anna Christina Victoria von Bayern heiratete, verlieh er ihr eines der höchsten Ämter im Haushalt der jungen Dauphine. Dies war nun der endgültige Beweis dafür, daß mit Madame de Maintenon zu rechnen war, und Françoise-Athénaïs fand sich auf einmal in fast der gleichen Situation wie Jahre zuvor Louise de La Vallière. Sie diente als Vorwand und Paravent für Ludwigs Besuche bei Madame de Maintenon, deren Zimmer ja unmittelbar neben den ihren lagen. Es war so etwas wie ein Haushalt zu dritt _ oder eigentlich zu viert, denn es gab ja auch noch immer die Königin, die von allen Beteiligten stillschweigend zur Kenntnis genommen wurde.

Das Jahr 1680 sollte jedoch auch noch in anderer Hinsicht entscheidend für Madame de Montespan werden, als nämlich die Aufdeckung eines ungeheuren Skandals wie eine Bombe einschlug, die nicht nur den königlichen Haushalt, sondern ganz Frankreich erschütterte. Sogar im Ausland sprach man über die Pariser Giftaffäre.

Alles begann 1676 mit der Verhaftung der Marquise de Brinvilliers, geborene d'Aubray. Die Dame hatte nämlich mehrere Mitglieder ihrer Familie aus der Welt geschafft, indem sie ihnen über einen längeren Zeitraum kleine Portionen Gift ins Essen gemischt hatte.

Sicherheitshalber hatte die mörderische Marquise die Wirkung der tödlichen Mixtur zuerst an einigen Patienten des Hôtel Dieu, des größten Spitals von Paris, ausprobiert. Das war nicht weiter schwierig, denn zu jener Zeit war es üblich, daß sich Damen der Gesellschaft der Wohltätigkeit widmeten, wozu unter anderem auch Besuche im Armenspital gehörten. Man plauderte mit »seinen« Patienten und brachte ihnen Kuchen und Leckereien mit. Trotz dieser Fürsorge verstarben so gut wie alle Schützlinge von Madame de Brinvilliers binnen kürzester Zeit. Diese Tatsache erregte jedoch nicht den geringsten Verdacht, denn der Wissensstand der Medizin war im 17. Jahrhundert bescheiden, und die Leute starben oft schon aufgrund der schlechten hygienischen Zustände an völlig harmlosen Krankheiten.

Auch die hohe Sterblichkeit im Hause d'Aubray war zwar tragisch, doch keineswegs ungewöhnlich. Der Vater und die beiden Brüder der Madame de Brinvilliers siechten langsam dahin, so daß ihr Tod ganz »natürlich« erschien. Aber eines Tages fand man den ehemaligen Geliebten der Marquise, einen Chemiker namens Godin de Saint-Croix, tot in seinem Laboratorium auf. Er hatte sich offenbar beim Experimentieren mit Gift versehentlich selbst ins Jenseits befördert. Im Laufe der Untersuchungen stellte sich seine Verbindung zu Madame de Brinvilliers heraus, was die Todesfälle in der Familie dieser Dame plötzlich in einem ganz anderen Licht erscheinen ließ. Marie-Madeleine de Brinvilliers wurde verhaftet und legte ein umfassendes Geständnis ab. Am 16. Juli 1676 wurde sie auf der Place de Grève hingerichtet und anschließend verbrannt.

Dieser aufsehenerregende Kriminalfall lenkte die Aufmerksamkeit der Polizei auf mögliche Zusammenhänge mit anderen überraschend Verblichenen. Polizeichef La Reynie bekam auf einmal seine Zweifel an der Natürlichkeit des Todes von einigen bekannten Persönlichkeiten, die in ihren besten Jahren aus dem Leben gerissen worden waren, darunter die erste Schwägerin des Königs, Henrietta von England, der Graf von Soissons, Gemahl der schönen Olympia Mancini, und einige andere mehr. Hinzu kamen auch noch anonyme Hinweise von Priestern in Notre-Dame über außergewöhnlich viele Giftmord-Beichten. Die Untersuchungen, die daraufhin einsetzten, deckten einen Skandal auf, der bis in die höchsten Kreise der Gesellschaft hineinreichte.

1677 wurde die sogenannte Hexen-Vereinigung von Paris ausgehoben, was eine riesige Verhaftungswelle zur Folge hatte, der auch die berühmteste aller »Hexen«, Cathérine Montvoisin, genannt La Voisin, nicht entging. Unter der Folter verriet sie nicht nur zahlreiche ihrer Komplizen und Klienten, sondern auch die abscheulichsten Praktiken ihrer Organisation, in deren ausgedehntem Netz sich Wahrsager, Engelmacherinnen, Giftmischer, Alchimisten, Geisterbeschwörer und abtrünnige Priester tummelten. Der Andrang auf die Produkte und Methoden der »Hexen« und Magier war unwahrscheinlich groß, und ihre Klientel kamen aus allen Schichten der Bevölkerung.

Die polizeilichen Ermittlungen brachten die erschreckende Schattenseite der französischen Gesellschaft zutage, es bröckelte die glänzende Fassade der Aristokratie. Die standesgemäßen Vernunftehen entpuppten sich als die Quelle von Unglück, Haß und verbotener Liebschaften, in der so manche Frau und so mancher Mann nichts so sehr ersehnte wie den Tod des Ehepartners. Hinzu kam, daß das Leben bei Hof teuer war und irgendwie finanziert sein wollte, so daß Ehrgeiz, Habgier und Intrigen den Alltag vieler Adeliger bestimmten. Erbschaften bedeuteten da oft die einzige Rettung aus der finanziellen Notlage. Was aber tun, wenn sich der zu Beerbende mit dem Sterben allzu lange Zeit ließ? Oder wie wurde man einen lästigen Konkurrenten um ein einträgliches Amt am besten los?

Für all diese Probleme versprachen die Pariser »Hexen« eine Lösung. Abgesehen von so harmlosen Dingen wie Horoskoperstellung, Wahrsagerei und dem Fabrizieren von Schönheitsmittelchen, zählten Aphrodisiaka oder sogenannte Liebespulver zu den begehrten Produkten der Magierinnen. Mit dieser Mixtur konnte man angeblich das Objekt seiner Begierde für sich gewinnen. Die Zusammensetzung dieses »Liebespulvers« mutet jedoch für heutiges Verständnis alles andere als aphrodisierend an, enthielt es doch in erster Linie Urin, Sperma, Menstruationsblut, Nagelspäne und Krötenspeichel.

Wollte man sein Glück im allgemeinen günstig beeinflussen, so empfahlen sich die sogenannten »Glückshände«, die man wie einen Talisman mit sich trug. Dabei handelte es sich makabrerweise um die Hände von Gehenkten, die von Mitarbeitern der Hexen-Vereinigung nach Hinrichtungen gesammelt und dann in einem speziellen Verfahren getrocknet wurden.

In höheren Kreisen erfreute sich vor allem das »Erbpulver« großer Beliebtheit. Da die Medizin damals nicht in der Lage war, Spuren von Gift im Körper nachzuweisen, war dies – richtig angewandt – eine ziemlich sichere Methode, um einen potentiellen Erblasser hinscheiden zu lassen.

Wer vor so radikalen Maßnahmen noch zurückschreckte, der griff vorerst zum symbolischen Mord. Dabei wurden Wachsfiguren, die den zu Beseitigenden darstellten, mit Nadeln durchbohrt. Denselben Zweck erfüllten auch Reisigbündel, die auf den Namen des Opfers getauft und dann verbrannt wurden. Wenn dies keine Wirkung zeigte, konnte man ja versuchen, die Macht eines höheren Wesens auf seine Seite zu ziehen, indem man eine schwarze Messe bestellte. Bei diesen Ritualen, in denen der Teufel um Hilfe angerufen wurde, diente meist der Körper einer nackten Frau als Altar.

Die Untersuchungen in der sogenannten Giftaffäre dauerten insgesamt drei Jahre lang. Es gab Hunderte Verhaftungen, und die meisten Kriminellen endeten auf dem Scheiterhaufen oder wurden auf die Galeeren geschickt.

Der König selbst hatte die vollständige Aufklärung des Skandals angeordnet. Mit Schaudern las er die Berichte über das, was sich da hinter seinem Rücken an Verbrechen und Abscheulichkeiten abspielte. Entsetzt mußte er feststellen, daß sich hier ein perfekt organisiertes Syndikat etabliert hatte, dessen Arm bis in die Palais hoch- und höchstrangiger Adeliger reichte.

Geistesgegenwärtig befahl Ludwig XIV. daraufhin sofort strengste Diskretion bei den Ermittlungen, denn ein Prozeß gegen Personen so hohen Standes oder gar deren Verurteilung hätte möglicherweise das gesamte gesellschaftliche Gefüge des Staates in seinen Grundfesten erschüttert. Die Untersuchungskommission erließ im Januar 1680 Haftbefehle gegen Persönlichkeiten wie die Marquise von Alluye, die Comtesse von Soissons, die Vicomtesse von Polignac, den Marquis von Cessac und den Marschall von Luxemburg. Auch die Prinzessin von Tingry, die Marschallin von La Ferté, die Herzogin von Bouillon, die Comtesse von Roure, der Herzog von Vendôme und der Marquis von Feuquières wurden vorgeladen. Fast der gesamte französische Hochadel stand unter Verdacht. Die, die sich der Einvernahme stellten, erwiesen sich allerdings als unschuldig oder man konnte ihnen nichts nachweisen. Den Verdächtigsten jedoch gelang rechtzeitig – wahrscheinlich sogar auf Befehl des Königs – die Flucht ins Ausland, womit sie nicht nur ihr Leben retteten, sondern auch das Ansehen Frankreichs vor noch größerem Schaden bewahrten.

Es sollte aber noch schlimmer kommen. Im Zusammenhang mit all diesen Vorkommnissen tauchte nämlich plötzlich auch der Name der königlichen Mätresse, der Marquise de Montespan, auf.

Vor allem die Tochter der »Hexenkönigin«, Marguerite Montvoisin, zeigte sich in den Vernehmungen sehr gesprächig. Sie gestand, daß die Marquise seit 1668 Kontakt mit ihrer Mutter gehabt habe. Damals soll sie an einem Zauberritual teilgenommen haben, um die Gunst des Königs zu erlangen und dessen damalige Mätresse, Louise de la Vallière, zu beseitigen.

Tatsächlich gab es sogar ein Protokoll darüber, denn die beiden abtrünnigen Priester, die diese seltsame Zeremonie abgehalten hatten, waren kurze Zeit später verhaftet worden. Sie hatten unter anderem gestanden, zu Beginn des Jahres 1668 in Saint-Germain Madame de Montespan mit Weihwasser besprüht und Weihrauch verbrannt zu haben, während diese eine Beschwörungsformel rezitierte, die ihr die Zuneigung des Königs einbringen und gleichzeitig den Tod oder zumindest das Verschwinden der La Vallière bewirken sollte. Außerdem hätten sie bei dieser Gelegenheit auch zwei Taubenherzen, die die Herzen des Königs und der Madame de Montespan symbolisieren sollten, unter magischen Sprüchen in einem Kelch miteinander vereint. Die Sache war damals als eine relativ unbedeutende Angelegenheit betrachtet worden, zumal Françoise-Athénaïs zu jener Zeit noch eine Unbekannte war – die Protokolle über die Aussagen der beiden »Abbés« gerieten in Vergessenheit.

Jetzt aber, zwölf Jahre später, erinnerte man sich wieder daran, als Marguerite Montvoisin aussagte, Madame de Montespan habe in all den Jahren mit der Hexen-Vereinigung von Paris zu tun gehabt. Um sich die Liebe des Königs zu erhalten, soll sie zu den verschiedensten okkulten Mitteln gegriffen haben. Am Anfang seien es die vielzitierten »poudres pour l'amour«, die Liebespulver, gewesen, die sie dem König verabreicht haben soll. Später soll sie auch an Wachspuppenbeschwörungen gegen Rivalinnen und schließlich sogar an schwarzen Messen teilgenommen haben. Ein gewisser Abbé Guibourg sagte aus, drei solche Messen auf dem nackten Körper der Marquise abgehalten zu haben, in deren Verlauf jedesmal auch ein Säugling getötet worden sei.

Madame de Montespan habe ihrer Mutter auch den Auftrag zur Ermordung des Königs gegeben, erzählte Marguerite Montvoisin. Diese habe dann Ende Februar 1679 und noch einmal am 5. März 1679 versucht, Ludwig XIV. eine mit Gift präparierte Bittschrift zu überreichen. Doch das Vorhaben schlug fehl, denn der König kam nicht; er hatte sich auf die Jagd begeben.

Keiner der Angeklagten hatte allerdings Madame de Montespan je wirklich zu Gesicht bekommen, sondern immer nur deren Kammerfrau, eine gewisse Claude des Œillets, die als Vermittlerin aufgetreten war. Mademoiselle des Œillets habe immer die Liebespulver und Aphrodisiaka abgeholt und auch die schwarzen Messen und den Mordanschlag bestellt. Die Kammerfrau bestritt all diese Anschuldigungen vehement, doch bei einer Gegenüberstellung wurde sie von den Delinquenten eindeutig erkannt. Die Rolle von Mademoiselle des Œillets war überhaupt sehr undurchsichtig. Pikanterweise war sie nämlich einmal ganz kurz die Geliebte des Königs gewesen. Hatte sie etwa eigenmächtig gehandelt, weil sie sich an Ludwig rächen wollte? Hatte sie Madame de Montespan nur als Auftraggeberin vorgeschoben, damit diese beschuldigt würde, falls die Sache aufflog? Viele Fragen, die jedoch nie geklärt werden sollten.

Ludwig XIV. lief es kalt über den Rücken, als er all die Berichte seines Polizeichefs las. Er war allerdings klug genug, nicht alles zu glauben. Es war klar, daß die Verhafteten alles mögliche erzählten, um vielleicht ihre Haut zu retten oder zumindest eine Strafmilderung zu erwirken. Daß Françoise-Athénaïs ihn hatte töten wollen, konnte er wohl nicht glauben, und damit hatte er auch sicher recht. Was aber Geisterbeschwörungen, Liebespulver und vielleicht sogar schwarze Messen betraf, so war ihr so etwas durchaus zuzutrauen. Welch furchtbarer Gedanke, daß sie ihm in all den Jahren immer wieder dieses grauenhafte Zeug verabreicht hatte, von dessen Zusammensetzung einem ja schon beim Lesen schlecht wurde!

Was Ludwig XIV. jedoch auf gar keinen Fall wollte, war eine Ausweitung des Skandals auf seine engste Umgebung. Er befahl daher die Einstellung des Verfahrens. Madame de Montespan wußte möglicherweise gar nichts von den gegen sie erhobenen Verdächtigungen, auch wurde sie nie einvernommen und konnte somit auch nie ihre Version der Dinge vorbringen. Die ganze Angelegenheit um eine eventuelle Beteiligung der Mätresse des Königs an diesem kriminellen Treiben wurde auf allerhöchsten Befehl geheimgehalten. Wenn es bekannt geworden wäre, hätte dies nicht nur einen großen Schlag für die Monarchie bedeutet, sondern auch das Image des Königs in Frage gestellt. Der absolute Herrscher, der König von Gottes Gnaden, verbrachte sein Leben mit einer Teufelsanbeterin!

Ludwig XIV. tat also das einzig Richtige – auch wenn es ihm vielleicht schwer ankam. Er verhielt sich so, als wäre nichts geschehen, und behandelte Françoise-Athénaïs weiterhin wie seine offizielle Mätresse.

Doch hinter der trauten Fassade türmten sich die Trümmer der einst so leidenschaftlichen Beziehung. Die Frau, die er noch vor wenigen Jahren angebetet und mit Geschenken überhäuft hatte, war ihm nun aufs tiefste zuwider, wenn er es auch niemals zeigte. Ludwig war nicht nur als König die Würde in Person, sondern auch in seinem Umgang mit Frauen, von welchem Stand auch immer, strebte er stets nach vollendeten Manieren. Sosehr er Françoise-Athénaïs de Montespan auch verabscheute, er konnte sie nicht so einfach wegschicken. Immerhin war sie die Oberaufseherin im Haushalt der Königin und vor allem die Mutter seiner unehelichen, aber legitimierten Kinder.

Ludwig XIV. liebte diese seine Kinder von ganzem Herzen, und er begann nun, sich um deren Zukunft zu kümmern. 1680 erklärte er seine außerehelichen Nachkommen zu Prinzen und Prinzessinnen von Bourbon. Im selben Jahr verheiratete er auch seine älteste Tochter, Marie-Anne, die aus seiner Beziehung mit Louise de La Vallière stammte, mit dem Prinzen von Conti, einem seiner Cousins dritten Grades. Wie groß die Autorität des Königs war, zeigte sich daran, daß von seiten der Contis keinerlei Einspruch gegen diese Verbindung kam, obwohl damals die Legitimität der Geburt über alles gestellt wurde und die Braut genaugenommen ein Bastard war.

1683 starb Königin Marie-Thérèse im Alter von 45 Jahren. Ludwig hatte die unscheinbare, kleine Frau nie geliebt. Aber Marie-Thérèse hatte ihre Pflicht getan, indem sie einem Erben das Leben geschenkt hatte. Mit einem Anflug von Trauer und vielleicht auch schlechtem Gewissen meinte der König, dies sei das erste Mal, daß ihm seine Gemahlin Kummer bereitet habe.

Mit dem Tod der Königin verlor Madame de Montespan ihr Amt als Oberaufseherin, und sie begann, sich mit ihrem Schicksal abzufinden. Der Tod zweier ihrer Kinder – Mademoiselle de Tours war 1681 und der Graf von Vexin 1683 gestorben – hatte sie tief getroffen. Immer mehr suchte sie nun Trost in der Religion, konnte sich jedoch nicht entschließen, dem Hofleben ganz zu entsagen und sich in ein Kloster zurückzuziehen. Lieber nahm sie, die einst so stolze, ungekrönte Herrscherin, Demütigungen in Kauf.

Schon seit geraumer Zeit bestand kein Zweifel mehr, daß nun Madame de Maintenon, die einstige Gouvernante, die erste Dame des Hofes war. Veranstaltete die Hofgesellschaft eine Ausfahrt, so nahm Madame de Maintenon in der ersten Kutsche neben dem König Platz, während sich Françoise-Athénaïs mit der dritten Equipage begnügen mußte.

Anfang Dezember 1684 bat man sie, ihre Zimmer im ersten Stock von Versailles zu räumen und ins Erdgeschoß zu übersiedeln. Ganz gegen ihr sonstiges Temperament bekam sie keinen Wutausbruch, sondern nahm alles mit fast stoischer Ruhe hin. Als Neujahrsgeschenk überreichte sie dem König sogar ein wunderschönes, besonders wertvolles Album mit Goldeinband, das Miniaturen von seinem Hollandfeldzug von 1672 enthielt sowie Texte von Racine und Boileau. Im Gegenzug vermachte Ludwig seinen und ihren Kindern Schloß Clagny, wobei er seiner ehemaligen Mätresse die Nutznießung auf Lebenszeit sicherte.

Mit großem mütterlichem Stolz war Françoise-Athénaïs erfüllt, als 1685 ihre erst zwölfjährige Tochter, Mademoiselle de Nantes, mit dem Herzog von Bourbon-Condé, einem Mitglied der königlichen Familie, vermählt wurde. In diesem Mädchen fand sie sich wieder. Die junge Herzogin war schön, charmant und lebenslustig, und sie wurde bald zum strahlenden Mittelpunkt eines jeden Festes so wie einst ihre Mutter.

Der Erfolg ihrer Tochter entschädigte Françoise-Athénaïs für ihr nunmehr doch recht trauriges Leben. Denn schon im Frühjahr 1686 mußte sie eine neuerliche Demütigung einstecken. Der König beabsichtigte, sich zur Kur nach Barèges zu begeben, und hatte eine Liste jener Personen aufgestellt, die ihn dorthin begleiten durften. Der Name Madame de Montespans befand sich nicht auf dieser Liste. Ein Zeichen dafür, daß sie nichts mehr zählte.

In jener Zeit besann sich die Marquise plötzlich ihres ehelichen Sohnes – ihre eheliche Tochter war 1675 im Alter von erst zwölf Jahren gestorben –, des Marquis d'Antin. Sie, die sich in all den Jahren nie um ihn gekümmert hatte, verschaffte dem nun 18jährigen ein Leutnantspatent und führte ihn bei Hofe ein. Der junge Mann entpuppte sich als der perfekte Höfling. Er war groß, fesch, geistreich und von besten Umgangsformen. 1684 wurde er menin, also Kammerjunker, im Haushalt des Dauphins, und zwei Jahre später fädelte seine Mutter für ihn die Heirat mit der Tochter des Herzogs von Uzès, Julie-Françoise de Crussol, ein. Tief enttäuscht mußte sie allerdings zur Kenntnis nehmen, daß diese Hochzeit niemanden interessierte. Weder ein Mitglied der königlichen Familie noch irgendein Höfling von Bedeutung kam zu den Feierlichkeiten. Françoise-Athénaïs de Montespan fand keinerlei Beachtung mehr, man hatte sie vergessen.

Im März 1691 entzog man ihr die Erziehung ihrer zweiten Tochter, Françoise-Marie. Ein schwerer Schlag für sie, denn nun hatte sie keinen Vorwand mehr, noch weiter am Hof zu verweilen. So entschloß sie sich endlich, nolens volens, dem Hofleben adieu zu sagen und sich nach Clagny zurückzuziehen. Niemand hielt sie auf, am wenigsten der König.

Als Françoise-Marie im Februar 1692 mit dem Herzog von Chartres, dem Neffen des Königs und späteren Regenten, verheiratet wurde, fand man es nicht einmal für nötig, die Mutter der Braut einzuladen. Genauso wenig gedachte man ihrer, als einen Monat später ihr Sohn, der Herzog von Maine, Louise-Bénédicte von Bourbon-Condé heiratete.

Während Madame de Montespan immer mehr in Vergessenheit geriet, stiegen ihre Kinder höher und höher. Ihre beiden Töchter waren durch ihre Ehemänner zu echten Prinzessinnen geworden, deren Nachkommen einmal einen Platz in der Thronfolge einnehmen würden. Vor allem aber ihre beiden Söhne, der Herzog von Maine und der Graf von Toulouse, sollten das schaffen, was noch kein uneheliches Kind je erreicht hatte. Denn Ludwig XIV. verlieh ihnen nicht nur die höchsten Ämter und Titel des Landes, sondern machte sie 1694 auch zu Pairs von Frankreich und gab ihnen eine Rangstellung über den Herzögen und knapp unter den Prinzen von königlichem Geblüt. 1714 wurde auch noch dieser Unterschied ausgeräumt, als der König seine beiden Söhne offiziell den Prinzen von königlichem Geblüt gleichstellte und ihnen hinter diesen ein Anrecht auf die Thronfolge zuerkannte. Der Herzog von Saint-Simon berichtet in seinen Memoiren, daß Ludwig XIV. damals zum Herzog von Maine folgendes sagte:

»Sie haben es so gewollt; aber merken Sie sich, sosehr ich Sie auch zu meinen Lebzeiten erhöhe – Sie werden ein Nichts sein, sobald ich nicht mehr bin; dann wird es an Ihnen sein, das zu verteidigen, was ich Ihnen geschaffen habe – wenn Sie es können.« (Bernier: Ludwig XIV., S. 361)

Wie recht der alte König doch gehabt hatte. Denn 1717 aberkannte der Regent seinen beiden Cousins und Schwägern wieder den Rang von Prinzen von Geblüt und damit auch ein mögliches Erbrecht auf die Krone Frankreichs.

Durch die Eheschließungen ihrer Kinder aber sollte Madame de Montespan sozusagen posthum in der französischen Geschichte mitmischen. So wurde sie durch die Heirat zwischen den Häusern Orléans, Condé und Conti gleich zweifach zur Ururgroßmutter jenes Philippe-Egalité, der 1791 während der Französischen Revolution für die Hinrichtung seines Cousins, Ludwig XVI., stimmen sollte. Darüber hinaus wurde sie sogar zur vierfachen Ahnin eines Königs von Frankreich, jenes Louis-Philippe, der 1830 als der sogenannte »Bürgerkönig« auf den Thron gelangte. Er mußte allerdings 1848 bereits wieder einer neuerlichen Revolution weichen und Napoleon III. Platz machen.

Bis dahin sollte jedoch noch sehr viel Zeit vergehen, und die mehr oder weniger ruhmreiche Zukunft ihrer Nachfahren wird Françoise-Athénaïs im Jahre 1692 wohl kaum beschäftigt haben. Vielmehr war es die Gegenwart und ihr eigenes Leben, das der Marquise Kopfzerbrechen bereitete.

Auf dem bezaubernden Schloß Clagny fühlte sie sich wie lebendig begraben. Niemand besuchte sie, und sie selbst wurde von niemandem eingeladen. Aber Françoise-Athénaïs war immer noch eine tatkräftige Frau, die nicht so schnell aufgab.

Sie übersiedelte in das von ihr gestiftete Institut Saint-Joseph, einer Einrichtung zur Erziehung armer Mädchen und Waisen, die in der Pariser rue Saint-Dominique lag. Dort wollte sie sich ganz der Religion hingeben.

Doch es wäre nicht Madame de Montespan gewesen, hätte sie nicht sofort die Herrschaft über das ganze Pensionat übernommen, wo sie wie eine Königin zu regieren begann. Ihre immer noch hochfahrende Art und ihre Launen machten den Insassinnen von Saint-Joseph das Leben nicht gerade leicht.

In ihren prächtig ausgestatteten Appartement hielt die Marquise hof, als wäre sie noch in Versailles, denn auf einmal waren sie alle wieder da, die Höflinge und bedeutende Persönlichkeiten, die sie schon vergessen zu haben schienen. Françoise-Athénaïs war wieder eine begehrte Person, zumindest war sie wieder interessant. Man drängte sich, sie zu besuchen und von ihr empfangen zu werden, und behandelte sie mit dem allergrößten Respekt.

Bereits 1678 hatte Madame de Montespan begonnen, sich der Wohltätigkeit zu widmen, als sie ein Spital in Saint-Germain-en-Laye gründete, dem 1681 ein Pensionat für Mädchen, das besagte Saint-Joseph, folgte. 1686 hatte sie sich mit einer großzügigen Spende an der Errichtung eines weiteren Spitals beteiligt.

Aber auch sich selbst vergaß sie nicht. 1700 erwarb sie das luxuriöse Schloß Orion, das ihr aber offensichtlich nicht sehr lange Freude bereitete.

Eine gewisse Rastlosigkeit machte sich bei Françoise-Athénaïs in den letzten Jahren ihres Lebens bemerkbar. Ständig dachte sie an den Tod, und sie fürchtete sich entsetzlich davor. Sie hatte Angst im Dunkeln, weshalb die ganze Nacht über immer die Kerzen in ihrem Zimmer brennen mußten. Eine große Reue überkam sie wegen ihres früheren ausschweifenden und unmoralischen Lebens. Sie tat Buße, indem sie ein Büßerhemd mit Eisenspitzen unter ihrem Kleid anlegte sowie Gürtel und Armreifen aus Eisen.

Ihr Beichtvater forderte sie auf, ihren Gatten um Verzeihung zu bitten und sich wieder in seine Hände zu begeben. Die stolze Marquise unterwarf sich dieser Forderung und kroch tatsächlich zu Kreuze. Monsieur de Montespan aber, der einmal fast wahnsinnig vor Eifersucht und Kummer über den Verlust seiner Frau gewesen war, wollte sie nun nicht mehr sehen. Kurz nachdem er seiner rechtmäßigen Gemahlin die Vergebung verweigert hatte, starb er 1701.

Françoise-Athénaïs hielt es an keinem Ort lange aus. Sie reiste viel während ihrer letzten Jahre, so als wollte sie vor sich selbst davonlaufen.

1707 hatte sie plötzlich ganz deutliche Todesahnungen. Sie bekannte öffentlich ihre Sünden und bat um Vergebung für die Skandale, die sie verursacht hatte. Dann regelte sie ihre Angelegenheiten mit großer Sorgfalt, bedachte ihre Diener und Vertrauten mit Pensionen und verschenkte ihren Schmuck an ihre Enkelkinder.

Im Mai fuhr sie wie jedes Jahr zur Kur nach Bourbon. Es sollte auch ihre letzte Reise sein. Ende des Monats erkrankte sie, und die Abführmittel und Aderlässe des behandelnden Arztes gaben ihr schließlich den Todesstoß. In der Nacht vom 26. auf den 27. Mai 1707 verstarb Françoise-Athénaïs de Montespan, die ehemalige maîtresse en titre des Sonnenkönigs Ludwig XIV.

MADAME DE MAINTENON

(1635–1719)

Als Ludwig XIV. im August 1660 mit seiner jungen Frau Maria Teresa Einzug in Paris hielt, hieß ihn eine begeisterte Menge willkommen. Alle, besonders die Frauen, waren hingerissen von der strahlenden Erscheinung des 23jährigen Monarchen.

Von ihrem Platz auf dem Balkon eines der umliegenden Häuser aus sah auch die junge Madame Scarron zum erstenmal jenen Mann, der ihr Leben entscheidend verändern sollte. Hätte man ihr das aber damals gesagt, sie hätte es wohl für einen schlechten Scherz gehalten, der sie einmal mehr an ihr tristes Schicksal erinnerte. Denn das Leben hatte es bisher gar nicht gut mit der schönen und klugen Françoise d'Aubigné gemeint.

Ihr Vater, Constant d'Aubigné, Sohn des großen Dichters und hugenottischen Wortführers Agrippa d'Aubigné, galt als das schwarze Schaf der Familie aus dem kleinen poitevinischen Landadel. Ein Abenteurer, Spieler und Trinker, war er ständig in irgendwelche dunklen Geschäfte verwickelt und stand sogar im Verdacht, seine erste Frau und deren Liebhaber ermordet zu haben.

1627 wurde er beschuldigt, mit den Engländern konspiriert zu haben, und im Gefängnis von Bordeaux inhaftiert. Doch wie dies so oft bei liederlichen Gestalten der Fall ist, verfügte auch Constant d'Aubigné über einen unwiderstehlichen Charme, dem vor allem die Frauen verfielen. Eine davon war die Tochter des Gefängnisdirektors, Jeanne de Cardilhac. Noch im selben Jahr heiratete das erst 16jährige, aus angesehener Familie stammende Mädchen den damals bereits 43 Jahre alten Tunichtgut – ein Schritt, für den die kleine Jeanne den Rest ihres Lebens büßen sollte, denn d'Aubigné war unverbesserlich. Er setzte seinen unsteten Lebenswandel fort, sodaß ihn sein enttäuschter Vater schließlich enterbte und sein ganzes Vermögen seinen beiden Töchtern hinterließ. Seine Sorge, der Sohn könnte nicht nur dem guten Ruf der Familie schaden, sondern auch noch deren gesamten Besitz durchbringen, war nur allzu berechtigt.

Wegen seiner Schulden war Constant d'Aubigné später wieder einmal im Gefängnis, diesmal in Niort, gelandet. Seine junge Frau, inzwischen Mutter zweier Söhne, liebte ihn immer noch leidenschaftlich und folgte ihm in den Arrest.

Und an jenem dunklen und kalten Ort, dem Gefängnis von Niort, brachte Madame d'Aubigné am 28. November 1653 eine Tochter zur Welt, die auf den Namen Françoise getauft wurde.

Das Kind wurde, wie seine beiden Brüder zuvor, zu seiner hugenottischen Tante, Louise-Arthémise de Villette, der Schwester von Constant d'Aubigné, in Pflege gegeben. Madame de Villette kümmerte sich mit mütterlicher Fürsorge um ihre Nichte, sodaß Françoise wenigstens bis zum Alter von sieben Jahren eine glückliche Kindheit auf Schloß Mursay verleben durfte.

Diese fand allerdings ein jähes Ende, als Constant d'Aubigné 1642 aus dem Gefängnis entlassen wurde. Er holte seine Tochter ab und brachte sie zu ihrer Mutter und den beiden Brüdern nach Paris. Die folgenden Jahre waren für Françoise die vielleicht bittersten ihres Lebens. Die mittlerweile durch ihre unselige Ehe verhärmte Madame d'Aubigné war ihren Kindern, vor allem aber ihrer Tochter gegenüber streng und äußerst lieblos. Sie setzte alles daran, um Françoise die »hugenottischen Flausen«, die sie bei den Villettes angenommen hatte, wieder auszutreiben, und ohrfeigte das Kind etwa so lange, bis es in der Kirche vor der Heiligen Jungfrau niederkniete.

Es ist nur allzu verständlich, daß sich Françoise nach der geliebten, sanften Tante sehnte, umso mehr, als sich ihr Vater, inzwischen 60 Jahre alt, aber um keinen Deut beständiger geworden, 1645 entschloß, zu den Westindischen Inseln aufzubrechen, um dort den Gouverneursposten von Marie-Galante, einer zu den Kleinen Antillen gehörenden Insel, zu übernehmen. Er packte seine Familie zusammen und begab sich auf die dreimonatige beschwerliche Reise über den Ozean.

Fast hätte diese Überfuhr der kleinen Françoise das Leben gekostet, denn sie litt so sehr an der Seekrankheit, daß sie das Bewußtsein verlor und daraufhin für tot gehalten wurde.

Man war eben dabei, sie dem Meer zu übergeben, als sich Madame d'Aubigné noch ein letztes Mal über ihr Kind beugte und plötzlich ausrief: »Meine Tochter ist nicht tot!« Die sonst so lieblose Mutter hatte ihr in einem Augenblick der Feinfühligkeit das Leben gerettet.

Endlich in Marie-Galante angekommen, folgte bereits der nächste Schlag: Der Gouverneursposten war bereits besetzt. Constant d'Aubigné, verantwortungslos wie immer, verschwendete keinen Gedanken an seine Familie, er ließ sie auf der Insel und kehrte unverzüglich nach Frankreich zurück, um von dort in Richtung Türkei aufzubrechen, wo er neuerlich sein Glück versuchen wollte. Er kam jedoch nur bis Orange, wo er 1647 starb.

Seine völlig überforderte Frau fand sich plötzlich mit drei kleinen Kindern allein und ohne Geld in einem fremden Land. Nur mit Hilfe einiger Leute von der Westindischen Handelsgesellschaft überstand sie die Zeit fernab der Heimat.

Verbittert über ihr eigenes Schicksal und besorgt um die moralische Entwicklung ihrer Kinder, die sie unter all diesen »Wilden« auf Marie-Galante gefährdet sah, griff sie zu besonders strengen Erziehungsmaßnahmen. So verbot sie etwa den Kindern aus Angst, sie könnten verdorben werden, das Lesen von Büchern mit Ausnahme der Bibel. In ihrer offensichtlichen Hilflosigkeit wandte sie manchmal sogar grausame Strafen an. So erinnerte sich Françoise in ihren späteren Aufzeichnungen, daß ihr die Mutter einmal so heftig das Haar bürstete, daß die Kopfhaut blutete und sie zu weinen anfing. Wegen ihrer Tränen mußte sie daraufhin stundenlang in der tropischen Sonne sitzen, während sich die Fliegen auf ihren Wunden niederließen.

Erst nach zwei langen Jahren war das Übersee-Abenteuer ausgestanden. Der Mutter war es endlich gelungen, für sich und die Kinder eine Passage nach Frankreich zu ergattern.

Jeanne d'Aubigné schien vom Unglück verfolgt zu sein, denn nur wenige Wochen nach der Ankunft in Niort starb ihr Sohn Constant.

Verwitwet und ohne Geld sah sie sich weder finanziell noch nervlich in der Lage, für ihre beiden Kinder zu sorgen. Dankbar nahm sie die Hilfe ihrer Schwägerin an, die versprach, ihrem Neffen Charles eine militärische Karriere zu ermöglichen und Françoise wieder in ihre Obhut zu nehmen. Jeanne d'Aubigné verbrachte die letzten Jahre ihres Lebens zuerst in Paris und dann in Bordeaux, wo sie 1652 starb.

Françoise war glücklich, als sie wieder zu ihrer geliebten Tante nach Mursay durfte, die sogleich dafür sorgte, daß das Mädchen eine ordentliche, standesgemäße Erziehung erhielt.

Doch das Glück währte nicht lange, denn plötzlich meldete sich eine andere, eine katholische Tante und erhob Anspruch auf die Erziehung von Françoise. Es handelte sich um Madame de Neuillant, eine Großtante mütterlicherseits, die Hofdame bei der Regentin Anna von Österreich* war und es offenbar mit ihrem Gewissen nicht vereinbaren konnte, daß eine ihrer Verwandten, obwohl katholisch getauft, von einer Protestantin erzogen wurde. Die streng katholische Regentin unterzeichnete daraufhin eine Order, derzufolge Madame de Villette ihre Nichte sofort an Madame de Neuillant zu übergeben hatte.

Françoise wurde nicht gefragt und mußte sich fügen. Man steckte sie zu den Ursulinen von Niort, wo sie – wieder einmal – auf den rechten, nämlich den katholischen Glaubensweg gebracht werden sollte.

---

* Anna von Österreich, die Mutter Ludwigs XIV., war von 1643 bis 1651 Regentin für ihren minderjährigen Sohn.

Trotz ihres Wohlstandes war Madame de Neuillant aber so geizig, daß sie die Rechnung des Klosters an Madame de Villette schickte, die sich verständlicherweise weigerte zu zahlen. Also mußte Françoise, die sich gerade erst an die neue Umgebung gewöhnt hatte, die Ursulinen wieder verlassen, um fortan im Hause der Tante zu leben.

Von ihrer lieblosen Mutter im Stich gelassen, ohne richtiges Zuhause, zwischen den Tanten und den Religionen hin und her gestoßen, entwickelte sich Françoise zu einem auffallend hübschen, jedoch sehr ernsten, schüchternen und zurückhaltenden Mädchen. Überdurchschnittlich intelligent, erfaßte sie wohl ganz genau ihre Situation als arme Verwandte und die damit verbundene Abhängigkeit von Madame de Neuillant. Sie tat das einzig Richtige, indem sie sich anpaßte und alles tat, um der Tante zu gefallen. Sie machte keine Schwierigkeiten, und sogar was die Religion betraf, gab sie sich von nun an katholisch.

Obwohl die Tante über die nötigen Mittel verfügte, führte Françoise bei ihr ein Aschenbrödel-Dasein. Während ihre Cousine Suzanne herausgeputzt und in die Gesellschaft eingeführt wurde, mußte sie zu Hause bleiben und sich mit viel zu klein gewordenen Kleidern und einem schlecht beheizten Zimmer begnügen – bis ein Aufenthalt in Paris im Jahre 1652 eine Wende im Leben der Françoise d'Aubigné herbeiführte.

In Paris sorgte zu jener Zeit ein Dichter namens Paul Scarron mit seinen humoristischen Werken für Aufsehen. Doch nicht allein seinem literarischen Schaffen verdankte Scarron seine Bekanntheit, sondern auch seinem bedauernswerten körperlichen Gebrechen. Er litt nämlich seit seiner Jugend an einer unheilbaren Krankheit, wahrscheinlich Arthritis, die ihn an den Rollstuhl fesselte. Parallel zu seiner Krankheit hatte Scarron aber auch einen beißenden Humor entwickelt, mit dem er die Aufmerksamkeit der Pariser Gesellschaft erregte und der auch vor der eigenen Person nicht haltmachte. So sagte er einmal über sich selbst: »Meine Beine und meine Arme bilden zuerst einen stumpfen Winkel, dann einen rechten Winkel und schließlich einen spitzen Winkel. Meine Schenkel und mein Leib bilden einen anderen, und mein Kopf neigt sich dem Magen zu, sodaß ich wie ein Z aussehe.« (Madinier: Die Damen der Könige, S. 214) Nicht nur, daß er auf das Entsetzlichste verkrüppelt war, litt Scarron auch noch die meiste Zeit unter qualvollen Schmerzen. Sein Geist aber war nicht nur gesund, sondern hellwach und geradezu brillant.

In Paris wurde Scarron als eine Art Kuriosität gehandelt. Man kam, um diese groteske, entstellte Kreatur zu bestaunen, aber auch um in seinem Hause geistreiche Konversation zu pflegen. Da Scarrons Vater sein ganzes Erbe seinen Kindern aus zweiter Ehe vermacht hatte, war der gelähmte Dichter so gut wie mittellos und daher auf die Großzügigkeit seiner Freunde und Gönner angewiesen. Glücklicherweise erfreute er sich großer Beliebtheit, und Herrschaften aus hohen und höchsten Kreisen der Gesellschaft verkehrten regelmäßig in seinem Hause.

Der Zufall wollte es, daß Madame de Neuillant mit ihrer Nichte bei Verwandten abgestiegen war, die in unmittelbarer Nachbarschaft von Paul Scarron lebten.

So lernte die 16jährige Françoise den gelähmten Dichter kennen, bei dessen Anblick sie in Tränen ausbrach. Es waren Tränen des Mitleids, aber auch der Scham über ihre eigene schäbige Aufmachung – ihr Kleid war viel zu kurz und platzte aus allen Nähten –, wie sie sich später in ihren Aufzeichnungen erinnern sollte.

Scarron jedoch war trotz seines Leidens ein Freund der Frauen, und ihm entging nicht die Schönheit der kleinen Françoise, die bereits damals unübersehbar war. In den folgenden Gesprächen, die er mit dem Mädchen führte, erkannte er auch seine außergewöhnliche Intelligenz, die sich hinter einer anfänglichen Schüchternheit verbarg. Es gelang ihm, das Vertrauen Françoises zu gewinnen, und so entstand mit der Zeit eine gewisse Zuneigung zwischen dem schönen Mädchen mit den großen, melancholischen, schwarzen Augen und dem verkrüppelten Dichter. Françoise erzählte ihm von ihrem tristen und demütigenden Dasein, sodaß Scarron bewußt wurde, welch trauriges Schicksal dieses Mädchen zu erwarten hatte: Ohne Mitgift würde sie niemals eine standesgemäße Ehe eingehen können, und es stand zu befürchten, daß diese Schönheit über kurz oder lang hinter Klostermauern landen würde, um dort zu verwelken. Und zur allgemeinen Überraschung hielt der Dichter um die Hand von Françoise d'Aubigné an.

Der geizigen Tante, die ihre Nichte ohnedies schon seit einiger Zeit als Belastung empfand, kam dieser Antrag sehr gelegen. Ohne einen Gedanken an die Gefühle des jungen Mädchens zu verschwenden, stellte sie es vor die Wahl: Entweder es ging in ein Kloster oder es heiratete Scarron.

Françoise war mit ihren 16 Jahren intelligent und realistisch genug, um ihre Chance zu erkennen, und so willigte sie in die Ehe mit dem um 25 Jahre älteren gelähmten Mann ein.

Es war ein höchst seltsames Paar, das hier im April 1652 miteinander verbunden wurde; selbst der Priester fühlte sich bemüßigt, den Bräutigam zu fragen, ob er denn überhaupt fähig sei, die Ehe zu vollziehen. Worauf ihm Scarron recht kryptisch antwortete, dies sei seine und Madames Angelegenheit.

Hatte der Poet Françoise nicht allein aus Mitleid und Zuneigung geheiratet? War er entschlossen, seine Rechte als Ehemann auch in Anspruch zu nehmen, als er gegenüber seinen Freunden erklärte: »Ich werde ihr keine Unzüchtigkeiten machen, aber ich werde ihr welche beibringen«? (Madinier, S. 216)

Die Frage, ob diese Ehe jemals eine Ehe im herkömmlichen Sinn war, hat seither die Biographen der künftigen Madame de Maintenon beschäftigt, ohne daß man zu einer eindeutigen Antwort gelangt wäre. Aus verschiedenen Andeutungen jedoch, die Françoise in ihren späteren Aufzeichnungen gemacht hatte, läßt sich schließen, daß es zu ungewöhnlichen sexuellen Praktiken gekommen ist, die die junge Frau damals ziemlich erschreckten.

Fest steht aber, daß Scarron seine junge Gemahlin Spanisch, Italienisch und etwas Latein lehrte, vor allem aber ihren Esprit und ihre Wortgewandtheit schulte. Letztere konnte sie schon bald in der Gesellschaft geistreicher Leute erproben, die regelmäßig im Hause ihres Gatten zusammentrafen und damit das Leben für sie interessant und aufregend machten.

Es waren großteils Gäste aus adeligen Kreisen, die den Hauch von Reichtum und großer Welt verbreiteten. Der Kontrast zwischen Scarrons erbarmungswürdigem Äußeren und seinem brillanten Humor zog die Leute ebenso an wie die schöne und kluge Gastgeberin, der man wegen ihres früheren Aufenthalts auf den Westindischen Inseln den Beinamen »La Belle Indienne« gegeben hatte.

Es dauerte nicht lang und Françoise hatte eine Schar von aristokratischen Bewunderern, darunter den Marschall von Albret und den Marquis von Villarceaux. Die junge Frau verlor rasch ihre ursprüngliche Schüchternheit und gewann mit jedem Tag mehr an Würde und Ausstrahlung. Ein Porträt von Mignard zeigt die 24jährige Madame Scarron in ihrer ganzen Schönheit. Sie trägt darauf ein Kleid aus edlem Stoff mit tiefem Dekolleté, das ihre schönen Schultern zur Geltung bringt. Das ovale Gesicht, das bereits ein leichtes Doppelkinn erkennen läßt, ist umrahmt von einer kastanienbraunen Haarfülle, der kleine, volle Mund ist fest geschlossen und zeigt nicht einmal den Anflug eines Lächelns. Am eindrucksvollsten aber sind die großen, dunklen Augen, die Ernsthaftigkeit und Traurigkeit vermitteln.

Gerade diese leichte Melancholie, die von ihr ausging, in Verbindung mit ihrem zurückhaltenden Benehmen machten sie für Männer nur noch interessanter und anziehender. Aber auch unter den hochgestellten Damen schuf sie sich mit ihrer liebenswürdigen und bescheidenen Art viele Freundinnen.

Françoise war in ihrer Ehe alles andere als glücklich, und sie sehnte sich nach Romantik und Zärtlichkeit. Nach acht Jahren zeigte sich das Schicksal gnädig. 1660 starb Paul Scarron, und Françoise war von ihrem Ehemann, dem sie zwar intellektuell viel verdankte, unter dem sie aber seelisch und körperlich gelitten hatte, erlöst.

Es war vorbei, sie war frei und doch wieder nicht. Denn wieder einmal war sie allein, ohne Familie, ohne Zuhause und auf die Hilfe anderer angewiesen.

Scarron hatte Schulden gehabt, weshalb sie die Wohnung aufgeben, Möbel und Hausrat und sogar einige ihrer schönsten Kleider verkaufen mußte. Sie tat, was damals für alleinstehende, mittellose Frauen, die auf ihren guten Ruf Wert legten, durchaus üblich war: sie mietete ein Zimmer in einem Kloster.

Glücklicherweise hatte Françoise viele einflußreiche Freunde, die sich auch als solche erwiesen und sich bei Hofe für sie einsetzten. Sie lagen der Königinmutter und dem König selbst ständig mit dem Schicksal Madame Scarrons in den Ohren, sodaß Ludwig XIV. eines Tages ausgerufen haben soll: »Ja, werde ich denn von der Witwe Scarron ewig reden hören?« Und als er ihr schließlich die ersehnte Rente gewährte, fügte er unter dem Dokument einige Zeilen hinzu: »Madame, ich habe Sie lange warten lassen, aber Sie haben so viele Freunde, daß ich allein dieses Verdienst bei Ihnen zu haben wünschte.« (Madinier, S. 219)

Es waren 2 000 Francs, nicht viel, doch genug, damit sie das Kloster verlassen konnte, um ein kleines Haus in der rue des Trois Pavillons zu mieten und sich eine Zofe zu nehmen. Letzteres war unabdingbar, denn eine anständige Frau konnte unmöglich allein leben. In dem armen Mädchen, das sie zu diesem Zweck auswählte, einer gewissen Nanon Balbien, fand sie eine Vertraute, die ihr ihr Leben lang treu ergeben bleiben sollte.

Françoise wußte, wieviel sie ihren aristokratischen Freunden zu verdanken hatte, und sie zeigte sich ihnen gegenüber immer hilfsbereit und beflissen. Mit großer Freude kümmerte sie sich um die Kinder der Marquise de Montchevreuil, und manchmal übernahm sie sogar die Rolle einer Zofe für ihre hochgeborenen Freundinnen, indem sie ihnen beim Ankleiden oder Frisieren half, wenn sie zu einer der zahlreichen Festlichkeiten bei Hofe geladen waren. Mit vielen kleinen Aufmerksamkeiten verstand sie es, sich beliebt zu machen, was ihr die anderen vergalten, indem sie ihr Vertrauen schenkten, sie einluden und in ihre gesellschaftlichen Kreise aufnahmen, zu denen sie aufgrund ihrer niedrigen Herkunft nie Zugang gehabt hätte.

Obwohl Françoise nach dem Tode ihres Gatten ausgiebig am gesellschaftlichen Leben von Paris teilnahm, achtete sie dabei doch stets auf ihren guten Ruf. Böse Zungen, allen voran der Herzog von Saint-Simon und die Herzogin von Orléans, sagten ihr später ein ausschweifendes Leben und zahlreiche Liebhaber nach, ja sogar ein lesbisches Verhältnis mit der berühmten Nobelkurtisane Ninon de Lenclos unterstellte man ihr. Solche Anschuldigungen sind jedoch mit ziemlicher Sicherheit in den Bereich der Gerüchte und der üblen Nachrede zu verweisen.

Das einzig Wahre an diesen Vorwürfen ist die Tatsache, daß Ninon de Lenclos zum Bekanntenkreis von Françoise zählte, war sie doch ebenfalls häufig Gast im Hause Scarron gewesen. Sie war es auch gewesen, die ihr den Marquis de Villarceaux vorgestellt hatte, der als einziger – und auch das läßt sich nur vermuten - die Gunst der schönen Françoise errungen hat.

Die beiden hatten sich schon zu Lebzeiten Scarrons ineinander verliebt. Jetzt stand ihren Gefühlen nichts mehr im Wege, und Françoise lernte mit Louis de Mornay, Marquis de Villarceaux, einen außergewöhnlich gutaussehenden, jungen Mann wahrscheinlich zum ersten Mal die Freuden der Liebe kennen. Sie wagte es sogar, sich Hoffnungen auf eine Ehe mit Villarceaux zu machen. Als sie ihn jedoch einmal darauf ansprach, war er so erstaunt über dieses Ansinnen, daß er lachte und fragte, ob sie wohl träume. Es wäre doch mehr als lächerlich, wenn er, ein de Mornay, die Witwe eines Herrn Scarron heiratete. Françoise war verletzt, fand aber trotzdem nicht die Kraft, sich von Villarceaux zu trennen. So ging dieses Verhältnis noch einige Jahre weiter, bis sie sich 1664 doch entschloß, die Beziehung zu beenden. Sie wäre gerne Villarceaux' Frau geworden, aber sie wollte nicht länger seine Mätresse sein.

Zu den engsten Freunden Madame Scarrons zählten neben dem Herzog und der Herzogin von Richelieu auch der Marschall von Albret und dessen Frau. Im Hause d'Albret war es auch, wo Françoise drei junge Frauen kennenlernte, die ihr Leben nachhaltig bestimmen sollten.

Die eine, Bonne de Pons, war eine Verwandte des Marschalls, die andere hieß Anne-Marie de La Trémoïlle, spätere Comtesse de Chalais und dann Prinzessin von Orsini – mit ihrem französisierten Namen, Princesse des Ursins, sollte sie viele Jahre später in Françoises Leben noch eine Rolle spielen.

Und schließlich war da noch die schöne, stolze Marquise de Montespan höchstpersönlich, die durch ihren Gatten mit den d'Albrets verwandt war.

Zwar schenkte die hochmütige Marquise Françoise anfangs nicht die geringste Beachtung, sah sie in ihr doch nichts weiter als eine Art Bedienstete, bald aber bemerkte sie den brillanten Esprit dieser kleinen, unbedeutenden Witwe Scarron, der sich durchaus mit dem ihren messen konnte. So entstand zwischen den beiden Frauen so etwas wie Sympathie und gegenseitiger Respekt, wenngleich Madame de Montespan niemals den Standesunterschied, der sie trennte, vergessen ließ.

Als die inzwischen zur Mätresse aufgestiegene Montespan 1669 zum ersten Mal von Ludwig XIV. schwanger wurde, erinnerte sie sich der bescheidenen Witwe Scarron, die sie bei den d'Albrets kennengelernt hatte und deren Intelligenz und Diskretion sie so beeindruckt hatten.

Es war die gemeinsame Freundin, Bonne de Pons, inzwischen durch ihre Heirat Marquise d'Heudicourt und enge Vertraute der Montespan, die eines Tages bei Françoise auftauchte, um ihr ein Angebot zu unterbreiten. Sie sollte sich unter strengster Geheimhaltung um das Kind der neuen Mätresse kümmern. Ohne lange zu zögern, nahm Madame Scarron an, wodurch sich ihr Leben in eine Richtung entwickelte, die nicht nur sie selbst überraschen, sondern auch ihre Zeitgenossen und Generationen von Historikern bis in unsere Tage in Erstaunen setzen sollte. Bis dahin jedoch vergingen noch einige Jahre, und vorerst war Françoise vollauf mit ihrer neuen Funktion als Gouvernante beschäftigt.

Gleich nach ihrer Geburt hatte man die Tochter von Madame de Montespan zu einer Amme gebracht, und es war nun Aufgabe von Madame Scarron, dafür zu sorgen, daß es dem Kind an nichts fehlte und daß niemand einen Verdacht über seine Herkunft schöpfte.

Am 31. März 1670 lag die Montespan wieder in den Wehen, und Françoise wurde nach Saint-Germain bestellt. Eine Maske vor dem Gesicht, kam sie des Nachts in einer Kutsche vor dem Palast an und wartete, bis ihr Monsieur de Lauzun, ein Vertrauter des Königs, ein Bündel, das er unter seinem Mantel verborgen hielt, in die Arme legte. Es war Louis-Auguste, der spätere Herzog von Maine und erklärte Liebling seiner Gouvernante, den Françoise nun eiligst zu einer Amme brachte, die sie zuvor selbst ausgewählt hatte.

Ihre Aufgabe war mit einem Mal viel komplizierter geworden, denn zwei Kinder zu betreuen, die an verschiedenen Orten von Paris untergebracht waren und heimlich mit allem Nötigen versorgt sein wollten, war ziemlich anstrengend und zeitraubend. Als des Königs Mätresse dann zwei Jahre später einen weiteren Sohn, nämlich Louis-César, den späteren Grafen von Vexin, zur Welt brachte, war es Madame Scarron nicht mehr zuzumuten, jede Nacht die diversen Verstecke der Kinder aufzusuchen, um nach dem Rechten zu sehen. Also wurde ein geräumiges Haus in Vaugirard erstanden, wo Françoise fortan mit den Kindern lebte. Alles sollte weiterhin geheim bleiben, denn Madame de Montespan war ja eine verheiratete Frau, deren rasend eifersüchtiger Ehemann allseits gefürchtet war.

Mit der Witwe Scarron hatte man offensichtlich einen guten Griff getan, denn sie war diskret und verschwiegen, und vor allem liebte sie die ihr anvertrauten Kinder, als wären es ihre eigenen. Die Erziehung der Königskinder wurde zum Lebensinhalt Françoise Scarrons. Sie hatte auch ganz konkrete und für damalige Verhältnisse sehr fortschrittliche Vorstellungen hinsichtlich der Aufzucht von Kindern. Ganz nach englischem Vorbild* lehnte sie das enge Wickeln der Babys ab und hielt ein möglichst großes Maß an Bewegungsfreiheit für die gesunde Entwicklung der kleinen Gliedmaßen für weitaus sinnvoller.

Bei den größeren Kindern sorgte sie nicht nur für geregelte Essenszeiten, sondern auch für eine gesunde und ausgewogene Ernährung.

Madame de Montespan brachte noch vier weitere Kinder zur Welt: 1673 Louise-Françoise, 1676 Louise-Marie-Anne, 1677 Françoise-Marie und schließlich 1678 Louis-Alexandre, der spätere Graf von Toulouse.

Trotz der hingebungsvollen Fürsorge von Madame Scarron erreichten von den insgesamt sieben Kindern nur vier das Erwachsenenalter. Das erstgeborene Mädchen starb mit drei Jahren, die kleine Louise-Marie-Anne mit fünf und der Graf von Vexin 1683 im Alter von elf Jahren. Dies war aber nichts Ungewöhnliches, denn die Kindersterblichkeit im 17. Jahrhundert lag hoch. Von den sechs legitimen Kindern des Königs überlebte überhaupt nur eines, nämlich der Dauphin; und von den fünf Kindern, die Ludwig mit Louise de La Vallière hatte, blieb ihm schließlich nur eine Tochter.

Ludwig XIV. war zwar ausgesprochen unbeständig, was sein Liebesleben betraf – er hatte Mätressen und daneben noch zahllose Affären –, seine Kinder aber liebte er allesamt von ganzem Herzen, und er war stets um ihr Wohlergehen besorgt. Er ließ es sich auch nicht nehmen, so oft wie möglich das Haus in Vaugirard zu besuchen. Dies mußte natürlich immer inkognito geschehen, denn immer noch war die Existenz dieser Kinder nur einigen wenigen Eingeweihten bekannt.

---

* Zwischen 1646 und 1660 befand sich der englische Hof wegen der erfolgreichen puritanischen Revolution Oliver Cromwells im französischen Exil, wodurch u. a. auch die englischen Erziehungsmethoden bekannt wurden.

Als der König zum ersten Mal der Gouvernante seiner illegitimen Nachkommenschaft begegnete, war er ganz und gar nicht von ihr angetan. Er hielt sie für kühl und affektiert, und obendrein schüchterte ihn ihre intellektuelle Art ein. Auch Françoise spürte, daß sie dem Monarchen nicht gefallen hatte. Doch schon bald sollte Ludwig XIV. diesen ersten Eindruck grundlegend revidieren.

Als er eines Tages unangemeldet das Haus von Vaugirard betrat, fand er Françoise in einem Lehnstuhl sitzend vor, den kleinen Louis-Auguste im Arm und neben ihr die Tochter von Madame d'Heudicourt, während der vor kurzem geborene Louis-César daneben in seiner Wiege schlief. Sie war gerade dabei, den Kindern eine Geschichte vorzulesen.

Der König war von dem idyllischen Bild, das sie bot, so entzückt, daß er sie sitzenbleiben hieß und sagte: »Sie geben einen so schönen Anblick ab mit den drei Kindern, Madame, daß ich es mir nie verzeihen würde, dieses Bild zu stören.«

Die Ruhe, Liebe und Geborgenheit, die die schöne Frau ausstrahlte, gefielen dem König und weckten in ihm für einen Augenblick eine gewisse Sehnsucht nach so etwas wie bürgerlicher Privatheit, die ihm das höfische Zeremoniell niemals gestattete.

Am 20. Dezember 1673 legitimierte Ludwig XIV. seine mittlerweile drei Kinder mit Madame de Montespan, und zu Beginn des folgenden Jahres übersiedelte Françoise mit ihren Schützlingen nach Saint-Germain. Sie gehörte nun zum Haushalt der maîtresse en titre.

Vorbei war es mit dem beschaulichen Familienleben der letzten eineinhalb Jahre. Der Hof von Saint-Germain war eine andere Welt, eine Welt, die Françoise fremd war und immer bleiben sollte. Sie haßte das Hofleben mit seiner Oberflächlichkeit und Sittenlosigkeit. Sie trank nicht und sie spielte nicht wie die Montespan, und es lag ihr auch nichts an Pomp und Prunk. Meist kleidete sie sich in schlichtem Schwarz und hielt sich bescheiden im Hintergrund. In dieser Zeit kam es zu ersten Streitigkeiten mit ihrer Herrin. Es ging um die Erziehung der Kinder. Madame de Montespan war gedankenlos, egoistisch und offenbar völlig ungeeignet für den Umgang mit den Kleinen. Sie überfütterte sie mit Süßigkeiten und ließ sie bis spät in die Nacht aufbleiben. Diese Vorgangsweise widersprach grundlegend der Auffassung von Kindererziehung, die Madame Scarron vertrat. Die herrische Mätresse aber war es nicht gewöhnt, daß man sie kritisierte, und so blieben heftige Auseinandersetzungen zwischen den beiden Frauen nicht aus.

Wie launisch Madame de Montespan war, zeigte sich daran, daß sie sich einerseits sogar beim König über die aufmüpfige Gouvernante beschwerte, andererseits sich aber dafür einsetzte, daß Madame Scarron für ihre Dienste eine Summe von 100 000 Livres erhielt, wußte sie doch, wieviel sie ihr zu verdanken hatte. Sie meinte es sicher auch gut, als sie einen Ehemann für Madame Scarron vorschlug, den Herzog von Villars-Brancas, einen alten, hinfälligen, ausschweifenden Mann, der bereits dreimal verheiratet gewesen war. Gleichzeitig hätten damit ihre Kinder, die ja nun offiziell vom König anerkannt waren, eine Aristokratin als Erzieherin gehabt, was ihr nur recht und billig schien.

Françoise aber lehnte eine solche Heirat entschieden ab, was Madame de Montespan sehr verärgerte, war sie doch der Meinung, der Gouvernante mit diesem Arrangement eine große Ehre zu erweisen. Immerhin wäre sie damit eine Herzogin geworden und hätte damit das Recht gehabt, in Gegenwart der Königin auf einem Schemel zu sitzen. Françoise jedoch wollte ihre Freiheit behalten, und die Aussicht auf einen alten, gebrechlichen Gatten weckte wohl auch schmerzliche Erinnerungen in ihr. Viel lieber kümmerte sie sich weiterhin um »ihre« Kinder. Vor allem der kleine Herzog von Maine machte ihr Sorgen. Seine Beine waren ungleich lang und außerordentlich schwach, sodaß er nur mühsam gehen lernte. Sie tat, was sie konnte, fuhr mit ihm zur Kur, suchte Spezialisten auf und berichtete dem König laufend über den Gesundheitszustand seines Lieblingssohnes.

Als sie im September 1674 mit dem Kind von einer neuerlichen Kur zurückkehrte, ging es ihm deutlich besser. Ludwig XIV. war ihr dafür so dankbar, daß er ihr weitere 100 000 Livres zum Geschenk machte.

Mit diesem Geld konnte sich Françoise nun einen langgehegten Wunsch erfüllen: eigenen Grund und Boden. Am 27. Dezember 1674 erwarb sie für 240 000 Livres das Schloß Maintenon, unweit von Versailles, dessen umliegendes Land ihr einen jährlichen Ertrag von rund 11 000 Livres einbringen würde, womit sie ihren Lebensabend sichern wollte. Zum ersten Mal in ihrem Leben fühlte sich Françoise wirklich frei. Vor allem aber sah sie nun die Möglichkeit, den Launen und dem Hochmut ihrer Herrin zu entkommen. Sie würde den König um Erlaubnis bitten, sich zurückziehen zu dürfen, und dem so verhaßten Hofleben adieu sagen.

Doch noch brauchten sie die Kinder, denn alle drei waren zu jener Zeit krank. Also verschob sie ihr Vorhaben auf später, blieb und ertrug weiterhin die Sticheleien und Demütigungen der Montespan.

Das Verhältnis zwischen der großen Mätresse und der kleinen Gouvernante, das anfangs durchaus freundschaftlichen Charakter gehabt hatte, verschlechterte sich zusehends mit dem Aufstieg von Madame Scarron in der Achtung des Königs.

Françoises ruhige, besonnene Art, ihre kluge und vernünftige Redeweise und ihr zurückhaltendes, aber dennoch souveränes Auftreten beeindruckten Ludwig, und seine Zuneigung zu ihr wuchs von Tag zu Tag. Nicht zuletzt war die Witwe Scarron trotz ihrer 39 Jahre eine auffallend schöne Frau, deren Gesicht keinerlei Spuren des Alters verriet, sondern erstaunlich jugendlich wirkte. Sie hatte sich in den letzten Jahren kaum verändert und sah noch genau so aus, wie Mademoiselle de Scudéry sie 1669 beschrieben hatte: »Sie war hochgewachsen und hatte eine gute Gestalt. Ihr Teint war glatt und schön, ihre Haare von einem hellen Kastanienbraun, Nase und Mund wohlgeformt und ihre Augen waren die schönsten der Welt, dunkel, glänzend, sanft und geistvoll. Ihr Ausdruck besaß ein gewisses Etwas, das man nicht beschreiben kann.« (Madinier, S. 226)

Natürlich war der scharfsichtigen Montespan das gute Verhältnis ihres Geliebten zu Madame Scarron nicht entgangen. Dennoch maß sie ihm keine große Bedeutung bei, obwohl sie sonst stets auf der Hut vor möglichen Rivalinnen war – sie kannte ja den schier unstillbaren sexuellen Appetit des Königs. Bei Madame Scarron machte sie sich deshalb keinerlei Sorgen, weil diese doch um sechs Jahre älter war als sie selbst und außerdem von so niedriger Herkunft, daß ein König von Frankreich sich niemals dazu herablassen würde, sie zu seiner Mätresse zu machen. Also sollte Ludwig mit der unbedeutenden Erzieherin seine Gespräche führen, wenn ihm das so gut gefiel. Für sie – eine Mortemart – war eine Witwe Scarron wahrlich keine Konkurrenz. Aber wie es eben ihre Art war, stichelte sie trotzdem ständig, wenn es auch nicht ganz ernst gemeint war. Sie ließ die Gouvernante, die sie stets als Untergebene sah, vermehrt ihren Hochmut spüren, um sie in ihre Schranken zu verweisen.

Trotz seiner aufrichtigen und für jedermann erkennbaren Zuneigung zu Madame Scarron war der König den sinnlichen Reizen seiner Mätresse nach wievor mit Haut und Haar verfallen: Selbst wenn er Zeuge ihrer verbalen Grausamkeiten gegen die Gouvernante wurde, ließ er sie gewähren und griff nicht ein. Bis zu jenem Abend im Februar 1675.

Eine kleine Gesellschaft hatte sich zum Kartenspiel in den Gemächern der Mätresse eingefunden, doch schon nach kurzer Zeit ließ Madame de Montespan erkennen, daß sie wieder einmal in Fahrt war. Sie hatte sich Madame Scarron als Opfer ihrer bösen Zunge auserkoren. Zuerst bestand sie darauf, daß Françoise ihr ein Glas Wasser brachte, obwohl genug Lakaien herumstanden, die für derlei Dienste ja da waren. Dann begann sie, über die Vergangenheit der Gouvernante und deren Ehe mit dem gelähmten Dichter zu spotten. Sie wollte Françoise treffen, doch diese stellte ihre Intelligenz unter Beweis, indem sie schlagfertig und geschliffen replizierte.

Als die Montespan von dem Wortgefecht genug hatte und sich wieder ihren Gästen zuwandte, trat Madame Scarron an den König heran und sagte: »Ich glaube, Madame de Montespan braucht mich heute abend nicht mehr. Darf ich Eure Majestät um die Erlaubnis bitten, mich zurückzuziehen?« Worauf ihr Ludwig XIV., ein Lächeln auf den Lippen, so laut, daß alle es hören konnten, antwortete: »Ich danke Ihnen unendlich für alles, was Sie in meinen Diensten geleistet haben, Madame de Maintenon.« (Chandernagor: L'Allée du Roi, S. 247)

Mit diesen wenigen Worten hatte der König die Witwe Scarron zur Marquise de Maintenon erhoben, was bei Hofe für große Aufregung und jede Menge Gerüchte sorgte. Einerseits war es ja naheliegend, daß die Gouvernante der königlichen Kinder, jetzt wo diese legitimiert waren, in einen hohen Adelsstand erhoben wurde, andererseits aber waren die Aufmerksamkeiten des Königs gegenüber der frischgekürten Marquise doch ziemlich erstaunlich.

Die Beziehung des Königs zu Madame de Maintenon während der Zeit von etwa 1674 bis 1680 blieb den meisten ein Rätsel und ist es bis heute geblieben, denn die Historiker sind sich nicht einig, wann Françoise die Geliebte Ludwigs XIV. wurde bzw. ob sie es überhaupt je war. Fest steht, daß der König schon bald Annäherungsversuche machte, die die damalige Madame Scarron mehr oder weniger bestimmt zurückwies. Ludwig, der es nicht gewöhnt war, abgewiesen zu werden, war zuerst etwas verstört, gleichzeitig imponierte ihm aber die Haltung dieser Frau. Er war gewillt, seine Bemühungen um sie fortzusetzen, um irgendwann doch ans Ziel zu gelangen.

Françoise betrieb mit ihrer Distanziertheit eine Gratwanderung. Man wies einen König von Frankreich nicht einfach ab, also ließ sie ihm stets ein wenig Hoffnung und stachelte damit sein Begehren nur noch mehr an.

Warum ergriff sie nicht die Chance, die sich ihr da bot, eine Chance, für die die meisten anderen Frauen alles gegeben hätten? Warum wurde sie nicht die Mätresse des Königs und triumphierte damit über die Montespan, unter der sie so sehr zu leiden hatte? Fragen, über die man nur Vermutungen anstellen kann.

Françoise d'Aubigné war eben nicht wie die anderen Frauen. Vor allem aber war sie – ja gerade sie, die Niedriggeborene – zu stolz, um irgend jemandes, auch nicht des Königs Geliebte zu werden. Außerdem hätte dies völlig ihrer strengen Auffassung von Moral widersprochen. Aber sie war auch eine sehr realistische Frau, und sie kannte mittlerweile Ludwigs Gewohnheiten in Liebesdingen. Also rechnete sie sich wohl kein langes Verweilen in seiner Gunst aus.

Françoises Hinhaltemanöver gegenüber dem König mögen wie bloße weibliche Taktik erscheinen, doch in Wahrheit focht sie derweil einen inneren Kampf mit sich selbst aus. Bei allem Stolz, bei aller hohen Moral und Vernunft war sie doch auch eine Frau, die sich nach Liebe sehnte und sich daher nicht so einfach dem Werben des wohl begehrtesten Mannes in ganz Frankreich verschließen konnte. Der Hof war voller junger, williger und hochgeborener Schönheiten, doch Ludwig XIV. wollte gerade sie, die 40jährige, unbedeutende Gouvernante, die Witwe eines Herrn Scarron. Wenn das kein Grund war, die Dinge in einem etwas anderen Licht zu sehen!

Andere taten das längst, nämlich einige Männer der Kirche, allen voran Françoises Beichtvater, der Abbé Gobelin, der mit großer Wahrscheinlichkeit mit dem Beichtvater des Königs, Père La Chaise, und dem mächtigen Bischof Bossuet in Verbindung stand. Gobelin bestärkte Françoise in ihrem Entschluß, dem König nachzugeben, denn die Kirche sah darin eine Möglichkeit, Ludwig aus seinem doppelt ehebrecherischen Verhältnis mit der Montespan herauszulocken. Ein einfacher Ehebruch war immer noch besser als ein zweifacher, und außerdem war deutlich zu erkennen, welch positiven Einfluß die nunmehrige Madame de Maintenon auf den König hatte.

Gobelin weckte vermutlich in Françoise, die bisher ja nicht gerade zu religiösem Überschwang geneigt hatte, das Gefühl, sie sei dazu auserwählt, den König wieder auf den Weg der Tugend zu bringen, der ihn vielleicht sogar zu seiner rechtmäßigen Gemahlin zurückführen würde.

In ihrer Jugend war ihre Frömmigkeit nur äußerlich gewesen. Sie hatte sich damit der herrschenden Moral angepaßt, um gesellschaftlich akzeptiert zu sein. Sie hatte die tugendhafte, keusche Witwe gespielt, um die ihr gewährte Pension nicht zu verlieren. Aber sie hatte wahrscheinlich nicht unter großen Gewissensbissen gelitten, als sie über Jahre hindurch ein wie auch immer geartetes Verhältnis mit dem Marquis von Villarceaux gehabt hatte. So ähnlich wie damals sollte sie nun wieder handeln, diesmal jedoch moralisch durch die Vertreter der Kirche gedeckt.*

Wie lange die Beziehung zwischen Ludwig XIV. und Madame de Maintenon rein platonischer Natur geblieben ist, ist schwer zu sagen. Es spricht allerdings vieles dafür, daß es Françoise gelungen ist, den König über Jahre hindurch hinzuhalten, ohne sein Vertrauen und seine Zuneigung zu verlieren. Irgendwann zwischen 1676 und 1680 gab sie dann wohl seinem Drängen nach und wurde, bereits über 40 Jahre alt, diskret wie immer, seine Geliebte.

1676 jedenfalls war Madame de Montespan noch die Favoritin. Ihr königlicher Liebhaber las ihr nach wie vor jeden Wunsch von den Augen ab und zahlte ihre Spielschulden, die oft in Millionenhöhe lagen, ohne mit der Wimper zu zucken. Die in jeder Hinsicht maßlose Frau faszinierte ihn immer noch. Auch sexuell schien er von ihr nicht lassen zu können, wenn er auch vermehrt Affären mit anderen Frauen hatte. 1677 und 1678 brachte Montespan noch zwei Kinder zur Welt, Françoise-Marie und Louis-Alexandre. Danach aber war ihre Beziehung zum König endgültig zu Ende, was durch Ludwigs leidenschaftliche Affäre mit Marie-Angélique de Fontanges noch besiegelt wurde.

Während Montespan sich dem Abgrund näherte, steuerte Maintenon dem Zenit zu. Denn so stürmisch sein Liebesabenteuer mit der jungen Fontanges auch war, es konnte die Beziehung des Königs zu Françoise nicht erschüttern. Erstaunlicherweise stellte er seine Besuche bei ihr nämlich keineswegs ein, sondern suchte sie weiterhin fast täglich auf, führte lange Gespräche mit ihr und fragte sie häufig in den verschiedensten Angelegenheiten um Rat. Er konnte und wollte auf diese kluge und vernünftige Frau nicht mehr verzichten, zumal sich die einfältige und kapriziöse Fontanges in finanzieller Hinsicht als Faß ohne Boden und obendrein als unerhört ehrgeizig erwies.

Als 1680 auch noch der Giftskandal über ihn hereinbrach, trieb ihn der Schock über das, was da hinter seinem Rücken vorgegangen war, noch mehr in die Arme von Madame de Maintenon. Mehr als je zuvor bedurfte Ludwig jetzt ihrer sanften Mütterlichkeit und ihrer ruhigen Klugheit.

Der Hof hatte schon seit langem den Sturz der Montespan erwartet, und Spekulationen darüber, wer wohl ihre Nachfolgerin sein würde, waren an der Tagesordnung. Man staunte daher nicht schlecht, als sich Ludwig nun ganz offensichtlich und mehr als je zuvor Madame de Maintenon zuwandte, deren

---

* Ihr Verhalten hat Madame de Maintenon später den Ruf einer Heuchlerin eingebracht. »Die scheinheilige Prüde« lautete der Titel eines Stückes, das die Commedia dell'Arte 1697 in Paris aufführte und das ganz eindeutig auf die Marquise gemünzt war. Der König ließ daraufhin die Schauspieltruppe des Landes verweisen.

125

Rolle im Leben des Königs man bisher nie ganz eindeutig zu definieren vermocht hatte.

Nun aber, 1680, bedachte Ludwig die Marquise mit so vielen Ehren, daß kaum noch ein Zweifel daran bestehen konnte, welcher Art sein Verhältnis zu ihr war. In diesem Jahr heiratete Ludwigs Sohn, der Grand Dauphin, die Tochter des Kurfürsten von Bayern Maria Anna Christina Victoria. Die Besetzung der Ämter im Haushalt der Dauphine machte deutlich, welchen Stellenwert Madame de Maintenon bereits hatte. Der Herzog und die Herzogin von Richelieu, enge Freunde der ehemaligen Madame Scarron, übernahmen die Funktion der dame d'honneur und des chevalier d'honneur, also der ersten Dame und des ersten Herrn bei der jungen Gemahlin des Thronfolgers. Für Françoise selbst schuf der König gar einen neuen Posten, indem er sie zur zweiten dame d'atour, gleichgestellt mit der Marschallin von Rochefort, machte. In einer Zeit, in der die Etikette alles war, war eine solche Maßnahme eine kleine Sensation, stand doch die Marschallin rangmäßig eigentlich weit über der ehemaligen Gouvernante. Nur ein absoluter Herrscher konnte sich über derlei Regeln hinwegsetzen.

Gleichzeitig mit dieser Ernennung war auch Françoises Dienst als Gouvernante beendet und sie damit sozusagen von der Montespan befreit worden.

Es spricht für Madame de Maintenon, daß sie trotz dieser Gunstbeweise nicht in einen Machtrausch verfiel, weder eitel noch habgierig wurde. Sie blieb diskret wie immer, vor allem wenn es um ihre Beziehung zum König ging, sodaß viele diese weiterhin für platonisch hielten. Ihr Auftreten war von solcher Würde und Distanziertheit, daß man ihr nur schwer ein untadeliges Verhalten zutraute. Ihre souveräne und kühle Art schüchterte die meisten Höflinge ein und erlaubte keinerlei freundschaftlichen Umgang mit ihr, sodaß einer von ihnen einmal meinte, er würde es eher wagen, die Königin in den Hintern zu kneifen als die Mätresse.

Die bedauernswerte kleine Königin aber sang ein Loblied auf die Marquise, denn Ludwig, angehalten von Françoise, hatte wieder begonnen, das eheliche Lager mit seiner Gemahlin zu teilen. Dies veranlaßte Marie-Thérèse zu der Äußerung, Gott habe Madame de Maintenon geschaffen, um ihr das Herz des Königs zurückzubringen.

Am 30. Juli 1683 starb die Königin und bereitete ihrem Gatten damit, wie er sagte, zum ersten Mal Kummer. Ludwigs Trauer, ebenso wie die des gesamten Hofes, hielt sich jedoch in Grenzen. Er hatte Marie-Thérèse nie geliebt, die Ehe mit ihr war nie mehr als Pflichterfüllung gewesen.

Ludwig XIV. war damals 45 Jahre alt, gesund und vital wie eh und je. Es war also naheliegend, eine Wiederverheiratung des Herrschers in Betracht zu ziehen.

Interessanterweise war es die Kirche, die den geradezu sensationellen Vorschlag machte, der König solle doch nun Madame de Maintenon heiraten.

Die Erbfolge war gesichert, denn die Dauphine hatte 1683 bereits zwei gesunden Söhnen das Leben geschenkt, und es war zu erwarten, daß noch weitere folgen würden. Eventuelle Kinder aus einer zweiten standesgemäßen Ehe des Königs würden ohnedies nur dynastische Probleme aufwerfen. Ludwig XIV. war nun in der für einen Monarchen höchst seltenen Lage, frei nach seinem Herzen wählen zu können.

Er liebte Madame de Maintenon aufrichtig, er brauchte sie und wollte sie nicht verlieren. Konnte er ihr ein Leben in Sünde noch länger zumuten? Wenn er sie zu seiner rechtmäßigen Frau machte, könnte er sie für immer an sich binden und sie lieben, ohne mit den Gesetzen der Kirche in Konflikt zu kommen.

Andererseits schien es geradezu undenkbar, daß er, der mächtigste Herrscher Europas, ein König von Gottes Gnaden, vor dem jeder auch noch so hochrangige Aristokrat sein Haupt beugte, eine gewöhnliche Witwe Scarron heiratete. Würde er mit einem solchen Schritt nicht seinen halbgottähnlichen Mythos, der ihn umgab, zerstören und sich zum Gespött ganz Europas machen? Hin- und hergerissen zwischen Gefühl und Vernunft, entschloß sich der König schließlich für einen Kompromiß. Er würde Françoise heiraten, aber es sollte alles geheim bleiben. Und so geschah es dann auch.

Wann die Vermählung zwischen Ludwig XIV. und Madame de Maintenon tatsächlich stattfand, ist bis heute nicht geklärt. Die meisten Historiker nehmen aber an, daß es schon ziemlich bald nach dem Tode der Königin Marie-Thérèse dazu gekommen ist, nämlich im Oktober 1683 oder im Verlauf des Jahres 1684.

Die Ehe wurde des Nachts, in aller Stille geschlossen, und nur wenige wußten davon, darunter der Minister Louvois, Père La Chaise, der Kammerdiener des Königs, Bontemps, und der Erzbischof von Paris. Von den Vertrauten der Madame de Maintenon waren der Marquis und die Marquise de Montchevreuil ihre Zofe Nanon Balbien, Abbé Gobelin, ihre Freundin Madame de Brinon sowie ihr Bruder, Charles d'Aubigné eingeweiht.

Madame de Maintenon hatte das erreicht, was nie zuvor eine Mätresse erreicht hatte und was auch später keiner gelingen sollte: sie wurde – wenn auch inoffiziell – Königin von Frankreich. Die Ehe wurde zwar nie öffentlich bekannt gemacht und Françoise nannte sich auch weiterhin Marquise de Maintenon, aber sie war die Gemahlin des Sonnenkönigs.

Nach außen hin übernahm die Dauphine sämtliche Aufgaben der verstorbenen Königin und bezog auch deren Gemächer, doch innerhalb der Familie bestand kein Zweifel daran, welche Position Madame de Maintenon innehatte. Der König gewährte ihr alle Privilegien, die einer Gemahlin zukamen, und behandelte sie mit dem allergrößten Respekt. Während der täglichen Messe nahm sie in der Loge der Königin Platz, und sie blieb auch stets sitzen, wenn ein Mitglied der königlichen Familie den Raum betrat. Am deutlichsten verriet aber wohl das Verhalten des Königs, daß Madame de Maintenon den Status einer Königin hatte. Der Herzog von Saint-Simon, einer der schärfsten Kritiker der Marquise, überlieferte uns folgende Szene, die sich 1698 anläßlich eines Schaumanövers in Compiègne zutrug: »Doch ein Schauspiel ganz anderer Art, das ich noch in vierzig Jahren genauso präzise beschreiben könnte wie heute, so sehr hat es mich beeindruckt, lieferte der König höchstpersönlich seiner gesamten Armee und der unermeßlichen Menschenmenge auf dem Wall und in der Ebene. Mme. de Maintenon saß in ihrer Sänfte dort, für jedermann und für die Truppen sichtbar; die drei Fenster waren geschlossen, und die Träger hatten sich zurückgezogen. Auf der vorderen linken Stange saß Mme. la duchesse de Bourgogne, links hinten standen Madame la Duchesse, Mme. la princesse de Conti, sämtliche Damen und weiter hinten einige Herren. Der König stand neben dem rechten Fenster der Sänfte, und ein wenig hinter ihm standen in einem Halbkreis die vornehmsten unter den anwesenden Herren. Die meiste Zeit hatte der König den Hut abgenommen und beugte sich unablässig zum Fenster hinab, um mit Mme. de Maintenon zu sprechen und ihr zu erläutern, was sie sah und warum es so gemacht wurde. Jedesmal bequemte sie sich, die Scheibe vier oder fünf Fingerbreit herunterzulassen, niemals auch nur zur Hälfte – ich habe genau darauf geachtet und muß zugeben, daß ich diesem Schauspiel mehr Aufmerksamkeit widmete als demjenigen, das die Truppen boten.« (Bernier: Ludwig XIV., S. 292f.)

Ebenso aufschlußreich ist auch ein Gemälde von Pierre Mignard, das 1694 entstand. Es zeigt Madame de Maintenon als Heilige Franziska, gehüllt in einen hermelinverbrämten Mantel, ein Kleidungsstück, das ausschließlich gekrönten Häuptern vorbehalten war.

Innerhalb des Hofes genoß die heimliche Königin eine fast uneingeschränkte Autorität. Sie hatte Einfluß auf die Besetzung der Ämter bei Hofe und vor allem auf familiäre Angelegenheiten. Sie war es auch, die den König in seiner Absicht bestärkte, seine legitimierten Töchter mit Prinzen von Geblüt zu verheiraten und seine beiden außerehelichen Söhne, den Herzog von Maine und den Grafen von Toulouse in ihrem Rang zu erhöhen, bis sie schließlich den Prinzen von königlichem Geblüt gleichgestellt waren und sogar in der Thronfolge nach diesen rangierten. Sie liebte diese ihr einst anvertrauten Kinder sehr und tat alles, um ihre Karriere zu fördern. So verdankten die Bastarde, die sie ja im Grund waren, ihren einzigartigen Aufstieg zu einem Gutteil ihrer ehemaligen Gouvernante.

Der politische Einfluß der Madame de Maintenon wurde allerdings lange Zeit überschätzt. Man versuchte, sie zum Sündenbock für die politischen Fehlentscheidungen der letzten Regierungsjahre Ludwigs XIV. zu machen. Das war nicht nur unfair, sondern schlichtweg unrichtig. Zwar besprach der König seine Geschäfte häufig mit seiner Gemahlin, er hielt sogar Ratsversammlungen in ihrer Anwesenheit ab, doch letztendlich war Ludwig XIV. nicht der Mann, der sich in staatspolitischen Dingen von einer Frau beeinflussen oder gar beherrschen ließ. Er traf seine Entscheidungen allein wie eh und je und nur allzuoft konträr zu den Vorschlägen seiner Gemahlin.

Auch die Widerrufung des Edikts von Nantes vom 18. Oktober 1685, den wohl schwersten politischen Fehler seiner Regierungszeit, muß Ludwig XIV. vor der Geschichte allein verantworten.

Sein Großvater, Heinrich IV., selbst ein Protestant, war 1589 als erster Bourbone auf den Thron Frankreichs gelangt. 1593 hatte er sich dem Willen der Mehrheit des französischen Volkes gebeugt und war mit den berühmt gewordenen Worten »Paris ist eine Messe wert« zum katholischen Glauben übergetreten. Mit dem Edikt von Nantes setzte er schließlich 1598 einen Schlußstrich unter die Hugenottenkriege. Das Edikt bestätigte das katholische Bekenntnis als Staatsreligion, gewährte aber den Protestanten Gewissens- und Kulturfreiheit sowie den Zutritt zu öffentlichen Ämtern.

Seither herrschte eine relative Toleranz gegenüber den Anhängern des reformierten Glaubens, obwohl sie dem König stets ein Dorn im Auge blieben, standen sie doch seiner Idee von der Einheit des Geistes und des Glaubens, die er in seinem Reich zu verwirklichen gedachte, im Wege. Mit allen Mitteln wurde daher versucht, die Protestanten freiwillig zur Konversion zu bewegen. So hatten hugenottische Adelige eben überhaupt keine Chance, bei Hofe aufzusteigen, was die meisten schon allein aus rein existenziellen Gründen zum Glaubenswechsel bewog. Ab 1680 wurde Reformierten die Ausübung öffentlicher Ämter sowie freier Berufe verboten, während es für jeden, der zum Katholizismus konvertierte, Geldgeschenke gab.

Ludwig XIV. war fest davon überzeugt, daß diese Leute dem falschen Glauben anhingen, und er war entzückt über jeden Übertritt, von dem ihm berichtet wurde. Sein Minister Louvois wußte, was sein Herr gerne hörte.

Dieser ehrgeizige Mann, der selbst vor gewaltsamen Lösungen nicht zurückschreckte, war dafür verantwortlich, daß der Druck auf die protestantischen Bürger immer stärker wurde und die »Überzeugungsarbeit« immer schikanöser. Sogar siebenjährige Kinder wurden entführt, mit der Behauptung, diese wollten zum katholischen Glauben konvertieren. Kein Wunder, daß es tatsächlich zahlreiche Übertritte gab. Dennoch hielt sich eine beträchtliche protestantische Minderheit im Lande.

Von seinem Minister bewußt falsch informiert, glaubte der sonst so mißtrauische König das, was er glauben wollte, nämlich daß die Leute landesweit in Scharen konvertierten. Also hob Ludwig XIV. das von seinem Großvater erlassene Edikt 1685 auf, da es seiner Meinung nach ja so gut wie niemanden mehr betraf. Wie sehr er sich dabei getäuscht hatte, sollte er bald erfahren.

Unter den Protestanten setzte eine Fluchtwelle von ungeahntem Ausmaß ein, denn wer in Frankreich blieb, mußte von nun an wieder mit Verfolgung, Folter und Mord rechnen. Die meisten der etwa 300 000 Flüchtlinge waren gebildete Bürger, tüchtige Handwerker und erfolgreiche Handelsleute. Sie ließen sich nun im benachbarten Holland oder einem der deutschen Fürstentümer nieder, wodurch Frankreich ein enormer wirtschaftlicher Schaden entstand.

Dieser Akt der Intoleranz, den die Widerrufung des Edikts von Nantes darstellte, warf einen ersten Schatten auf die bisher so glanzvolle Regierungszeit des Sonnenkönigs.

Die große Frömmigkeit, die Madame de Maintenon im Alter entwickelte, veranlaßte viele, ihr die Schuld an dieser Fehlentscheidung des Königs zuzuschieben. Es gibt jedoch nicht den geringsten Hinweis dafür, daß sie Ludwig in dieser Angelegenheit beeinflußt hat, wenngleich man annehmen darf, daß sie seine Entscheidung letztendlich gebilligt hat.

Denn schon seit Jahren betätigte sich die Marquise als »Missionarin« innerhalb ihrer eigenen Familie, die väterlicherseits ja hugenottisch war. Sie setzte alles daran, um ihre Nichten und Neffen zum Katholizismus zu bekehren. In ihrer Sorge um das Seelenheil ihrer jungen Verwandten war Madame de Maintenon allerdings nicht gerade zimperlich. Sie ging sogar soweit, deren

Eltern mit den berüchtigten Lettres de cachet* zu drohen, sollten sie ihr die Kinder nicht ausliefern.

Es mag auf den ersten Blick erstaunen, daß eine Frau, die selbst am eigenen Leib erfahren hat, was es hieß, in eine andere Religion gezwungen zu werden, zu solch drastischen Maßnahmen greift. Doch Madame de Maintenon wußte ebenso, welche Vorteile eine gewisse Anpassung mit sich brachte. Und in Frankreich war es nun einmal mehr als vorteilhaft, um nicht zu sagen notwendig, katholisch zu sein. War es möglicherweise weniger ihre tiefe Frömmigkeit denn eine Art Überlebenstrieb, der sie veranlaßte, ihre Verwandten um jeden Preis zur herrschenden Staatsreligion zu bekehren?

Doch nicht allein auf geistigem Gebiet kümmerte sie sich um ihre Familie, sondern auch in rein weltlichen Angelegenheiten engagierte sie sich, nun da sie über Macht und Einfluß verfügte, für die Ihren.

Obwohl ihr Bruder, Charles d'Aubigné, von seinen charakterlichen Eigenschaften her kaum besser als sein Vater war, kam er dank seiner Schwester zu hohen Ämtern und Würden. Für ihre Nichte, Françoise d'Aubigné, fand Madame de Maintenon einen Ehemann aus der mächtigen und angesehenen Familie des Herzogs von Noailles. Der Sohn ihres Cousins de Villette machte Karriere bei der Marine, und ihre andere Nichte, die spätere Comtesse de Caylus, wurde eine ihrer engsten Vertrauten, deren Aufzeichnungen eine wichtige Informationsquelle für die Biographie der Madame de Maintenon darstellen.

Mehr als 30 Jahre teilte Madame de Maintenon das Leben mit dem König von Frankreich, ein Leben, das sich größtenteils am Hofe von Versailles abspielte, der ihr, trotz ihrer nunmehr hohen Position, verhaßt blieb. Die oberflächlichen Vergnügungen und das sittenlose Treiben der höfischen Gesellschaft waren ihr zutiefst zuwider. Angesichts der Ausschweifungen selbst engster Mitglieder der Königsfamilie scheint ihre Abneigung auch teilweise verständlich.

Der Herzog Philipp von Orléans, der Bruder des Königs, machte kein Hehl aus seiner Homosexualität und lief mit Vorliebe in Frauenkleidern herum, während sein Sohn sich nächtelang durch halb Paris hurte, er, der künftige Regent, sollte gar einmal ein blutschänderisches Verhältnis mit seiner eigenen Tochter, Marie-Louise, unterhalten.

Nicht viel besser stand es um das Benehmen der legitimierten Töchter des

---

* Geheime königliche Haftbefehle.

Königs, die inzwischen durch ihre Heiraten zu echten Prinzessinnen geworden waren. Die Prinzessin von Conti – Ludwigs Tochter mit La Vallière – vergnügte sich am liebsten, ohne besondere Diskretion walten zu lassen, mit kleinen Offizieren, während ihre Halbschwester, die Herzogin von Bourbon – Louise-Françoise, Ludwigs Tochter mit Montespan – sich darin gefiel, unanständige Lieder zum besten zu geben. Die dritte schließlich, Marie-Françoise – ebenfalls eine Tochter der Montespan und Gattin des künftigen Regenten – war fast ständig betrunken. Kein Wunder, daß Madame de Maintenon sich am glanzvollsten Hof Europas nicht wohl fühlte.

Die Abneigung beruhte allerdings auf Gegenseitigkeit, denn die Marquise hatte nicht eben viele Freunde unter den Höflingen. Die einen verziehen es ihr nicht, daß sie ein Emporkömmling war, nichts anderes als eine ehemalige Witwe Scarron, und beobachteten mit Mißtrauen ihren wachsenden Einfluß. Die anderen wieder warfen ihr ihre Frömmigkeit vor, die sich mehr und mehr auch auf den König übertrug, und sahen in ihr eine Spielverderberin. Madame de Maintenon war keine schillernde Montespan, kein strahlender Mittelpunkt auf Festen und Bällen, sie spielte nicht einmal Karten. Schon allein mit ihrer strengen Erscheinung – sie trug meist Schwarz oder gedeckte Farben, das Haar zu einem einfachen Knoten aufgesteckt und darüber einen zum Kleid passenden Schleier – sorgte sie eher dafür, die bisher so ausgelassene Stimmung bei Hofe zu dämpfen. Ihr hoheitsvolles und distanziertes Auftreten war zwar in jeder Hinsicht einer Königin würdig, trug ihr jedoch jede Menge Kritiker und Feinde ein.

Die größte Ablehnung erfuhr Madame de Maintenon durch die Schwägerin des Königs, die Herzogin von Orléans, besser bekannt als Lieselotte von der Pfalz, die bei jeder Gelegenheit über die »alte Schlampe«, wie sie die Marquise gerne betitelte, schimpfte. Der Grund für diesen abgrundtiefen Haß dürfte weniger das Verhalten der Maintenon gewesen sein als vielmehr eine nagende Eifersucht. Es scheint nämlich, daß die dicke Herzogin mehr in ihren königlichen Schwager verliebt war denn in ihren homosexuell veranlagten Gemahl. Und es ärgerte sie natürlich sehr, daß diese kleine, unbedeutende Witwe Scarron, die nicht einmal mehr jung war, das Herz des Königs erobert hatte, während sie mit einem Mann geschlagen war, der lieber mit dem Herzog von Lothringen Händchen hielt als mit seiner Gemahlin das Lager zu teilen.

Aber selbst die unentwegt geifernde Lieselotte von der Pfalz mußte noch 1711 zugeben, daß die damals immerhin schon 76jährige Madame de Maintenon noch sehr gut aussah: »Madame de Maintenon scheindt Ihr alter gantz undt gar nicht, sie ist zwar Ein wenig mager geworden, aber sicht doch all fein auß.« (Bernier: Ludwig XIV., S. 350)

Tatsächlich bewahrte sich die heimliche Königin von Frankreich ihr Leben lang eine erstaunliche Attraktivität und Jugendlichkeit, und Ludwig XIV. liebte und begehrte sie bis ins hohe Alter. Noch als 70jähriger kam er gern und oft seinen ehelichen Pflichten nach, was seine Frau 1705 veranlaßte, sich in einem Brief an ihren Beichtvater über den schier unstillbar scheinenden sexuellen Appetit ihres Gemahls zu beklagen. Der Abbé antwortete ihr jedoch postwendend, daß es ihre heilige Pflicht als Eheweib sei, sich den Wünschen ihres Mannes zu unterwerfen.

Ludwig XIV. war von einer geradezu beneidenswerten physischen Konstitution. Trotz seines ausschweifenden Lebenswandels in jungen Jahren zeigte er keinerlei Verschleißerscheinungen und war so gut wie nie krank. Er war vital und energiegeladen wie eh und je und frönte oft stundenlang seiner Lieblingsbeschäftigung, der Jagd, wann immer es die Staatsgeschäfte erlaubten.

Der König hatte eine ausgeprägte Vorliebe für frische Luft. Wenn er nicht gerade im Freien war, riß er, wo immer er sich befand, die Fenster weit auf, auch wenn Madame de Maintenon neben ihm vor Kälte zitterte, denn Rücksichtnahme gehörte nicht zu seinen großen Tugenden. Von klein auf daran gewöhnt, daß seine Wünsche und Bedürfnisse Vorrang hatten und seinen Befehlen unwidersprochen Folge geleistet wurde, blieb Ludwig XIV. trotz seiner aufrichtigen Liebe zu seiner zweiten Gemahlin durch und durch ein Egoist.

Der König, da er es an sich selbst nicht kannte, duldete Schwäche oder Krankheit auch bei anderen nicht. Einmal geschah es, daß Madame de Maintenon mit Fieber zu Bett lag und sie daher ihre Teilnahme an einer für den Abend vorgesehenen Veranstaltung absagen wollte. Ludwig jedoch sah in einer simplen Erkältung keinen ausreichenden Grund, um auf die Begleitung seiner Gemahlin zu verzichten. Also ließ er ihr barsch ausrichten, sie solle sofort aufstehen, sich ankleiden und unverzüglich vor ihm erscheinen. Madame de Maintenon tat, wie ihr geheißen, denn einem Befehl des Königs hatte selbst sie sich als seine Frau unbedingt zu beugen.

Ludwig verlangte von seiner Gemahlin, daß sie ständig zur Verfügung stand. Wann immer es ihm danach verlangte, sie in seiner Nähe zu haben, kam er einfach in ihre Gemächer oder ließ nach ihr schicken. Dies hatte zur Folge, daß Madame de Maintenon den ganzen Tag der Etikette entsprechend gekleidet und herausgeputzt sein mußte, denn sie wußte nie, wann der König nach ihr rief. Es war also höchst anstrengend, mit Ludwig XIV. verheiratet zu sein, und nur in Marly fand Madame de Maintenon zwischendurch ein wenig Erholung.

1682 hatte der König den Auftrag erteilt, in Marly, nicht allzuweit von Versailles entfernt, ein Lustschloß zu errichten, wohin er sich zurückziehen konnte, wann immer ihm nach einer etwas privateren Atmosphäre verlangte. Es wurde ein entzückender Bau, der vor allem durch seine Farbenpracht eine besondere Fröhlichkeit ausstrahlte. Das Schönste an Marly muß aber der Garten gewesen sein mit seinen vielen Springbrunnen inmitten all der symmetrisch angelegten Blumenbeete, gestutzten Hecken und Bäume. Leider gibt es heute nur noch Skizzen von Marly, denn das Schloß wurde während der Revolution niedergerissen.

In Marly war die Etikette für einige Tage oder Wochen aufgehoben, und nur ein ausgewählter Kreis von Freunden und Verwandten durfte den König und seine Gemahlin dorthin begleiten. Kein Wunder also, daß unter den Höflingen eine Einladung nach Marly als besonderer Gunstbeweis galt.

Trotz ihres märchenhaften Aufstiegs vergaß Madame de Maintenon nie die Tristesse ihrer Kindheit. Sie wußte, was Mittellosigkeit vor allem für Mädchen bedeutete, nämlich Abhängigkeit, Erniedrigung und Klostermauern. Nun, da sie über Einfluß und die nötigen Mittel verfügte, ergriff sie die Gelegenheit, jenen Mädchen zu helfen, die sich in einer ähnlichen Situation befanden wie sie selbst vor vielen Jahren.

1684 gründete sie in Noisy eine Schule für 250 verarmte, adelige Mädchen. Der König, der dieser Idee zuerst skeptisch gegenübergestanden war, teilte nach einem Besuch in Noisy die Begeisterung seiner Gemahlin und unterstützte ihre Bemühungen großzügig. Allerdings stellte er eine Bedingung: Die Erziehung der Mädchen sollte eine weltliche sein, denn Ludwig verabscheute nichts so sehr wie die Frömmelei von Nonnen und Klosterfrauen, die er im übrigen für absolut nutzlose Wesen hielt.

Am 1. Mai 1685 begann der Architekt Mansart mit dem Bau einer neuen Schule in Saint-Cyr, unweit von Versailles, die mit Hilfe von Hunderten von Arbeitern in nur 15 Monaten fertiggestellt war, sodaß bereits am 29. Juli 1686 die feierliche Eröffnung stattfinden konnte.

Die Mädchen, die dort erzogen wurden, stammten allesamt aus verarmten Adelsfamilien und wurden mit sechs oder sieben Jahren in das Institut aufgenommen, wo sie eine kostenlose Ausbildung erhielten. Darüber hinaus wurden die jährlichen Absolventinnen vom König persönlich mit einer Mitgift und einem Trousseau ausgestattet, der unter anderem Gläser, Silberbesteck und Wäsche enthielt, damit sie eine standesgemäße Ehe eingehen konnten. Bei der Organisation von Saint-Cyr konnte Madame de Maintenon all ihre pädagogischen Ideen verwirklichen, und sie sicherte sich mit ihrer Schule obendrein die Dankbarkeit der Mädchen und deren Eltern. Dies hatte zur Folge, daß das ursprünglich rein karitativ gedachte Institut auch eine gesellschaftspolitische Bedeutung erhielt, indem es über seine Schülerinnen dazu beitrug, die Königstreue des Adels zu sichern.

Madame de Maintenon gründete Saint-Cyr sicherlich nur in der besten Absicht, doch ihr Kritiker Saint-Simon ließ kein gutes Haar an ihrem Werk. Er beschuldigte sie, sie habe sich mit Saint-Cyr nur selbst ein Denkmal setzen, habe damit nur Eindruck schinden wollen, um dadurch die Veröffentlichung ihrer Ehe mit dem König zu erreichen. Darüber hinaus solle ihr die Schule nur als Zufluchtsstätte dienen, falls Ludwig XIV. vor ihr starb.

Saint-Simon tat der Marquise mit seiner Kritik unrecht, denn es war der König, der dafür gesorgt hatte, daß in Saint-Cyr eigene Appartements für seine Gemahlin eingerichtet wurden, wohin sie sich zurückziehen konnte, falls ihm etwas zustieß. Ludwig litt nämlich damals an einer schmerzhaften Fistel am Gesäß, die eine Operation notwendig machte. Doch Operationen waren im 17. Jahrhundert nur allzuoft gleichbedeutend mit einem Todesurteil, weshalb Ludwigs Sorge durchaus berechtigt war.

Doch der König stellte wieder einmal seine außergewöhnlich gute physische Konstitution unter Beweis, denn er überlebte die »Kunst« seiner Ärzte und trug auch keinen bleibenden Schaden davon. Und Madame de Maintenon sollte noch drei Jahrzehnte ihres Witwensitzes nicht bedürfen.

Ludwig XIV. hatte offenbar in Madame de Maintenon die ideale Partnerin für seine reifen Jahre gefunden. Während die Montespan mit ihrem ungezügelten Temperament und ihrer Oberflächlichkeit nie und nimmer in die Rolle einer Königin gepaßt hätte, erfüllte die ehemalige Witwe Scarron mit ihrer vornehmen Zurückhaltung alle Anforderungen an eine königliche Gemahlin. Gleichzeitig scheint sie aber auch die Fähigkeit besessen zu haben, eben diese gravitätische Würde, mit der sie sich umgab, wie einen Mantel an der Schlafzimmertüre abzulegen, denn Ludwig XIV. blieb zeit seines Lebens ein Sinnesmensch und hätte es wohl nicht lange an der Seite einer sexuell desinteressierten oder langweiligen Frau ausgehalten. Darüber hinaus teilte Madame de Maintenon seinen Hang zur Pflichterfüllung, und sein Streben, Ruhm und Ehre vor Gott und der Welt zu erlangen, folgten hier einem Trend ihrer Zeit, wenn auch jeder auf seine Art und Weise: Ludwig mit seinen militärischen Eroberungen und die Marquise mit ihrer sozialen und religiösen Neigung.

Der König liebte und achtete seine zweite Gemahlin bis an sein Lebensende, und nur ein einziges Mal in all den Jahren wurde ihre Ehe von einer Krise erschüttert.

1688 führte der Herzog von Beauvilliers einen Abbé namens François de Salignac de La Mothe-Fénelon bei Hofe ein. Fénelon war ein gutaussehender, intelligenter und charmanter Mann, der in seinen religiösen Ansichten zum Quietismus tendierte, wie er von der Mystikerin Madame de Guyon gepredigt wurde. Der Quietismus lehrte die totale, passive Hingabe an den Willen Gottes ohne jedwede gedankliche Auseinandersetzung. Nur durch Verinnerlichung, im stillen Gebet und durch die reine Liebe könne man Gott näher kommen. Mit diesen Theorien fand Fénelon vor allem unter den frömmeren Damen des Hofes, darunter auch Madame de Maintenon, eine große Anhängerschaft. Der gute Abbé sprach ihr aber auch aus der Seele, wenn er den Luxus und die Lasterhaftigkeit der Hofgesellschaft anprangerte und auf das Elend des einfachen Volkes hinwies. Die Marquise war von Fénelon so begeistert, daß sie ihn 1689 sogar als Erzieher für den Herzog von Burgund, Ludwigs ältesten Enkel, vorschlug.

Die Vertreter der Kirche jedoch begegneten ihrem Mitbruder mit wachsendem Mißtrauen und bekämpften ab 1693, angeführt von Bischof Bossuet, vehement die Lehren des Quietismus, den sie der Häresie bezichtigten. Schließlich erklärte der König in einem Urteil diese religiöse Strömung für gefährlichen Unsinn.

Madame de Maintenon war intelligent genug, um zu erkennen, daß eine weitere Beziehung zu Fénelon ein Risiko darstellte, und sie wandte sich von ihm ab. Daß der Abbé bei Hofe ausgespielt hatte, zeigte sich endgültig, als er zum Erzbischof von Cambrai ernannt wurde, was fast einem Exil gleichkam. Denn Cambrai lag weit im Norden Frankreichs, und der König hatte deutlich gemacht, daß er vom neuen Bischof erwartete, daß dieser sich die meiste Zeit des Jahres in seiner Diözese aufhielt. Fénelon blieb nichts anderes übrig, als seine religiösen und politischen Ansichten in einer umfangreichen Korrespondenz mit seinen Anhängern zu verbreiten.

1699 brachte dann ein Tropfen das Faß zum Überlaufen, als nämlich eine Abhandlung des Bischofs von Cambrai mit dem Titel »Les Aventures de Télémaque« (Die Abenteuer des Telemach) veröffentlicht wurde, in der dieser in Form eines Erziehungsromanes seine, aus der Sicht des Königs gefährlichen Ideen niederlegte. Diese zielten auf eine Änderung des herrschenden Regierungssystems und eine Einschränkung der absoluten Macht des Monarchen ab. Das ging Ludwig XIV. nun wirklich zu weit, und er verbot Fénelon, jemals wieder bei Hofe zu erscheinen.

Die Affäre Fénelon stürzte die Beziehung Ludwigs XIV. zu seiner Frau in eine schwere Krise. Der König war sich des Aufrührerischen in den Schriften des Abbés mehr als bewußt, und er grollte seiner Gemahlin, daß sie sich mit diesem Mann abgegeben und ihn gar als Erzieher für seinen Enkel empfohlen hatte. Er warf ihr vor, die an Hochverrat grenzenden Ideen des »Télémaque« zu billigen, und wandte sich für einige Zeit von ihr ab. Madame de Maintenon, die ihren Fehler zugab, jedoch beteuerte, niemals im Sinn gehabt zu haben, gegen den Staat oder die Person des Königs aufzubegehren, traf der Zorn ihres Gemahls so sehr, daß sie schwer erkrankte. Erst dadurch verzieh ihr Ludwig und fand sein Vertrauen zu ihr wieder.

Mittlerweile wuchs innerhalb der Königsfamilie bereits die dritte Generation heran.

1690 war die Dauphine, Ludwigs Schwiegertochter, gestorben, nachdem sie ihre Hauptaufgabe, das Gebären von Erben, zur Zufriedenheit erfüllt hatte. Sie hatte drei gesunden Knaben das Leben geschenkt.

Nach ihrem Tod ging ihr Gemahl, der »Grand Dauphin«, in aller Heimlichkeit eine morganatische Ehe mit einer gewissen Mademoiselle Choin ein. Nur Madame de Maintenon erzählte er davon, die das Geheimnis vier Jahre lang für sich behielt, bis sie es schonend dem König beibrachte. Ludwig XIV. trug die Nachricht mit Fassung, hatte er seinem Sohn doch wohl selbst als Beispiel gedient.

Alles konzentrierte sich nun auf den ältesten der drei Enkel des Königs, den Herzog von Burgund. In der entzückenden Marie-Adélaïde von Savoyen fand man eine geeignete Braut für den 15jährigen.

Obwohl erst zwölf Jahre alt, kam Marie-Adélaïde 1696 an den Hof von Versailles, wo sie unter der Aufsicht von Madame de Maintenon, die sie immer nur mit »ma tante« ansprach, auf ihre künftige Aufgabe vorbereitet werden sollte. Die Kleine würde einmal eine ideale Königin abgeben, fand man. Marie-Adélaïde war nicht nur ausgesprochen hübsch, sondern auch intelligent, und sie verfügte über einen unwiderstehlichen Charme, mit dem sie sogleich das Herz des Königs und seiner Gemahlin eroberte.

Im Dezember 1697 fand die formelle Vermählung der jungen Brautleute statt, die jedoch erst später einen eigenen Haushalt erhielten. Obwohl es sich um eine aus Staatsräson arrangierte Ehe handelte, waren Louis und Marie-Adélaïde einander ihr ganzes, kurzes Leben lang auf das Innigste zugetan.

Die nunmehrige Herzogin von Burgund brachte insgesamt drei Söhne zur Welt, von denen die beiden ältesten jedoch schon im Kindesalter verstarben. Nur der jüngste, der 1710 geborene Louis, überlebte und sollte einmal als Ludwig XV. die Krone Frankreichs tragen.

Die Hochzeitsfeierlichkeiten mit all dem Glanz und der Pracht von Versailles konnten allerdings nicht darüber hinwegtäuschen, daß sich über Europa ein politisches Gewitter zusammenbraute.

Die Gesundheit des erst 39jährigen spanischen Königs Karl II., des Bruders der verstorbenen Königin von Frankreich, verschlechterte sich zusehends, und man erwartete seinen baldigen Tod. Da Karl II. jedoch keine Erben hatte, sahen sich die europäischen Mächte mit einem diffizilen Problem konfrontiert. Es standen nämlich drei mögliche Nachfolger für die spanische Krone zur Verfügung: der zweite Enkel Ludwigs XIV., Philipp von Anjou, der zweite Sohn des römisch-deutschen Kaisers Leopold I., Erzherzog Karl, und der Sohn des Kurfürsten von Bayern, Josef Ferdinand. Um das Gleichgewicht zwischen den Kontinentalmächten Frankreich und Österreich stabil zu halten, einigte man sich auf den erst dreijährigen Bayernprinzen. Doch alle Bemühungen waren umsonst, als der kleine Prinz kurze Zeit später starb und damit das Problem wieder auf der Tagesordnung stand. Ein von Frankreich und England ausgearbeiteter Teilungsplan fand weder die Zustimmung des Kaisers noch des sterbenden spanischen Königs. Dieser setzte schließlich am 2. Oktober 1700 den von seinem Kronrat und dem Papst favorisierten Herzog von Anjou als Erben ein unter einer Bedingung, daß die Kronen Frankreichs und Spaniens niemals vereint werden dürften. Einen Monat später, am 1. November 1700, starb Karl II., der letzte spanische Habsburger.

Als die Nachricht vom Tode Karls in Versailles eintraf, zog sich Ludwig XIV. sogleich mit seinen Ministern in die Gemächer der Madame de Maintenon zurück. Nach intensiven Verhandlungen, denn man war sich des Risikos wohl bewußt, nahm der König die Erbschaft für seinen Enkel an.

Am 4. Dezember 1700 brach Philipp von Anjou mit großem Gefolge nach Spanien auf. Er war 17 Jahre alt und schien nicht gerade mit besonderen Herrscherqualitäten ausgestattet zu sein. Sein Hauptinteresse galt dem weiblichen Geschlecht. Daher hielt man es für notwendig, dem neuen spanischen König

Philipp V. zuallererst einmal eine Frau zur Seite zu stellen. Man fand sie in Maria Luisa von Savoyen, der Schwester der bezaubernden Marie-Adélaïde. Mit diesem Ehearrangement versprach sich Ludwig XIV. überdies die Unterstützung Savoyens für den Fall, daß es zum Krieg kam.

Bei ihrer Hochzeit im September 1701 war Maria Luisa gerade 13 Jahre alt, also ebenfalls noch viel zu jung zum Regieren. Philipp V. aber verliebte sich vom ersten Augenblick an in seine kleine Frau und war von da an Wachs in ihren Händen. Es kam jetzt also nur noch darauf an, eine Person zu finden, die genügend Einfluß auf die junge Königin erlangte, damit man über sie den König und damit die Staatsgeschäfte Spaniens lenken konnte.

In dieser Situation erinnerte sich Madame de Maintenon nun ihrer früheren Freundin, jener Anne-Marie de La Trémoïlle, die sie in den 60er Jahren im Hause des Marschalls von Albret kennengelernt hatte. Nach dem Tode ihres ersten Gatten, des Grafen von Chalais, hatte Anne-Marie den Fürsten Orsini geehelicht, der nun ebenfalls bereits seit einigen Jahren unter der Erde ruhte. Seine Witwe war dem Hause Bourbon stets treu ergeben geblieben und machte dies auch dadurch deutlich, daß sie immer nur die französische Form ihres Namens, nämlich Princesse des Ursins, verwendete.

Die Prinzessin war damals 59 Jahre alt, vital, energisch und vor allem sehr intelligent. Also schlug Madame de Maintenon vor, sie der Königin von Spanien als camarera mayor, also als erste Hofdame, zur Seite zu stellen. Über Madame des Ursins gedachte Ludwig XIV. nun Spanien zu regieren. Es kam zu dem berühmten Briefwechsel zwischen den beiden alten Damen, der Prinzessin und der Madame de Maintenon, in dem einerseits die spanischen Angelegenheiten berichtet und andererseits die Anweisungen Ludwigs XIV. an Madame des Ursins weitergegeben wurden. Man schien mit der Prinzessin eine gute Wahl getroffen zu haben, denn sie beherrschte das junge Königspaar bald voll und ganz.

Aber es dauerte nicht lange und sie begann, eigenmächtig zu handeln, was dem König von Frankreich sehr mißfiel. Nach einem heftigen Streit im Jahre 1704 verbannte Ludwig die rührige Prinzessin sogar nach Südfrankreich, mußte sie jedoch ein halbes Jahr später wieder zurückrufen, weil Philipp und Maria Luisa ohne sie völlig handlungsunfähig waren. Ludwig XIV. mußte sich also mit den Eigenmächtigkeiten von Madame des Ursins abfinden, weil er sie brauchte.

Inzwischen hatte sich die Lage allerdings zugespitzt, denn seit zwei Jahren lag Frankreich mit halb Europa in einem schrecklichen Krieg. England,

Holland, der römisch-deutsche Kaiser sowie eine Reihe deutscher Fürstentümer (die Große Allianz) sah in der Annahme des spanischen Erbes durch Frankreich einen Vertragsbruch, da Ludwig XIV. einst ausdrücklich auf Erbansprüche seiner Gemahlin Marie-Thérèse verzichtet hatte. Nach Meinung der Alliierten wäre nun, dem Testament des verstorbenen Königs zum Trotz, nur eine Teilung der spanischen Besitzungen zwischen Frankreich und dem Kaiserreich in Frage gekommen. Im Frühjahr 1702 erklärte die Große Allianz Frankreich den Krieg, der als Spanischer Erbfolgekrieg in die Geschichte einging. Die Verbündeten kämpften nun alle für Erzherzog Karl, der ihnen als spanischer König weniger gefährlich für das europäische Machtgleichgewicht schien als der Bourbone.

Es war ein furchtbarer Krieg, der Not und Elend über das ganze Land brachte. Das bisher so siegesgewohnte Frankreich mußte eine Niederlage nach der anderen einstecken. Während die Alliierten Feldherren wie einen Prinzen Eugen oder einen Herzog von Marlborough auf ihrer Seite hatten, stand es ausgesprochen schlecht um die militärischen Fähigkeiten der französischen Heerführer.

Madame de Maintenon war entsetzt und erschüttert über das Leid, das hier über Frankreich hereingebrochen war. Sie hatte sich von Anfang an gegen den Krieg ausgesprochen und trat nun mit jedem Tag mehr für einen Frieden um jeden Preis ein. Mit dieser Haltung stand sie jedoch in krassem Gegensatz zu ihrer Freundin Madame des Ursins, die inzwischen Spanien so gut wie allein regierte und keinesfalls gewillt war, »ihr« Land aufzugeben. So geschah es, daß sich die beiden Damen ab etwa 1706 immer mehr voneinander entfernten und schließlich zu erbitterten Feindinnen wurden.

Als wäre das Kriegselend noch nicht genug, wurde der Winter 1708/09 auch noch einer der längsten und kältesten seit vielen Jahren. Eine Hungersnot im Lande war die Folge, und reihenweise starben die Menschen auf den Straßen vor Kälte und Unterernährung.

Erst 1711 trat endlich eine Wende ein. Kaiser Joseph I. – sein Vater Leopold I. war 1705 gestorben – starb überraschend, und die Kaiserkrone ging an seinen jüngeren Bruder Erzherzog Karl, nunmehr Karl VI. Dies ergab nun eine völlig geänderte Situation, denn das, was die Alliierten zuerst von Frankreich befürchtet hatten, nämlich die Vorherrschaft in Europa, drohte nun von seiten des Österreichers, wenn dieser auch noch König von Spanien werden sollte. Vor allem England wollte dies auf jeden Fall verhindern und trat daher mit einemmal vehement für einen Frieden ein.

Da Frankreich das Kriegsglück plötzlich wieder hold zu sein schien – der Marschall von Villars errang im Juli 1712 einen großen Sieg über den Prinzen Eugen –, waren auch die anderen Verbündeten, bis auf den Kaiser, zu Friedensverhandlungen bereit. 1713 kam es endlich zum Vertrag von Utrecht, und im März 1714 unterzeichnete zu Rastatt auch der Kaiser den Friedensvertrag, der Frankreich als Sieger und Philipp V. als König von Spanien anerkannte.

Ein Sieg. Aber um welchen Preis! Frankreich war ausgeblutet und stand am Rande des wirtschaftlichen Ruins. Not und Elend suchten weite Teile der Bevölkerung heim.

Aber auch über dem einst so strahlenden und fröhlichen Versailles herrschte Finsternis und Trauer. Der Tod war in den sonst so festgewöhnten Palast eingekehrt und schien nicht mehr weichen zu wollen.

1701 war der Bruder des Königs, Philipp von Orléans, gestorben. Zehn Jahre später ging es dann Schlag auf Schlag mit dem Sterben innerhalb der Königsfamilie.

1711 verlor Ludwig XIV. seinen Sohn, den Grand Dauphin, und im Jahr darauf seine geliebte Schwiegerenkelin, Marie-Adélaïde, die erst 27jährig von Masern und Scharlach dahingerafft wurde. Ihr folgte nur wenige Tage später ihr Gemahl, der Dauphin, und gleich darauf ihr erst fünfjähriger Sohn.

1714 schließlich mußte der König auch noch seinen jüngsten Enkel, den Herzog von Berry, der ebenfalls nur 28 Jahre alt wurde, beklagen.

Ludwig war tief betroffen. Das Schicksal hatte es gewollt, daß ihm plötzlich nur noch ein vierjähriger Urenkel als einziger direkter Erbe geblieben war, der spätere Ludwig XV.

Im Jahre 1715 schlug dann auch die Stunde für den Sonnenkönig. Noch im Sterben zeigte Ludwig XIV. Größe und Würde. Er ordnete all seine Angelegenheiten, bekannte öffentlich seine Sünden und verabschiedete sich von den Mitgliedern seiner Familie. Gemeinsam mit Madame de Maintenon, die die ganze Zeit über an seinem Sterbebett verweilte, sichtete er seine privaten Papiere und hieß seine Frau verbrennen, was ihm nicht für die Nachwelt bestimmt schien.

Nachdem er zuvor seinen Neffen, Philipp von Orléans, als Regenten für den minderjährigen Ludwig XV. bestimmt hatte, legte er ihm noch das Wohlergehen von Madame de Maintenon ans Herz. Er wußte um den Haß, den Philipps Mutter, Lieselotte von der Pfalz, für seine Gemahlin empfand, und daß auch Philipp selbst nicht gerade zu ihren Freunden zählte. Dann starb Ludwig XIV. am 1. September 1715, wenige Tage vor seinem 77. Geburtstag.

Madame de Maintenon, vorsichtig wie immer, begab sich, sobald der König das Bewußtsein verloren hatte, heimlich und von einer bewaffneten Eskorte begleitet, nach Saint-Cyr. Sie traute dem Versprechen Philipps von Orléans nicht. Dieser jedoch, der zwar als Regent mehr für sein lasterhaftes Privatleben denn für seine durchaus ansprechenden politischen Leistungen bekannt wurde, hielt sich überraschenderweise an seine Zusage und behandelte Madame de Maintenon auch nach dem Tode Ludwigs XIV. mit wohl förmlichem, doch uneingeschränktem Respekt.

Die Marquise lebte in Saint-Cyr ihr Leben in aller Bescheidenheit zu Ende. Sie verschenkte ihren Schmuck und ihre Kleider und entließ alle ihre Bediensteten bis auf zwei. In diesen drei Jahren, die ihr noch blieben, widmete sie sich der Erziehung der Schülerinnen des von ihr gegründeten Instituts.

1717 stand sie dann noch einmal im Mittelpunkt der Aufmerksamkeit. Zar Peter der Große war zu Besuch in Frankreich und hatte den Wunsch geäußert, die Frau kennenzulernen, die dem Sonnenkönig derart viel bedeutet hatte, daß er sie heimlich zu seiner rechtmäßigen Gemahlin gemacht hatte. Die Ehe war mit der Zeit ein so offenes Geheimnis geworden, daß sie sich offenbar bis ins ferne Rußland herumgesprochen hatte.

Die Begegnung mit dem Zaren war kurios. Madame de Maintenon lag im Bett, als Peter der Große kam, sie eine Weile fasziniert betrachtete und dann wieder ging, ohne die ganze Zeit über auch nur ein Wort gesprochen zu haben.

Madame de Maintenon kommentierte dieses Erlebnis nicht, doch es war wohl eine gewisse Genugtuung für sie, daß sie, die zwar niemals offiziell zur Königin von Frankreich erklärt worden war, dennoch, selbst vom Zaren, als solche betrachtet wurde.

Am 15. April 1719 verstarb Françoise d'Aubigné, Marquise de Maintenon, Witwe Ludwigs XIV., im Alter von 83 Jahren.

MADAME DE POMPADOUR

(1721–1764)

Daß Jeanne-Antoinette Poisson die Mätresse Ludwigs XV. wurde, war nicht unbedingt ein Zufall, sondern vielmehr das Ergebnis jahrelanger Arbeit und strategischer Planung. Zwar schien das Ziel unerreichbar, denn wie sollte eine Bürgerliche ohne Zutritt bei Hofe an den König von Frankreich herankommen, dennoch glaubte Mademoiselle Poisson, zu Deutsch Fräulein Fisch, ganz fest an die Erfüllung ihres Traumes.

Alles begann im Jahre 1730, als Madame Poisson die kleine Jeanne-Antoinette zu einer Wahrsagerin mitnahm. Sie staunte nicht schlecht, als die Frau lange und intensiv in die Hand der Neunjährigen blickte und dann sagte: »Eure Tochter wird einmal mehr als eine Königin sein.« So unwahrscheinlich das klang, aber es konnte nur eines bedeuten: Jeanne-Antoinette würde einmal die Mätresse des Königs werden. Die ehrgeizige Madame Poisson war von dem Spruch begeistert und setzte von diesem Tag an alles daran, damit diese phantastische Prophezeihung auch eintrete. Fortan nannte sie ihre Tochter nur noch »reinette«, was soviel wie »kleine Königin« bedeutete.

Louise-Madeleine Poisson war eine ebenso schöne wie lebenslustige Frau, und ihr Mann war mächtig stolz auf sie. François Poisson verdiente damals seinen Lebensunterhalt als Angestellter der Gebrüder Pâris, jener bekannten Financiers, die großen Einfluß auf das französische Wirtschaftsleben hatten. Die Familie Poisson lebte in Wohlstand und Zufriedenheit und verkehrte in den Kreisen der Hochfinanz und des Großbürgertums. Am 29. Dezember 1721 war Jeanne-Antoinette zur Welt gekommen, und sechs Jahre später schenkte Madame Poisson einem Knaben das Leben, der den Namen François-Abel erhielt.

Das traute Familienleben war jedoch mit einem Schlag zu Ende, als Vater Poisson in Schwarzmarktgeschäfte verwickelt wurde und, um dem Gefängnis zu entgehen, ins Ausland floh.

Madame Poisson stand auf einmal allein und ohne Geld mit zwei kleinen Kindern da. Doch sie verschwendete keine Zeit, um über ihr Schicksal zu klagen, sondern setzte ihre ganze Energie und vor allem ihre Schönheit ein, um das Beste aus der Situation zu machen. Sie war auffallend hübsch, charmant und bei Gott kein Kind von Traurigkeit. Außerdem war sie nicht gerade für ihre Prüderie bekannt. Ihre Liebhaber stammten durchwegs aus den finanzkräftigen Kreisen des Großbürgertums und sogar des Adels und zeigten sich gerne für die erwiesene Gunst erkenntlich, indem sie die reizende Madame Poisson großzügig unterstützten, um nicht zu sagen aushielten.

Vor allem einer der alten Freunde und Verehrer nahm sich geradezu hingebungsvoll der hübschen Frau und ihrer Kinder an und sprang mit Freude als Ersatzehemann und »Stiefvater« ein. Sein Name war Monsieur Le Normant de Tournehem, ein reicher Steuerpächter und Direktor der Westindischen Gesellschaft. Der vornehme Mann ließ sich auch für die ehrgeizigen Ziele seiner Geliebten gewinnen, nämlich für eine glänzende Zukunft ihrer Kinder zu sorgen. Schließlich setzte sich Monsieur de Tournehem sogar dafür ein, daß Vater Poisson nach achtjähriger Verbannung nach Frankreich zurückkehren durfte, und verschaffte ihm obendrein noch ein einträgliches Geschäft als Heereslieferant.

Wie die meisten Menschen, die ihr begegneten, erlag auch Monsieur de Tournehem dem Charme der kleinen Jeanne-Antoinette. Möglicherweise auch deshalb, weil die geschickte Madame Poisson ihm – zu Recht oder zu Unrecht – glauben machte, das Mädchen sei seine Tochter. Auf jeden Fall aber war die Kleine nicht nur außergewöhnlich hübsch, sondern strahlte auch eine ganz besondere Lebendigkeit aus. Allein ihre Gesundheit gab Anlaß zur Sorge, denn das zarte Kind kränkelte allzu häufig und klagte ständig über Halsschmerzen und Husten. Man hoffte, das würde sich mit den Jahren geben.

Monsieur de Tournehem hatte Jeanne-Antoinette ins Herz geschlossen und nahm mit Begeisterung ihre Erziehung in die Hand. Zuerst brachte er sie 1729 bei den Ursulinen von Poissy unter, wo sie sich als ehrgeizig und talentiert erwies. In Kenntnis der wundersamen Prophezeiung erhielt Jeanne-Antoinette danach sozusagen den letzten Schliff. Die besten Lehrer wurden engagiert, um sie in Gesang, Tanz und Literatur zu unterrichten. Das Fräulein Poisson erhielt eine Ausbildung, wie sie sonst nur Töchtern aus aristokratischen Familien zuteil wurde, sodaß sie mit 20 Jahren nach den Maßstäben der damaligen Zeit eine vollendete Dame war, die nicht nur wunderschön, sondern auch gebildet und geistreich war. Sie spielte Klavichord und sang ganz bezaubernd, machte beim Tanzen eine hervorragende Figur und saß höchst anmutig zu Pferde. Außerdem verfügte sie über einen besonders guten Geschmack, wenn es um ihre Kleider ging, sodaß sie stets größte Bewunderung erregte. Mit einem Wort: Jeanne-Antoinette verkörperte auf das eindrucksvollste das Idealbild der Frau ihrer Zeit.

Monsieur de Tournehem war ein Mann von Welt, der in den höchsten Kreisen verkehrte. Durch ihn fand das Fräulein Poisson Eingang in die vornehme Gesellschaft. Sie wurde in den berühmten Salons der Damen de Tencin, du Deffand oder de Geoffrin empfangen, wo man geistreiche Konversation pflegte, über Literatur, Politik und nicht zuletzt über die aufsehenerregenden Ideen der sogenannten Aufklärung diskutierte. Dort lernte Jeanne-Antoinette auch die führenden Köpfe dieser neuen geistigen Strömungen wie Voltaire und Montesquieu kennen.

Wer soviel Schönheit, Anmut und Geist in sich vereinte wie Jeanne-Antoinette, der mußte ganz einfach gesellschaftlichen Erfolg haben. Sie wurde allseits bewundert, und jeder, ob Mann oder Frau, war hingerissen von dieser reizenden jungen Person. Und dennoch erreichte sie vorerst ihre hochgesteckten Ziele nicht, denn es wollte sich partout kein adeliger Ehemann für Jeanne-Antoinette finden.

In den Augen der Aristokratie blieb sie eben bei aller Schönheit und trotz bester Erziehung, was sie war: eine Bürgerliche. Um die Mitte des 18. Jahrhunderts aber war die Herkunft noch wichtiger als Geld, und die Grenzen zwischen den Ständen waren starr und so gut wie unüberwindbar. Hinzu kam noch, daß die Eltern des heiratswilligen Fräuleins nicht gerade einen besonders guten Ruf genossen. Die betrügerischen Machenschaften von François Poisson hatten seinerzeit viel Aufsehen erregt und waren jedermann noch in Erinnerung. Und was Madame Poisson betraf, so war sie für ihre zahlreichen Liebhaber nur allzu bekannt, und das war auch in einer Zeit, die sich durch besonders lockere Sitten auszeichnete, ein Makel. Ein Mädchen, das aus solchen Verhältnissen kam, war für einen Adelssproß schlichtweg untragbar.

Zum Glück gab es jedoch den guten Onkel, Monsieur de Tournehem, der das Problem löste, indem er seinen Neffen, Charles-Guillaume Le Normant d'E-tioles als Heiratskandidaten für die 20jährige Jeanne-Antoinette ins Spiel brachte. D'Etioles war zwar kein Aristokrat, aber er entstammte immerhin der sogenannten noblesse de robe, dem einflußreichen Amtsadel, war hoch angesehen und bestens situiert. Darüber hinaus machte ihm sein Onkel die Heirat durch eine ansehnliche Mitgift schmackhaft, was allerdings gar nicht nötig gewesen wäre, denn kaum hatte d'Etioles die junge Frau im März 1741 geheiratet, war er auch schon rettungslos in sie verliebt. Er verwöhnte sie, wo er nur konnte, kaufte ihr die schönsten Kleider und überschüttete sie mit Schmuck. Auch Jeanne-Antoinette schien sehr zufrieden. Mit Hingabe widmete sie sich der Ausstattung ihres neuen Wohnsitzes, des Château d'Etioles, und es dauerte nicht lange, und sie hatte auch ihren eigenen Salon, der bald zum Mittelpunkt des gesellschaftlichen Lebens der ganzen Gegend wurde. Ja, sogar ein eigenes Theater wurde für sie in Etioles gebaut, damit sie ihrer Vorliebe für die Schauspielkunst frönen konnte. Die bekanntesten Maler der Zeit, Nattier und Boucher, porträtierten die schöne Madame d'Etioles, Voltaire sang Loblieder auf sie, und die vornehme Welt ging bei ihr ein und aus. Jeanne-Antoinette hatte also alles, was eine Frau sich nur wünschen konnte: Schönheit, Reichtum, Ansehen und einen Gatten, der sie anbetete und dem sie stets versicherte, sie würde ihn niemals verlassen außer um des Königs willen. Der gute Mann konnte nicht wissen, wie ernst ihr diese Worte waren.

Etioles lag unweit von Versailles, am Rande des Waldes von Sénart, in dem Ludwig XV. häufig zu jagen pflegte. Diesen Umstand machte sich Madame d'Etioles zunutze und unternahm alles, um dem König aufzufallen. Das gelang ihr auch höchst eindrucksvoll, wenn sie an einem Tag im himmelblauen Kleid in einem rosafarbenen offenen Wagen im Wald auftauchte und am nächsten Tag im rosa Kleid und im blauen Gefährt den Weg des Monarchen kreuzte. Ludwig XV. war durchaus amüsiert vom Anblick der schönen jungen Frau, die sich da so gekonnt in Szene setzte.

Weit weniger amüsierte sich darüber jedoch die Herzogin von Châteauroux, Ludwigs damalige Mätresse, und sie ließ Madame d'Etioles unmißverständlich mitteilen, sie möge gefälligst nicht mehr in der Nähe der königlichen Gesellschaft erscheinen. Jeanne-Antoinette mußte sich also wieder zurückziehen, doch sie konnte zumindest für sich verbuchen, daß sie Eindruck auf den König gemacht hatte.

Ludwig XV. war seit seinem fünften Lebensjahr König von Frankreich. Mit 15 hatte er sich widerspruchslos aus politischen Gründen von seinen Ministern mit der um sieben Jahre älteren Maria Leszczynska verheiraten lassen, der Tochter des entthronten Königs von Polen. Obwohl Maria alles andere als eine große Schönheit war, strahlte sie mit ihren damals 22 Jahren doch eine sympathische, jugendliche Frische aus, die Ludwig durchaus gefiel. Maria selbst verliebte sich vom ersten Augenblick an in ihren Gemahl, der nicht umsonst als der schönste Monarch Europas galt. Ludwig war auch tatsächlich ein außergewöhnlich gutaussehender junger Mann, dem die Frauenherzen nur so zuflogen. Aber er war auch sehr religiös und vor allem durch seine Kindheit als Vollwaise stark geprägt. Er wünschte sich nichts sehnlicher als eine Partnerin fürs Leben, der er vertrauen konnte, er war fest entschlossen, Maria aufrichtig zu lieben und ihr treu zu bleiben.

Doch die polnische Prinzessin war wohl nicht gerade die geeignete Frau für einen Bourbonen. Sie war zwar klug und begabt, voller Herzensgüte, sanft und überaus fromm, niemals hochmütig und trotzdem stets eine Königin. Aber sie war offenbar nicht fähig, auf Ludwig einzugehen, ihn zu amüsieren, ihn zu fordern und mit ihm zu arbeiten. Statt ihn zu stärken und anzutreiben, wurde sie in seiner Gegenwart jedesmal von einem Gefühl der Ängstlichkeit befallen, das sie nie los wurde. Sie, die unscheinbare, unbedeutende Tochter eines aus seinem Land vertriebenen Königs, hatte den schönsten und mächtigsten Herrscher Europas zum Mann bekommen. Diese Tatsache machte Maria Leszczynska wohl zutiefst unsicher, sodaß sie in Ludwigs Gesellschaft nie unbefangen sein konnte. Wahrscheinlich hätte sie selbst jemanden gebraucht, der ihr Selbstbewußtsein gestärkt hätte.

Dennoch schenkte die Königin innerhalb von zwölf Jahren nicht weniger als zehn Kindern das Leben. Verständlich, daß die ewigen Schwangerschaften und Geburten an ihr zehrten, sodaß von ihrer ohnedies nicht sehr übermäßigen Schönheit bald nichts mehr übrigblieb. Verständlich auch, daß Maria dem Liebesakt bald nicht mehr viel abgewinnen konnte und die Zärtlichkeiten ihres Gemahls nur noch über sich ergehen ließ.

Dies aber reichte dem jungen König nicht. Er war seinerseits nicht fähig, zu verstehen, warum Maria so wenig sinnliche Leidenschaft nach den ersten Ehejahren entfaltete, und mit der Zeit begann er sie schrecklich langweilig und enervierend zu finden.

Unausbleibliche Folge des unbefriedigenden Ehelebens war, daß sich Ludwig anderweitig abzulenken versuchte. Zuerst frönte er fast bis zur Erschöpfung seiner Lieblingsbeschäftigung, der Jagd, dann aber begann er – erst ganz vorsichtig – auf die Reize anderer Frauen zu reagieren.

Er war zwar seit acht Jahren verheiratet, doch 1733 immerhin erst 23 Jahre alt. Und schöne, junge Frauen gab es genug, die ihn wegen seines hübschen Gesichtes mit den femininen Zügen anschmachteten. Doch Ludwig war schrecklich schüchtern, und sein Gewissen machte ihm die Entscheidung zum Ehebruch nicht gerade leicht. Es dauerte lange, bis seine Triebe über seine Skrupel siegten, und es bedurfte sehr viel Geduld und Einfühlungsvermögen von seiten der Nesle-Schwestern, die für die nächsten zwölf Jahre das Leben des Königs bestimmen sollten.

Der Marquis de Nesle, einer der angesehensten Adeligen des Landes, hatte fünf Töchter, von denen drei die Mätresse Ludwigs XV. wurden. 1733 eröffnete die älteste, Louise-Julie, Comtesse de Mailly, den Reigen. Der junge König fühlte sich zu der gleichaltrigen Frau hingezogen, obwohl sie nicht gerade eine Schönheit zu nennen war. Doch Louise-Julie liebte Ludwig aufrichtig, und sie verstand es, auf ihn einzugehen. Sie hatte auch keinerlei Ambitionen außer jener, von Ludwig gleichfalls geliebt zu werden. Das tat er auch, bis die Schwester seiner Mätresse, Pauline-Félicité, Madame de Vintimille, im Jahre 1738 auftauchte, und der König von da an seine Zuneigung zwischen den beiden Schwestern aufteilte. Doch Madame de Vintimille starb bereits im September 1741 nach der Geburt eines Sohnes. Louise-Julie übernahm es, Ludwig über den Verlust hinwegzutrösten, bis 1742 ihre jüngste Schwester auf den Plan trat: Marie-Anne, seit einem Jahr Witwe des Marquis de La Tournelle.

Marie-Anne unterschied sich von ihren beiden Schwestern erheblich. Sie war nicht nur die hübscheste, sondern bei weitem auch die ehrgeizigste. Ludwig XV. war begeistert von ihr, doch sie hielt ihn über gut drei Monate hin, bevor sie seine Geliebte wurde. Und sie stellte Bedingungen: Sie wollte den Titel einer Herzogin, und sie verlangte, offiziell zur maîtresse en titre ernannt zu werden. Marie-Anne hatte nicht die Absicht, ebenso diskret und rücksichtsvoll wie ihre Schwestern zu sein, die ihre Beziehung zum König möglichst geheimgehalten hatten. Außerdem wollte sie die einzige sein. Sie würde Ludwig nicht teilen; sie verlangte, ohne einen Funken schwesterlichen Mitleids zu zeigen, daß Madame de Mailly den Hof verließ. Tief gekränkt zog sich Louise-Julie zurück, nachdem sie immerhin zehn Jahre dem König ihre Liebe geschenkt hatte.

Kaum hatte Marie-Anne die Position der Favoritin inne, setzte sie auch schon ihre ganze Energie ein, um aus Ludwig XV. einen richtigen Herrscher zu machen. Sie hielt den bisher an Regierungsgeschäften nur wenig interessierten König an, seine Aufgaben als Souverän mit Verantwortung wahrzunehmen. Es ist dieser ehrgeizigen Dame hoch anzurechnen, daß sie Ludwigs Charakter verstand und seine Intelligenz und seine Fähigkeiten erkannte, die sich allzuoft hinter seiner Schüchternheit und seinem mangelnden Selbstvertrauen verbargen. Marie-Anne stärkte ihrem Geliebten das Rückgrat und zwang ihn beinahe, Entscheidungen selbst zu treffen und sich nicht auf seine Minister zu verlassen. So gewann der König in den Händen seiner Mätresse an Persönlichkeit und Selbstbewußtsein und entwickelte ein immer größeres Interesse an seinem »Beruf« als Monarch.

Nach zehn Monaten erntete Marie-Anne sozusagen den Lohn für ihre Arbeit, als Ludwig sie am 21. Oktober 1743 zur Herzogin von Châteauroux ernannte. Der Preis für diesen Aufstieg war jedoch hoch, denn die rührige Mätresse hatte sich viele Feinde gemacht, in erster Linie natürlich die Vertreter des Klerus bei Hofe und die Königin, aber auch die Partei um den Dauphin und vor allem das Volk, das seit jeher alle Mätressen haßte.

Ludwig XV. hatte sich gegen seinen Willen und wider besseres Wissen in den

Österreichischen Erbfolgekrieg hineinziehen lassen. Zwar hatte er, wie die meisten anderen europäischen Höfe auch, einst die Pragmatische Sanktion Kaiser Karls VI. unterzeichnet, die dessen älteste Tochter, Erzherzogin Maria Theresia, als Erbin des Habsburgerreiches anerkannte, doch als der Kaiser am 20. Oktober 1740 starb, hielt sich kaum noch jemand an die gegebene Zusage.

Angeführt von Friedrich II. von Preußen sahen nun Spanien, Bayern, Polen, Sachsen und Sardinien eine Möglichkeit, ihre Herrschaftsgebiete auszudehnen. Lediglich England ergriff die Partei der jungen österreichischen Regentin.

Obwohl Ludwig XV. wie auch sein Erster Minister, der Kardinal Fleury, unbedingt für den Erhalt des Friedens waren und sich nicht in die sich anbahnenden Auseinandersetzungen einmischen wollten, war die anti-österreichische Partei am Hofe von Versailles doch so stark, daß sich der König schließlich ihrem Druck beugte und seine Soldaten in den Krieg schickte. Man wollte Österreich, den ewigen Erzfeind, ein für allemal vernichten und seine Besitzungen aufteilen.

Doch man hatte Maria Theresia unterschätzt. Es gelang ihr nämlich, die ungarischen Magnaten auf ihre Seite zu ziehen, mit deren Hilfe sie die bis Prag vorgerückten französisch-bayerischen Truppen zurückwarf. Im Dezember 1742 mußten die Franzosen bei klirrender Kälte und unter schweren Verlusten den Rückzug antreten. Ein Jahr später erlitten sie eine Niederlage gegen eine englisch-hannoveranische Armee und mußten sich wieder ganz aus Deutschland zurückziehen. 1744 schließlich bedrohten die Engländer gemeinsam mit den Holländern die nördliche Grenze Frankreichs, während die Österreicher im Elsaß einfielen.

Von seiner Mätresse angespornt, besann sich Ludwig XV. auf seine Pflicht und seine Verantwortung als Oberbefehlshaber der Streitkräfte und brach am 3. Mai 1744 in Richtung Nordosten auf, um die Kampfmoral seiner Soldaten zu stärken. Seine Gemahlin und seine Geliebte ließ er zurück, denn die Zeiten hatten sich geändert. Während Ludwig XIV. noch ganz selbstverständlich seine Mätressen überallhin mitgenommen hatte, besaß sein Urenkel nicht mehr jene Autorität, um sich über sämtliche Gesetze der Moral hinwegzusetzen. Der Widerstand gegen Madame de Châteauroux war allgemein so groß, daß er nicht wagte, sich von ihr begleiten zu lassen.

Die Anwesenheit des Königs tat ihre Wirkung. Mit neuem Schwung und voller Begeisterung schlugen die französischen Truppen den Feind im Norden zurück. Getragen von einer Woge der Sympathie, rückte der König anschließend an der Spitze seines Heeres gegen Osten, um die im Elsaß eingedrungenen Österreicher zu vertreiben. Die Freude des Volkes über die französischen Siege wurde jedoch schlagartig getrübt, als bekannt wurde, daß die Herzogin von Châteauroux dem König heimlich gefolgt war. Der Skandal war perfekt, als Ludwig XV. während des Aufenthaltes in Metz am 7. August 1744 plötzlich erkrankte. Binnen weniger Tage stieg das Fieber so hoch, daß die Ärzte keine Chance mehr sahen, den König zu retten. Man riet ihm, sich auf das Ende vorzubereiten und seinen Frieden mit Gott zu machen. Doch sein Beichtvater verweigerte ihm die Sterbesakramente, wenn er sich nicht zuvor von seiner Mätresse trennte. Im Angesicht des Todes gab Ludwig schließlich nach und verabschiedete sich schweren Herzens von Marie-Anne. Die Rückreise der Herzogin nach Paris glich einem Spießrutenlauf, denn man gab ihr die Schuld für die Erkrankung des Königs. Unter den Anfeindungen der Bevölkerung, die ihre Kutsche mit Steinen bewarf, erreichte sie nur auf Umwegen die Hauptstadt.

Unterdessen ereignete sich in Metz ein kleines Wunder, denn am 15. August ging es dem König plötzlich besser, und er erholte sich zusehends. Voll Dankbarkeit über seine Errettung bat er seine Gemahlin, die inzwischen an sein Sterbelager geeilt war, um Verzeihung für alles, was er ihr angetan hatte, und er dankte seinem Volk, das die ganze Zeit über so inbrünstig für seine Genesung gebetet hatte.

Im Triumph kehrte Ludwig XV. im November nach Paris zurück. Doch kaum war er wieder in Versailles, vergaß er seine Versprechungen gegenüber seiner Gemahlin und eilte geradewegs wieder in die Arme der Herzogin von Châteauroux. Doch den beiden Liebenden war nur noch eine kurze Zeit gegönnt, denn im Dezember 1744 erkältete sich Marie-Anne schwer und starb an den Folgen einer Lungenentzündung.

Dies war nun wahrhaftig ein schwerer Schlag für den König. Waren seine Erkrankung in Metz und nun der Tod der Herzogin eine Strafe Gottes für sein ehebrecherisches Treiben? Er zweifelte an sich selbst, und seine stets mehr oder weniger latent vorhandene Melancholie kam wieder zum Durchbruch. Nichts und niemand vermochte ihn in den folgenden Wochen aufzuheitern. Ludwig fühlte sich verlassen und allein mitten in dem vor Lebenslust pulsierenden goldenen Käfig von Versailles. Schon seit Jahren hatte er keinen sexuellen Kontakt mehr mit seiner Gemahlin, und auch den alltäglichen Umgang mit ihr hatte er auf das notwendige Minimum beschränkt. Eine Wiederaufnahme seines Ehelebens mit der langweiligen, matronenhaften Maria Leszczynska schien ihm unmöglich. Aber Mätresse hatte er auch keine, zwei waren gestorben, und eine hatte er weggeschickt.

Der traurige Anblick, den der König in den ersten Wochen des Jahres 1745 bot, veranlaßte seinen Kammerdiener Binet, ein wenig Schicksal zu spielen. Binet war ein entfernter Verwandter von Jeanne-Antoinette Le Normant d'E- tioles, und er wußte nicht nur um ihre Schönheit, sondern auch um ihre Ver- ehrung für den König. So erzählte er seinem Herren von Madame d'Etioles und ließ damit in Ludwig die Erinnerung an die schöne Frau wach werden, die ihm bei seinen Jagdausflügen im vergangenen Jahr im Wald von Sénart begegnet war. Sein Interesse war geweckt.

Am 25. Februar 1745 fand zur Feier der Vermählung des Dauphins mit Ma- rie-Thérèse Raphaëlle, der Tochter des spanischen Königs, ein großer Ball in Versailles statt. Zu diesem Maskenball hatte jeder, soferne er entsprechend gekleidet war, Zutritt. Eine solche Gelegenheit ließ sich Madame d'Etioles natürlich nicht entgehen.

Als Diana verkleidet, stand auch sie in dem mit 8 000 Kerzen hell erleuchte- ten Spiegelsaal des Palastes und wartete wie all die anderen prächtig heraus- geputzten Gäste und Schaulustigen auf das Erscheinen des Königs.

Dieser kam zum allgemeinen Erstaunen gemeinsam mit sieben Höflingen, und alle trugen exakt das gleiche, seltsame Kostüm. Sie waren als Eiben ver- kleidet, und ihr Kopfputz war einer antiken Vase nachempfunden. Kein Mensch konnte erkennen, welcher dieser acht Bäume der König war.

Im Laufe des Abends wurde es Ludwig XV. dann aber in seiner zwar wir- kungsvollen, aber ziemlich unbequemen Verkleidung doch allzu heiß, sodaß er seine Maske lüftete und die verblüffte Menge nun endlich wußte, daß es ausgerechnet der König war, der hier die ganze Nacht mit der schönen unbe- kannten Diana tanzte. Es dauerte jedoch nicht lange, und man hatte auch de- ren Identität geklärt: Es handelte sich um Madame d'Etioles, die Frau eines Steuerpächters.

Drei Tage später trafen Jeanne-Antoinette und der König einander wieder, diesmal auf einem Ball im Rathaus von Paris. Ludwig XV., der von der be- zaubernden jungen Frau hingerissen war, überwand seine Schüchternheit und bot ihr an, sie nach Hause zu geleiten. Von dem Tag an wurde die Kutsche von Madame d'Etioles immer öfter in Versailles gesichtet, und ihr Name war bald in aller Munde.

Anfangs maßen die Höflinge der ganzen Angelegenheit allerdings keine größere Bedeutung bei. Man sah darin bloß eine flüchtige Affäre des Königs, die wohl bald vorüber sein würde. Doch als Madame d'Etioles im April die ehemaligen Gemächer von Madame de Mailly, der ersten Mätresse Ludwigs XV., bezog, sorgte dies für helle Aufregung.

Der König von Frankreich konnte doch wohl nicht die Absicht haben, eine Bürgerliche zu seiner Mätresse zu machen?! Wie sollte sich denn eine Frau dieses Standes jemals in die ihr völlig fremde Welt des Hofes von Versailles integrieren? Tatsächlich stellte dieser Hof damals eine eigene Welt dar, die man »ce pays-ci« (hierzulande) nannte, wo man nicht nur eine andere Sprache pflegte mit eigenen Ausdrücken und Redewendungen, sondern sich auch anders benahm und sogar anders bewegte als der Rest der Bevölkerung. Vor allem aber gab es für die Mitglieder der Gesellschaft von »ce pays-ci« eine Unzahl von Regeln, die es zu beachten galt und die nur beherrschte, wer sie von Kindheit an gelernt hatte. Man mußte z. B. immer genau wissen, wie und vor wem man sich wie oft zu verneigen hatte oder wem aufgrund seines Ranges oder Amtes der Vortritt gebührte. Allein schon der Gedanke, daß eine Bürgerliche am Hofe eingeführt werden könnte, war lächerlich und schockierend zugleich.

Ludwig XV. aber hatte sich in Jeanne-Antoinette verliebt und wollte sie für immer an seiner Seite wissen. Bevor er jedoch diesen seinen Wunsch verwirklichen konnte, gab es noch einige Probleme zu lösen.

Zuerst galt es, den Ehemann von Madame d'Etioles über sein Schicksal zu unterrichten. Diese Aufgabe wurde bereitwillig von Monsieur de Tournehem übernommen, den die glänzende Karriere seiner Ziehtochter offenbar so sehr mit Stolz erfüllte, daß sich sein Mitleid mit dem eigenen Neffen in Grenzen hielt. Der arme Mann soll einer Ohnmacht nahe gewesen sein, als er erfuhr, daß er seine geliebte Gattin an den König verloren hatte. Doch schließlich riß er sich zusammen, machte keine Schwierigkeiten und fügte sich in das Unabänderliche.

Dann war da noch der Österreichische Erbfolgekrieg, der immer noch nicht ausgefochten war. Ludwig XV. mußte sich im Mai 1745 erneut zu seinen Truppen in Flandern begeben, und wieder war es die Anwesenheit des Herrschers, die die französische Armee beflügelte. Der Sieg bei Fontenoy über die Engländer wurde zum größten militärischen Erfolg der Regierungszeit Ludwigs XV. Danach waren die Franzosen nicht mehr aufzuhalten und gingen schließlich als Sieger aus diesem Krieg hervor. Doch der Friede, der erst im Oktober 1748 in Aachen zustande kommen sollte, wurde teuer erkauft, denn

Frankreich gab alle seine Eroberungen wieder zurück, und der Ausdruck »Dumm wie der Friede« wurde für die nächsten Jahre zum geflügelten Wort. Noch aber befinden wir uns im Jahr 1745. Während sich also der König im Felde mit Ruhm bedeckte, verbrachte Jeanne-Antoinette die Wochen in Etioles. Ihren Gatten hatte man für die Zeit auf Reisen geschickt, und Jeanne-Antoinette nützte ihren Aufenthalt auf dem Château, um sich vom Abbé de Bernis und dem Marquis de Gontaut in den Gebräuchen und Sitten des Hofes unterweisen zu lassen. Mit dem ihr angeborenen Ehrgeiz lernte sie nicht nur, sich richtig zu bewegen, sondern auch die diversen Arten von Verneigungen und Begrüßungen. Sie übte sich in der besonderen Redeweise, derer man sich ausschließlich in »ce pays-ci« bediente, und sie bemühte sich auch, sich die dort gepflegte, eigene Aussprache anzueignen. Jeanne-Antoinette meisterte diese wahrlich nicht leichte Aufgabe mit Bravour, denn sie war intelligent und hatte eine schnelle Auffassungsgabe, vor allem aber wollte sie nur eines: bei Hofe reüssieren.

Obwohl Ludwig XV. in jenen Wochen vollauf mit militärischen Angelegenheiten beschäftigt war, vergaß er seine Geliebte keinen Augenblick. Fast täglich traf ein Liebesbrief von ihm in Etioles ein. Die Überraschung war groß, als man Madame d'Etioles eines Tages ein Schreiben aushändigte, das »An Madame la Marquise de Pompadour« adressiert war und ihre Erhebung in den Adelsstand enthielt sowie die Eigentumsurkunde für einen Landsitz und das dazugehörige Wappen: drei Zinnen auf blauem Grund. Eine weitere Hürde auf dem Weg des ehemaligen Fräulein Poisson nach ganz oben war also genommen.

Obwohl sie nun Trägerin eines hohen Adelstitels war, konnte Jeanne-Antoinette aber immer noch nicht die 400 Jahre Adel vorweisen, um automatisch in die Hofgesellschaft aufgenommen zu werden. Sie brauchte also eine Dame aus der Hocharistokratie, die sie offiziell in Versailles vorstellte. Das war nun tatsächlich eine Schwierigkeit, denn wer aus dieser in ihrem Standesdünkel erstarrten, arroganten Gesellschaft würde sich schon dafür hergeben, eine Bürgerliche, eine Außenseiterin, in die elitäre Welt von »ce pays-ci« einzuführen? Aber wie zu allen Zeiten war auch anno 1745 Geld für die meisten Probleme die Lösung. Warum nicht auch in diesem Fall?

Kaum war Ludwig XV. Anfang September nach Versailles zurückgekehrt, als er sich auch sogleich der Organisation seines Liebeslebens widmete. In der alten Prinzessin von Conti, einer entfernten Verwandten, fand der König die geeignete Person für seine Zwecke. Die alte Dame steckte nämlich ständig in

154

argen finanziellen Nöten, und er bot ihr daher kurzerhand an, ihre ziemlich beträchtlichen Schulden zu begleichen, wenn sie sich bereit erklärte, die frischgebackene Marquise de Pompadour bei Hofe vorzustellen. Das war nun ein Angebot, das die Prinzessin von Conti nicht ablehnen konnte, und so kam es am 14. September 1745 zu jenem aufsehenerregenden und zugleich höchst seltsamen Schauspiel, bei dem dem König die Frau vorgestellt wurde, die seit Monaten bereits seine Geliebte war.

Scharenweise strömten die Höflinge herbei, denn keiner wollte sich dieses Ereignis entgehen lassen. Mit Argusaugen beobachtete man die Marquise de Pompadour bei ihrem ersten offiziellen Auftritt, und nicht wenige warteten nur darauf, daß ihr ein Fauxpas passieren würde.

Um sechs Uhr nachmittags traf Jeanne-Antoinette dann ein, begleitet von der Prinzessin Conti, der Comtesse d'Estrades und der Comtesse de Lachaun-Montauban. Im prachtvollen Reifrock aus schwerem Atlas mit der obligaten Hofschleppe, weißen Federn im Haar, die mit einer Diamantagraffe festgesteckt waren, durchglitt sie die Staatsgemächer vor den Augen der gaffenden Menge. Im Ratssaal wurde sie von dem sichtlich peinlich berührten König erwartet, der nur ein paar völlig unverständliche Worte murmelte und sie gleich wieder mit einem Kopfnicken verabschiedete. Jeanne-Antoinette, nicht weniger peinlich berührt als ihr Geliebter, bewahrte dennoch Haltung, machte mit unvergleichlicher Anmut die drei vorgeschriebenen Hofknickse, warf gekonnt die Schleppe ihres Kleides zurück, um dann rückwärtsgehend den Raum zu verlassen.

Von den Blicken der Schaulustigen verfolgt, wandte sich Madame de Pompadour nun dem zweiten, wahrscheinlich heikleren Teil ihres Auftrittes zu: die Vorstellung bei der Königin.

Alles war gespannt, was die betrogene Frau zu ihrer Rivalin, die man ihr hier in aller Öffentlichkeit präsentierte, sagen würde. Eine kurze Belanglosigkeit, um ihr dann sogleich den Rücken zuzuwenden und die Sache so rasch wie möglich hinter sich zu bringen, vermutete man. Doch Maria Leszczynska reagierte anders als erwartet. Freundlich fragte sie die Marquise nach Madame de Saissac, einer gemeinsamen Bekannten. Solch persönliche Worte waren in höchstem Maße ungewöhnlich und wurden mit großem Erstaunen vermerkt. Insgesamt wurden zwölf Sätze zwischen den beiden Damen gewechselt, wie ein aufmerksamer Beobachter feststellte. Dies war geradezu sensationell, und die Königin hatte damit zu verstehen gegeben, daß sie die Marquise de Pompadour durchaus für hoffähig erachtete.

Selbst Jeanne-Antoinette hatte keinen so liebenswürdigen Empfang erwartet und war drüber so verwirrt, daß sie bei der Verabschiedung stammelte: »Madame, ich habe den leidenschaftlichen Wunsch, Ihnen zu gefallen.« Nach einer ziemlich frostig verlaufenen Vorstellung beim Dauphin war die Tortur zu Ende. Jeanne-Antoinette hatte zur Überraschung der Höflinge eine hervorragende Figur gemacht. Einige von ihnen jedoch sollten sie dennoch niemals akzeptieren und ihr das Leben schwer machen wie etwa der Herzog von Richelieu, der Graf von Argenson oder der Marineminister Maurepas. Für diese Leute blieb sie stets die Niedriggeborene, der Emporkömmling, der Eindringling. Vor allem aber das Volk war ihr wie jeder Mätresse von Anfang an feindlich gesonnen, und ihr verschwenderisches und luxuriöses Leben erregte Neid und Protest.

Aber es gab auch andere, die der Schönheit und dem Charme von Madame de Pompadour erlagen. Einer von ihnen, ein gewisser Georges Leroy, seines Zeichens Oberjagdmeister von Versailles, war so beeindruckt, daß er eine wahre Hymne über sie zu Papier brachte:

»(sie) ist etwas größer als die meisten, schlank, anmutig, geschmeidig, elegant; ihr Gesicht harmoniert mit ihrer Größe, ein perfektes Oval, wunderschönes Haar, eher hellbraun als blond, ziemlich große Augen mit schönen Wimpern von derselben Farbe, eine vollendete Nase, ein charmanter Mund, sehr schöne Zähne und ein absolut entzückendes Lächeln; sie hat den schönsten Teint der Welt, was ihr ein blendendes Aussehen verleiht. Ihre Augen strahlen einen besonderen Charme aus, was vielleicht daran liegt, daß sie von undefinierbarer Farbe zu sein scheinen; sie weisen nicht den lebhaften Glanz von schwarzen Augen auf, das zarte Sehnen von blauen Augen, den Scharfsinn, der zu grauen Augen gehört: Ihre unbestimmbare Farbe scheint ihnen die Fähigkeit zu verleihen, auf alle möglichen Arten verführerisch zu wirken und alle Gefühle in raschem Wechsel ausdrücken zu können; ihr Gesicht widerspiegelt somit alle möglichen Stimmungen, erweckt jedoch insgesamt stets einen harmonischen Eindruck … Ihre gesamte Erscheinung scheint die feine Grenze zwischen hochgradigster Eleganz und erstklassigem Adel zu überbrücken.« (Bernier: Ludwig XV., S. 286)

Madame de Pompadour verfügte neben dieser außergewöhnlichen physischen Attraktivität auch noch über eine besonders liebenswürdige Art im Umgang mit anderen Menschen.

Es war ihr Verhalten, mit dem sie ihren Ausspruch gegenüber Maria Leszczynska wahrmachte. Nie benahm sie sich hochmütig oder arrogant, sondern immer respektvoll und ehrerbietig gegen die Königin. Ja, sie hielt Ludwig XV. sogar dazu an, seiner Gemahlin gegenüber wieder etwas mehr Wärme und Zuneigung an den Tag zu legen. Nicht nur, daß der König seit 1737 nicht mehr das Bett seiner Frau teilte, er mied auch ihre Gesellschaft so weit wie möglich. Nur wenn es aus Gründen des Protokolls absolut unerläßlich war, trat das königliche Paar gemeinsam in der Öffentlichkeit auf. Ludwig XV. behandelte Maria Leszczynska ausgesprochen kühl, um nicht zu sagen unhöflich.

Nun jedoch brachte es Madame de Pompadour zu Wege, daß er zumindest hin und wieder eine liebenswürdige Geste setzte. So notierte etwa ein Beobachter eines Abends ganz erstaunt, daß Ludwig für einige Minuten am Spieltisch der Königin Platz nahm. Ein anderes Mal lud er sie – wahrscheinlich auf Initiative seiner Geliebten – sogar zum Souper in seine petits cabinets ein. Und am Neujahrstag 1746 machte er ihr seit langem wieder einmal ein Geschenk: eine goldene Tabakdose. Man erzählte sich, die Dose sei ursprünglich für Madame de Pompadours Mutter bestimmt gewesen. Da diese jedoch zu Weihnachten 1745 gestorben war, habe die Marquise den König dazu bewogen, das Geschenk seiner Gemahlin zu überreichen.

Maria Leszczynska wußte, wem sie diese huldvolle Behandlung zu verdanken hatte. Diese Favoritin war ihr bei weitem angenehmer als die hochfahrenden Nesle-Schwestern, und so seufzte sie einmal resignierend: »Wenn schon Mätresse, dann lieber diese als alle anderen.«

Ludwig XV. war glücklich. Mit der Marquise de Pompadour hatte er genau die Gefährtin gefunden, die er brauchte. Sie war nicht nur schön, sondern auch intelligent und heiter. Sie verstand es hervorragend, ihn zu amüsieren, und ihn aus seiner immer wiederkehrenden Melancholie herauszureißen. Vor allem aber war sie, wie zuvor schon die Nesle-Schwestern und im Gegensatz zu Maria Leszczynska fähig, auf ihn einzugehen und sein Selbstvertrauen zu stärken. Darüber hinaus gab ihn Jeanne-Antoinette das, was er sich schon seit jeher gewünscht hatte: eine Art trautes Heim und ein wenig Privatsphäre, in die er sich vor der kalten Etikette des Hofes flüchten konnte.

Mit viel Geschmack hatte Madame de Pompadour ihre Appartements gemütlich eingerichtet, sodaß man sich dort wohl fühlen konnte. Ludwig XV. genoß dieses bürgerliche Ambiente sehr. Hier durfte er, was er sonst nie durfte: er selbst sein, ein ganz gewöhnlicher Mensch. Er blühte in der Umgebung seiner Mätresse richtiggehend auf, plauderte unbefangen und war fröhlich.

Die Marquise war sich ihrer positiven Wirkung auf das Gemüt des Königs durchaus bewußt, und so bemühte sie sich jeden Tag, den König mit kleinen Veranstaltungen oder Soupers im intimen Kreis weniger ausgesuchter Freunde zu erfreuen. Ludwig XV. fühlte sich am wohlsten unter Leuten, die er schon länger kannte und denen er vertraute; an neue Gesichter gewöhnte er sich nur langsam, und große Menschenmengen schüchterten ihn zeit seines Lebens ein.

So fanden diese Soupers in den sogenannten »petits cabinets«, den Privatgemächern des Königs, statt, und es bedeutete eine große Ehre, dorthin eingeladen zu werden. Wer eingeladen wurde, das bestimmte Madame de Pompadour.

Bei jenen Abendessen konnte man den König gelöst und gutgelaunt kennenlernen. Alles war so ungezwungen. Nur zwei oder drei Lakaien trugen das Essen auf, um sich danach gleich zurückzuziehen, während es sonst üblich war, daß hinter jedem Gast ein Bedienter für die Dauer des ganzen Mahles stand. Ja, Ludwig XV. bereitete nach Tisch sogar eigenhändig den Kaffee, bevor man sich an die Kartentische setzte.

Madame de Pompadóur wußte offenbar instinktiv, wie und womit sie den König unterhalten konnte. So richtete sie etwa in Versailles ein kleines Privattheater ein, das nur Platz für 14 Zuschauer bot. Bei den Aufführungen übernahm sie natürlich selbst – sie war ja eine begabte Schauspielerin und Sängerin – die Hauptrollen. Mit Hingabe widmete sich die Marquise diesen Veranstaltungen, und die Höflinge rissen sich regelrecht darum, eine Rolle in einem der Stücke oder zumindest einen Platz im Zuschauerraum zu ergattern. Allerdings wurden bald auch Stimmen laut, die die hohen Kosten kritisierten, die dieses Privattheater verursachte, sodaß es nach fünf Jahren geschlossen werden mußte.

Eine weitere Vorliebe, die Madame de Pompadour mit dem König teilte, war das Bauen und Einrichten von Schlössern und Landsitzen. Ständig wurden Liegenschaften gekauft, Häuser errichtet und Residenzen aus- oder umgebaut wie etwa La Celle, Crécy, Bellevue, Brimboriom, die Eremitage in Compiègne, jene in Versailles oder das Elysée in Paris, um nur die wichtigsten zu nennen. Die meisten waren natürlich Geschenke des Königs an seine Geliebte. Dank ihres hervorragenden Geschmacks und ihrer Liebe für alles Schöne und Wertvolle machte Madame de Pompadour jede dieser Bleiben zu einem wahren Schmuckstück, von denen die meisten jedoch der Revolution von 1789 zum Opfer fielen, sodaß wir uns heute nur noch aufgrund von Erzählungen oder erhaltenen Plänen eine Vorstellung von der Schönheit all dieser Wohn-

Ludwig XV. (1710–1774)

sitze machen können. Schon damals erweckten diese Häuser die Bewunderung eines jeden Besuchers. Die Marquise hatte einen guten Griff, wenn es um Künstler und Handwerker ging. Der berühmteste Maler seiner Zeit, François Boucher, sorgte für die Gemälde, Verbeeckt für die Holztäfelungen und die Brüder Martin für die Lackarbeiten, eine Neuheit auf dem Gebiet der Inneneinrichtung. Die herrlichen Wandbehänge und Teppiche kamen aus den Manufakturen von Aubusson und Gobelin. Jeder Raum wurde ein Kunstwerk für sich, alles war leicht, freundlich, elegant und feminin, so wie wir den Stil Louis XV. eben heute kennen, ein Stil, der zwar nach dem König benannt, aber eigentlich von Madame de Pompadour inspiriert wurde. Wie einst die Mondsichel der Diane de Poitiers fanden sich nun häufig Fische, Symbol der Marquise in Anlehnung an ihren Mädchennamen, als Dekorationselemente auf Wänden, Geschirr und Gläsern oder einfach als Nippesfiguren.

Neben der Innenausstattung hatte es dem König und seiner Mätresse auch die Gärtnerei angetan. Überall, wo sie sich gerne aufhielten, sei es in den traditionellen königlichen Residenzen von Fontainebleau, Marly oder Compiègne oder den neu erworbenen, wurde den Gartenanlagen größte Aufmerksamkeit geschenkt. Neben gepflegten Blumenbeeten und gestutzten Hecken gab es auch Teiche und künstlich angelegte Kanäle, in denen Barken und Gondeln zu einem kleinen Ausflug auf dem Wasser einluden.

Madame de Pompadour liebte die Blumen über alles. Also wurden an jedem dieser Orte Gewächshäuser errichtet, um seltene und edle Pflanzen zu ziehen und zu überwintern. Die Marquise war es auch, die Schnittblumen als Zimmerschmuck in Mode brachte, indem sie in jedem Raum riesige Vasen mit herrlichen Blumenarrangements aufstellen ließ. Der König ließ sich von ihrer Begeisterung anstecken, und stolz führten die beiden ihre Gäste durch die Gärten und Glashäuser, um ihnen die neuesten Errungenschaften auf dem Gebiet des Gartenbaus zu zeigen. All das kostete natürlich sehr viel Geld und war Wasser auf die Mühlen der Kritiker von Madame de Pompadour. Man prangerte ihre Verschwendungssucht an und machte sie für die triste finanzielle Situation des Staates verantwortlich. Das war natürlich eine maßlose Übertreibung und vor allem äußerst unfair, denn die Gründe für die Staatsverschuldung lagen ganz woanders. In erster Linie war es der Österreichische Erbfolgekrieg gewesen, der Unsummen verschlungen hatte; hinzu kam die allgemeine Unfähigkeit der politischen Machtträger und die herrschende Korruption sowohl unter den Höflingen als auch unter den Ministern und Beamten. Aber das Volk hatte die Marquise nun einmal zum

Sündenbock erkoren und schob ihr für jeden politischen Fehler, jede militärische Niederlage und jedes Unglück die Schuld zu. Die Geschichtsschreibung des moralisierenden 19. Jahrhunderts vollendete schließlich das Bild der Madame de Pompadour als verschwendungssüchtige, gedankenlose Person und Urheberin des finanziellen und sittlichen Verfalls Frankreichs.

Wenn auch die hohen Ausgaben der Marquise außer Zweifel stehen, so war sie doch alles andere als eine egoistische, habgierige und bösartige Hexe. Vielmehr prägten Liebenswürdigkeit und Warmherzigkeit ihr Verhalten gegenüber ihren Mitmenschen.

Daß sie keine herrische Madame de Montespan war, die sich so gut wie nie um die Gefühle anderer kümmerte, zeigte sich an ihrem Umgang mit der Königin. Und ebenso spricht es für Madame de Pompadour, wie herzlich sie trotz ihres Aufstiegs ihrer Familie zugetan blieb. Nie schämte sie sich ihrer niedrigen Herkunft oder ihrer Verwandtschaft.

Ihre ganze Liebe und Zärtlichkeit galt natürlich ihrer 1744 geborenen Tochter, Alexandrine, die sie in der Obhut ihres Vaters zurückgelassen hatte, als sie nach Versailles übersiedelt war. Sie sorgte dafür, daß Alexandrine die allerbeste Erziehung erhielt, und besuchte sie, sooft sie nur konnte.

François Poisson kümmerte sich rührend um seine Enkelin und betete sie bald genauso an wie seine schöne Tochter, die zur mächtigsten Frau Frankreichs aufgestiegen war. Er war sehr stolz auf seine »Reinette«, doch versuchte er nie, aus ihrer hohen Position Kapital zu schlagen. Zwar wurde er vom König geadelt und erhielt die Ländereien von Vandières und später von Marigny, aber er, der sich niemals darum bemühte, mehr zu scheinen, als er war, weigerte sich ganz einfach, seinen Namen zu ändern, und nannte sich auch weiterhin Monsieur Poisson.

Madame de Pompadour vergaß natürlich auch ihren guten »Onkel«, Monsieur de Tournehem, nicht, dem sie doch so viel zu verdanken hatte. Nun wollte sie etwas für ihn tun, und sie setzte sich beim König dafür ein, daß er zum Minister für öffentliche Bauten ernannt wurde. Nach Monsieur de Tournehems Tode sollte das Amt an ihren Bruder, François-Abel, übergehen.

Die Marquise liebte ihren kleinen Bruder von Herzen und hätte auch gerne für ihn etwas getan. François-Abel aber war bescheiden und im Unterschied zu seiner Schwester gar nicht ehrgeizig. Er wollte nicht durch sie Karriere machen, sondern widmete sich lieber seinen Kunststudien und ausgedehnten Kulturreisen. Auch er sah überhaupt keinen Grund, seine Abstammung zu verschleiern, und als ihn der König 1754 zum Marquis de Marigny ernannte, ließ er sich ein Wappen anfertigen, auf dem zwei Fische prangten.

Das Interesse für Kunst und Kultur teilte Madame de Pompadour mit ihrem Bruder, und ihr Wirken als engagierte und verständige Mäzenin war vielleicht ihr größtes Verdienst während ihrer fast 20jährigen Laufbahn als maîtresse en titre. Die bedeutendsten Maler des französischen Rokoko, allen voran der bereits erwähnte François Boucher, fanden in ihr gleichermaßen eine Förderin und ein Lieblingsmodell. Aber auch einem Van Loo, einem Nattier, einem Chardin oder einem Fragonard wurde durch die Marquise ein breites Betätigungsfeld am Hofe von Versailles eröffnet.

Es war gerade die verhaßte Mätresse, die auch die neuen geistigen Strömungen der Aufklärung unterstützte. Sie kannte einige der führenden Denker des Landes bereits aus der Zeit, als sie noch als Madame d'Etioles ihren Salon geführt hatte. Nun war es ihr Arzt, Dr. Quesnay, der sie immer wieder auf Wissenschaftler und Literaten aufmerksam machte und Kontakte herstellte. Gebildet und intelligent, wie sie war, stand Madame de Pompadour den neuen Ideen durchaus interessiert und aufgeschlossen gegenüber und war somit indirekt an deren Verbreitung mit beteiligt.

François-Marie Arouet, besser bekannt als Voltaire, fand in ihr eine Freundin und Mäzenin. Sie verzieh ihm sein bisweilen impertinentes Benehmen, verschaffte ihm eine Pension und eine Wohnung in Versailles sowie den Posten eines königlichen Geschichtsschreibers. 1746 wurde er in die Académie Française gewählt, eine Ehre, die Voltaire schon lange heiß ersehnt hatte. Dies alles, obwohl seine 1734 erschienenen »Philosophischen Briefe« ursprünglich als staats- und religionsfeindlich erklärt und verboten worden waren.

Voltaires Werke waren ein Plädoyer für Gedanken- und Religionsfreiheit, für Toleranz und Bürgerrechte und eine Absage an den Absolutismus sowie an den Dogmatismus der katholischen Kirche. Als Vorbild führte er die englische Gesellschaft an, die zu einer konstitutionellen Monarchie gefunden hatte und in Glaubensfragen weitgehende Toleranz praktizierte.

England diente auch Charles-Louis de Secondat, Baron de La Brède et de Montesquieu, als Beispiel, als er sich in seinem 1748 publizierten »Vom Geist der Gesetze« kritisch mit den verschiedenen Regierungsformen auseinandersetzte und für das Prinzip der Gewaltentrennung eintrat. Der Brief, den Madame de Pompadour 1751 nach Lektüre seines Werkes an Montesquieu schrieb, zeigt, zu welch tiefgründiger und kritischer Betrachtungsweise die damals 29jährige Marquise fähig war:

»Ich habe Ihr Buch erhalten und danke Ihnen sehr dafür. Es ist ausgezeichnet. Ich habe ihm den ersten Platz in meiner Bibliothek eingeräumt, die nur solche Autoren enthält, die, wie Sie, Frankreich Ehre machen und den Neid des Auslandes erregen. Sie verdienen den Titel eines Gesetzgebers von Europa, und ich zweifle nicht daran, daß man Ihnen diesen Titel bald einstimmig zuerkennen wird.

Da ich augenblicklich etwas Zeit habe, so wollen wir ein wenig miteinander plaudern. Sie sagen, es sei unmöglich, daß die christliche Religion noch länger als fünfhundert Jahre in Europa bestehen könne. Es ist wahr: die meisten Priester tun, was sie können, um sie durch ihren Ehrgeiz und ihre Unduldsamkeit zu vernichten. Die Welt war lange Zeit blind, aber sie fängt jetzt an, Augen zu bekommen und sich ihrer zu bedienen. Ich fürchte insbesondere, daß die Philosophen, die doppelt so scharf sehen als die anderen, von dieser Fähigkeit nur zu eifrig Gebrauch machen werden.

Die christliche Religion ist eine Wahrheit, ein Heiligtum, ein Trost: es handelt sich nicht darum, sie auszurotten, sondern ihre Mißbräuche abzustellen.

Unbeschadet aller Bräuche und Mißbräuche, die mir an unserer Religion überflüssig erscheinen, empfinde ich für sie doch die tiefste Ehrerbietung; aber diese hindert mich nicht, den Geist der Intoleranz bei unserem Klerus zu verurteilen. Es heißt, die Frommen treffen Vorbereitungen, Sie anzugreifen, weil Sie sich zu frei geäußert hätten – nicht gegen den Glauben, sondern gegen den Aberglauben. Ich hoffe, Ludwig XV. wird niemals zum Ketzerverfolger: er ist ein Ehrenmann und keineswegs ein Frömmler. Sollte aber gleichwohl die Kabale ihm einen gewalttätigen Entschluß abringen, so wird dieser Brief Ihnen für mich bürgen, und Sie werden mich nicht anklagen können, an einem solchen Vorgehen beteiligt zu sein.«

Es war eine völlig neue Art des Denkens, die sich hier um die Mitte des 18. Jahrhunderts Bahn brach, weg von der Metaphysik und hin zu einem vernunftgeprägten, kritischen Rationalismus, der sich nicht zuletzt in der Veröffentlichung von Diderots und d'Alemberts »Enzyklopädie« niederschlug. Diese Enzyklopädie, deren erster Band 1751 erschien, war ein revolutionäres Werk, denn es war nicht nur Dokumentation, sondern gleichzeitig auch kritische Betrachtung und Aufarbeitung des gesamten Wissensstandes der Zeit. Die Autoren hatten es sich zum Ziel gemacht, meinungsbildend zu wirken und den Menschen vom Zwang überkommener Vorstellungen zu befreien. Obwohl in Frankreich zuerst offiziell verboten, wurde die Enzyklopädie zum effizientesten Mittel zur Propagierung der Gedanken der Aufklärung und zur

Verbreitung jener Ideen, die letztendlich die Französische Revolution mit auslösten.

Es war Madame de Pompadour, die trotz des verhängten Erscheinungsverbotes eine Lanze für die Enzyklopädie brach. Anlaß dafür war ein Tischgespräch während eines Soupers in Trianon: »Der Herzog von Vallière wollte wissen, woraus man Schießpulver mache. ›Es ist doch kurios. Da schießt man Tag für Tag auf Rebhühner im Park, schießt auch wohl auf Menschen oder läßt sich selbst totschießen und weiß nicht, wie das eigentlich zugeht.‹ Madame de Pompadour nutzte die Gelegenheit und erwiderte: ›Ja, so ist es auf dieser Welt mit allen Dingen! Ich weiß nicht einmal, woraus das Rouge besteht, das ich mir auf die Wangen lege.‹ – ›Schade‹, sagte der Herzog von la Vallière, ›daß Seine Majestät uns das encyclopädische Lexikon weggenommen hat. Jeden von uns hat es hundert Pistolen gekostet, und wir fänden darin im Nu Antwort auf all unsere Fragen.‹ Der König ließ ein Exemplar aus seiner Bibliothek holen, Lakaien schleppten die wuchtigen Bände herein, und den ganzen Abend unterhielt man sich damit, Schießpulver, Rouge und vieles andere nachzuschlagen. Fortan durften Subskribenten ihre Exemplare behalten; aber in den Buchhandlungen war das Werk nicht zu haben.« (Mitford: Madame de Pompadour, S. 106f.)

Zu jener Zeit erkannte man nicht, welchen politischen Sprengstoff die Werke der neuen Philosophen enthielten. Man diskutierte begeistert in den Salons über die neuen Ideen und übernahm die freisinnige und kritische Denkungsart, doch von seiten der politischen Machthaber wurde versäumt, die revolutionären Gedanken rechtzeitig aufzugreifen und zu kanalisieren.

Der Hof von Versailles war eine geschlossene Welt für sich, die kaum mehr Kontakt zur Alltagswelt hatte. Eine tiefe Kluft trennte die höfische Gesellschaft von den Pariser Bürgern, und kaum jemand erkannte die Zeichen der Zeit. Man war viel zu beschäftigt in »ce pays-ci«, seine eigene Position mittels Intrigen und Ränkespiel zu festigen oder zu verbessern.

Das Dasein einer Mätresse an diesem intriganten Hof von Versailles war alles andere als leicht. Madame de Pompadour hatte, abgesehen von der Pariser Bevölkerung, auch noch viele Feinde in ihrer nächsten Umgebung, die die zahlreichen Schmähschriften, die gegen sie in Umlauf waren, unterstützten oder gar selbst verfaßten. Da war zum Beispiel der Herzog von Richelieu, ein Großneffe des berühmten Kardinals Richelieu, der nicht aufhörte, über die Marquise und ihre bürgerlichen Manieren, ihre Kleider und ihre Redeweise zu spotten, bis Ludwig XV. ihn einmal ganz nebenbei fragte, wie oft er eigentlich schon in der Bastille gesessen sei. Richelieu war klug genug, um den

Wink zu verstehen, und hielt sich von da an mit seiner Kritik an Madame de Pompadour zurück.

Kein bißchen wohlgesonnener war ihr der Graf von Maurepas, der Marine-minister. Er verfaßte eigenhändig Pamphlete gegen sie, die sogenannten »poissonades« in Anspielung auf ihren Mädchennamen, bis es der Marquise im April 1749 zu viel wurde und sie sich beim König beklagte. Die Ergüsse des Grafen hatten ein nicht mehr tolerierbares Maß an Beleidigung und Ge-schmacklosigkeit angenommen. Ludwig XV. war mit seiner Geliebten einer Meinung, daß Maurepas mit seinen Schmähungen zu weit gegangen war, und er ließ ihm am 24. April 1749 sein Entlassungsschreiben zukommen, das da lautete: »M. le Comte de Maurepas, ich habe versprochen, Euch persönlich zu verständigen, wenn mir Eure Dienste nicht mehr genehm sein sollten. Durch dies Handschreiben befehle ich Euch, von Eurem Amt als Staatsse-kretär zurückzutreten, und da Euer Besitz in Pontchartrain mir zu nahe liegt, noch im Lauf dieser Woche nach Bourges zu ziehen, ohne Euch vorher mit ir-gend jemand zu besprechen, es seien denn Eure nächsten Anverwandten. Ich wünsche hierüber keine Antwort. Euren Rücktritt meldet an M. de Saint-Flo-rentin. Louis.« (Mitford, S. 94)

Das war mehr als deutlich, und jeder wußte nun, wie hoch Madame de Pom-padour in der Gunst stand. Ihre Macht und ihr Einfluß wuchsen von Tag zu Tag und sollten sich bald nicht mehr auf das gesellschaftliche und kulturelle Leben bei Hofe beschränken. Sie tat alles, um ihre Stellung zu festigen und allen sichtbar zu machen. Sie verschaffte sich Respekt, indem sie so etwas wie eine eigene Hofhaltung um ihre Person inszenierte. Wie die Königin ze-lebrierte auch Madame de Pompadour das »lever« gemäß dem strengen Ver-sailler Protokoll.

Es hatte sich bald herumgesprochen, daß kaum ein Weg an der Marquise vorüber führte, und so bemühte man sich, ihr die entsprechende Ehre zu er-weisen. So mancher zog es vor, lieber der Morgentoilette der Madame de Pompadour beizuwohnen als jener der Königin von Frankreich, denn im Bou-doir der Mätresse liefen die Fäden der Macht zusammen, während Maria Leszczynska in völliger Bedeutungslosigkeit das Leben der alternden Matro-ne lebte.

Die Morgentoilette einer großen Dame des 18. Jahrhunderts war eine Zere-monie für sich und nahm mehrere Stunden in Anspruch. Vor ihrem Spiegel-tisch sitzend, empfing die Marquise die Honneurs, während sie sich für den Tag zurechtmachen ließ. Gesichtspuder und Rouge waren die unerläßlichen kosmetischen Mittel einer jeden Frau, die etwas auf sich hielt. Es galt als Fauxpas, wenn man sich ungeschminkt in der Öffentlichkeit zeigte. Die größte Aufmerksamkeit galt natürlich dem Reifrock, dem eindruckvollsten Kleidungsstück aller Zeiten. Über einem Gestell aus Fischbein, das einen Durchmesser von bis zu drei Metern hatte, wurde das Unterkleid aus Seide oder Brokat gespannt, über welches dann ein vorne geschlitzter Rock angezogen wurde, der oft aus einem anderen edlen Material gefertigt war und eine andere Farbe hatte. Es war nun Aufgabe der sogenannten Putzmacherin, diese Unmengen von Stoff zu dekorieren, wobei der Phantasie keine Grenzen gesetzt waren. Neben Perlen und Edelsteinen wurden vor allem zahllose Bänder und Schleifen, aber auch künstliche Blumen und Früchte zur Verzierung der Robe verwendet.

Vergleichsweise bescheiden nahm sich neben diesen Kleidern die Frisur aus. Noch waren die meterhohen Turmfrisuren einer Marie-Antoinette nicht in Mode. Man trug das Haar eher flach und nur leicht gelockt, als Kopfschmuck bevorzugte man Edelsteine, Blumen oder Federn.

Wer Madame de Pompadour aufwartete, mußte dies stehend tun, denn es gab nur einen einzigen Stuhl im Raume, und auf diesem thronte die Marquise, um die Huldigungen der Höflinge entgegenzunehmen. Madame de Pompadour war ehrgeizig und intelligent. Sie wußte, daß auch eine souveräne und respektgebietende Attitüde dazugehörte, um die Menschen zu beeindrucken. Wenn ihr auch so mancher Überheblichkeit in ihrem Benehmen vorwarf, so wagte es doch kaum einer, sich den von der Marquise aufgestellten Regeln in ihrer Hofhaltung zu widersetzen. Sie war die Favoritin des Königs und damit unantastbar; sie war mächtiger als die legitime Königin, einflußreicher als jeder Minister.

Ludwig XV. liebte Madame de Pompadour und vertraute ihr mehr als seinen Ministern. Immer öfter fragte er seine Mätresse um Rat und besprach die Staatsgeschäfte mit ihr. Die zunehmende Bedeutung der Marquise als Beraterin des Königs sprach sich natürlich herum, sodaß sich, abgesehen von den üblichen Bittstellern, bald schon auch die ausländischen Gesandten bei ihr einfanden, um ihre Anliegen vorzutragen.

Im Jahre 1759 berichtete der Fürst von Ligne, außerordentlicher Gesandter der Kaiserin Maria Theresia, über seinen Besuch in Versailles:

»Wie groß war mein Erstaunen, als man mich nach meiner Audienz bei allen Mitgliedern der königlichen Familie noch zu einer Art Nebenkönigin führte, die jedoch viel königlicher aussah als die wirkliche Königin Maria Leszczynska, die nur eine ungezogene alte Frau war.«

Der Preis aber, den Madame de Pompadour für ihren Aufstieg bezahlte, war hoch. Die Position der maîtresse en titre wollte nicht nur erlangt, sondern auch gehalten werden. Und das war überaus anstrengend, vor allem für eine Frau von so zarter Gesundheit, wie die Marquise es war. Schon als Kind war sie immer kränklich gewesen, hatte oft gefiebert und viel gehustet. Nun aber forderte das Hofleben mit seinen Repräsentationspflichten, die vielen Reisen zu den verschiedenen königlichen Residenzen in der Umgebung, die allwöchentlich unternommen wurden, alle Kraftreserven der jungen Frau. Die Intrigen und Schmähungen seitens ihrer Feinde und der erbitterte Haß, der ihr vom Volk entgegenschlug, setzten der körperlichen auch noch eine psychische Belastung hinzu. Immer öfter mußte Madame de Pompadour das Bett für einige Tage hüten, um dieses kräfteraubende Leben weiterführen zu können. Dazu kamen auch noch mehrere Fehlgeburten, die sie in der Zeit ihrer Beziehung zu Ludwig XV. erlitt, sodaß ihre Gesundheit beinahe von Tag zu Tag schwächer wurde. Ständig war sie erschöpft, rang nach Atem und spuckte Blut, ein Hinweis darauf, daß sie höchstwahrscheinlich an Tuberkulose litt.

Da Madame de Pompadour nicht gerade eine sinnliche Natur war, und ihre physische Verfassung durch die Krankheit geschwächt war, empfand sie die Zärtlichkeiten des Königs mehr und mehr als Belastung denn als Freude. Ludwigs sexueller Heißhunger, den er von seinen Ahnen geerbt hatte, wurde ihr mit der Zeit zuviel.

Anfangs versuchte sie mit allen Mitteln, ihre Konstitution zu verbessern und ihr sexuelles Verlangen zu steigern. Sie trank regelmäßig Schokolade, die mit Unmengen von Vanille und Ambra gewürzt war, aß Trüffeln in rauhen Mengen und was immer man sonst noch als aphrodisierende Speisen bezeichnete. Doch es nützte alles nichts. Ihr zarter Körper zeigte ihr unerbittlich ihre Grenzen auf. Madame de Pompadour war verzweifelt, denn sie wußte, daß ihre Stellung trotz der aufrichtigen gegenseitigen Zuneigung, die sie mit dem König verband, doch in hohem Maße davon abhing, daß Ludwig bei ihr sexuelle Befriedigung fand.

Allen Bemühungen zum Trotz mußte sie erkennen, daß sie körperlich nicht mit ihrem Geliebten mithalten konnte. Und so mußte sie bald zusehen, wie sich der König mit anderen Frauen zu vergnügen begann. Doch sie brachte die Selbstüberwindung auf und sprang über ihren eigenen Schatten, indem sie großzügig über Ludwigs Affären hinwegsah, anstatt in Eifersucht zu verfallen und ihn ständig zur Rede zu stellen.

Ludwig XV. hatte in einem Teil des Waldes von Versailles, der Parc aux Cerfs, also Hirschpark, genannt wurde, ein kleines Jagdhaus zum Ort für seine Liebesabenteuer umgestalten lassen. Dort quartierte sein getreuer Kammerdiener Lebel von Zeit zu Zeit ein junges Mädchen aus der Mittelschicht ein, mit dem sich der König dann vergnügte. Man ließ die Mädchen über die Identität ihres Liebhabers im dunkeln, indem man ihnen nur erklärte, es handle sich um einen ausländischen Aristokraten, sodaß Ludwig zumindest eine Zeitlang sein Inkognito wahren konnte.

Wenn die Damen »ausgedient« hatten, wurden sie großzügig abgefunden und gut verheiratet. Falls sie schwanger wurden, wurde natürlich auch für diese Kinder entsprechend gesorgt. Madame de Pompadour übernahm es hin und wieder sogar selbst, daß derlei Angelegenheiten zufriedenstellend geregelt wurden. Ihre Kammerfrau, Madame du Hausset, berichtet in ihren Aufzeichnungen, daß ihr die Marquise einmal folgendes auftrug:

»Sie begeben sich für einige Tage in das Haus in der Avenue Saint-Cloud. Dort werden Sie eine junge Person vorfinden, die kurz vor der Entbindung steht. …Wir brauchen Sie, damit alles diskret und alles nach den Wünschen des Königs vonstatten geht. Sie werden der Taufe beiwohnen und den Namen der Mutter und des Vaters angeben. … Der König sagte: ›Guimard wird Ihnen den Namen der Mutter und des Vaters bekannt geben …‹ und übergab mir fünfzig Louisdor. ›Sie werden für die Wöchnerin sorgen, nicht wahr? Sie sein ein gutes, ein bißchen einfältiges Kind. Ich verlasse mich darauf, daß Sie die Angelegenheit mit der notwendigen Diskretion behandeln; den Rest wird Ihnen mein Kanzler erklären‹, sagte der König und wandte sich dabei Madame de Pompadour zu. Dann ging er aus dem Zimmer.«

Madame de Pompadour stellte dabei fest, daß ihre Entscheidung, über das Liebesleben des Königs die Augen zu schließen, richtig gewesen war, denn diese zwar hübschen, jedoch meist einfachen Mädchen vom Hirschpark konnten ihr nicht gefährlich werden. Im Gegenteil, von dem Augenblick an, da sie nicht mehr die Geliebte Ludwigs XV. war, festigte sich ihre Position erstaunlicherweise nur noch mehr.

Die Liebe zwischen dem König und Madame de Pompadour war nach etwa acht Jahren, also ab 1753, einer innigen Freundschaft gewichen. Ludwig XV. erkannte, wie sehr er die Marquise brauchte. Ihre Liebe, ihre Wärme, ihre Intelligenz und ihre Ratschläge waren ihm zu einer lieben Gewohnheit geworden. Das familiäre Leben und das Vertrauen, das er bei ihr fand, konnte ihm keine andere bieten.

Gefahr drohte für Madame de Pompadour vielmehr aus ihrer nächsten Umgebung, von den hochgestellten, adeligen Damen, die sich an den König heranmachten oder von den Feinden der Marquise diesem zugeführt wurden.

So geschehen im Januar des Jahres 1753. Ausgerechnet eine der engsten Vertrauten Madame de Pompadours, eine gewisse Gräfin d'Estrades, spann gemeinsam mit ihrem Liebhaber, dem Grafen d'Argenson, Kriegsminister und erbitterter Feind der Marquise, gemeine Ränke. Die beiden hatten beschlossen, mittels der strahlend schönen, 18jährigen Madame de Choiseul-Romanet die Pompadour von ihrem Podest zu stoßen. Die junge Frau erhielt gewissermaßen den Auftrag, den König zu verführen, ihn jedoch so lange hinzuhalten, bis er ihr versprochen hatte, Madame de Pompadour wegzuschicken.

Ludwig biß an. Er konnte sich den Reizen der verheißungsvollen Schönen nicht entziehen. Um endlich die Erfüllung seiner Begierden zu erlangen, versprach er ihr, was sie forderte. Kaum hatte sich Madame de Choiseul dem König hingegeben, lief sie, nicht einmal fertig angekleidet, zu ihren Auftraggebern und verkündete, daß der König wahnsinnig in sie verliebt sei und ihr die Entlassung der Pompadour versprochen habe. Die Ränkeschmiede hatten sich jedoch zu früh gefreut. Oder besser gesagt, sie hatten nicht mit der Naivität ihrer Komplizin gerechnet. Die kleine Choiseul erlag nämlich den Verführungskünsten des Grafen Stainville, eines entfernten Verwandten, und dieser gelangte so in den Besitz der Liebesbriefe, die der König seiner neuen Eroberung geschrieben hatte und in denen von der Verabschiedung der Marquise die Rede war.

Inzwischen war Madame de Pompadour natürlich in heller Aufregung, denn die Gerüchte über ihren bevorstehenden Sturz hatten sich wie ein Lauffeuer verbreitet. Sie war verzweifelt. Doch die Rettung kam in Gestalt des Grafen Stainville, der eigentlich zu ihren Gegnern zählte – zwar nicht zu ihren persönlichen Gegnern, sondern zu den Gegnern aus Prinzip; er hatte etwas gegen Mätressen im allgemeinen.

Die Motivation, die den Grafen veranlaßte, Madame de Pompadour zu helfen, ist nicht ganz klar. Wollte er damit den König als möglichen Rivalen ausschalten? Oder war es eher sein Standesdünkel, sodaß ihm allein schon der Gedanke ein Greuel war, eine Frau aus seinem Familienclan könnte sich für die Position einer Mätresse hergeben. Wie dem auch sei, er bat um eine Unterredung bei der Marquise und überreichte ihr die Briefe.

Madame de Pompadour wußte sofort, daß damit die Angelegenheit bereinigt sein würde, denn wenn Ludwig XV. etwas zutiefst haßte, dann war es Indiskretion.

Es kam, wie sie es vorausgesehen hatte. Als sie dem König die Briefe zeigte, die ihr zugespielt worden waren, war er so verärgert, daß sein Interesse an Madame Choiseul-Romanet mit einem Schlag verschwunden war und die indiskrete Dame augenblicklich Versailles verlassen mußte.

Graf Stainville wurde auf Initiative von Madame de Pompadour zum Botschafter beim Heiligen Stuhl ernannt. Die ursprüngliche Abneigung zwischen der Marquise und dem Grafen war einem gegenseitigen Respekt gewichen.

Die eigentlichen Anstifter der Intrige, Madame d'Estrades und der Graf d'Argenson, kamen vorerst mit der bloßen Enttäuschung über ihren mißlungenen Coup davon. Doch zwei Jahre später überspannte Madame d'Estrades den Bogen. Im August 1755 schrieb Ludwig XV. einen Brief an die wieder einmal krank zu Bett liegende Madame de Pompadour, um ihr eine politische Angelegenheit auseinanderzusetzen. Als das königliche Schreiben vom Nachttisch der Marquise verschwand, wußte diese sofort, daß nur die Gräfin es genommen haben konnte. Mittels eines »lettre de cachet« wurde die spionierende Dame vom Hofe verbannt. Ihren Liebhaber sollte zwei Jahre später dasselbe Schicksal ereilen.

Wenn solche Ereignisse Madame de Pompadour auch jedes Mal in Angst und Schrecken versetzten, sie hatten doch ein Gutes, denn sie stärkten ihre Position nur noch mehr.

1752 hatte der König sie zur Herzogin ernannt, um jedoch Neidern und weiteren Anfeindungen vorzubeugen, nannte sie sich auch weiterhin Marquise de Pompadour. Lediglich Krone und Herzogsmantel nahm sie in ihr Wappen auf, und sie durfte nunmehr in Gegenwart der Königin sitzen. Doch auch das Bewußtsein, daß ihre Position ungefährdet und Ludwig nicht gewillt war, ihr seine Gunst zu entziehen, verstellte nicht ihren Blick für das wahre Treiben bei Hofe. Ihre oft tiefen Einsichten, die sie in Briefen an Freunde und Verwandte offenbarte, sind voller Traurigkeit und bitterer Erkenntnis. So erteilte sie 1750 etwa ihrem Bruder folgenden Rat: »Was die Höflinge anbelangt, so muß ich Sie über sie aufklären. Würde Ihre Herkunft es Ihnen gestatten, mit Ihnen um die Ämter, nach denen sie streben, zu wetteifern, so können Sie gewiß sein, daß sie Ihnen insgeheim Schaden zuzufügen versuchten; doch da dies nicht der Fall ist, haben sie nur Gleichgültigkeit für Sie übrig.«

Kurze Zeit später schrieb sie: »Mit Ausnahme des Glücks, mit dem König zusammenzusein, das zweifellos alles andere aufwiegt, gibt es nichts als Gemeinheiten und Platitüden, kurzum, das Schlimmste, dessen wir arme Menschen fähig sind.« (Bernier: Ludwig XV., S. 348)

Sie, die aufgrund ihrer außergewöhnlichen Schönheit die höchsten Höhen in der höfischen Gesellschaft erklommen hatte; sie, die alles tat, um ihre Position der maîtresse en titre zu halten, wollte niemanden eine Nachahmung empfehlen, am allerwenigsten ihrer eigenen Tochter, wußte sie doch um die Zahl ihrer Neider und Feinde. Aus diesem Blickwinkel ist auch ihr Brief an ihren Vater aus dem Jahre 1752 zu verstehen:

»Ich finde, daß Alexandrine viel häßlicher wird; solange sie nicht entsetzlich aussieht, bin ich durchaus zufrieden, denn ich wünsche beileibe nicht, daß sie eine große Schönheit wird. Das schafft nur Feindinnen unter den Frauen, was zusammen mit den Freunden besagter Frauen zwei Drittel dieser Welt ausmacht.« (Bernier: Ludwig XV., S. 347)

Madame de Pompadour liebte ihr Kind von ganzem Herzen, und fürsorglich machte sie sich schon früh auf die Suche nach einem geeigneten Ehepartner für Alexandrine. Wie einst ihre eigene Mutter wünschte auch sie sich, daß ihre Tochter in höhere Kreise einheiratete.

Da es ihr selbst verwehrt geblieben war, mit dem König ein Kind zu haben, wünschte sie sich wohl über ihre Tochter eine Verbindung mit dem königlichen Blut. Ludwig XV. hatte von seiner zweiten Geliebten, Madame de Vintimille, einen Sohn, Charles-Emanuel, der ihm wie aus dem Gesicht geschnitten war und daher scherzhaft als »demi-Louis« bezeichnet wurde. Diesen Jungen hätte sich Madame de Pompadour als künftigen Schwiegersohn gewünscht. Doch als sie eines Tages – Alexandrine und Charles-Emanuel spielten gerade im Garten miteinander – dem König ihre Absichten eröffnete, reagierte dieser ziemlich verärgert, und sie wagte es nicht mehr, die Sache noch einmal zu erwähnen.

Kurz danach trug sie ihre Tochter dem Herzog von Richelieu für seinen Sohn an, doch auch dieser lehnte das Angebot ab. Zu groß war sein Standesdünkel, als daß er eine Bürgerliche als Schwiegertochter akzeptiert hätte, auch wenn sie die Tochter der königlichen Mätresse war.

Madame de Pompadour hätte sich diese Demütigungen ersparen können, denn Alexandrine starb 1754 im Alter von zehn Jahren an Lungenentzündung. Es war ein schwerer Schlag für die Marquise, den sie nie wirklich verwinden sollte.

Je seltener die sexuellen Kontakte zwischen Ludwig XV. und Madame de Pompadour wurden, umso fester wurde ihre Beziehung und umso tiefer ihre Freundschaft und das Vertrauen, das der König zu seiner Mätresse hatte. Mehr denn je zog er sie in staatspolitischen Angelegenheiten zu Rate und ließ sie an den Sitzungen seiner Minister teilnehmen.

1756 machte er sie zur außerordentlichen Palastdame der Königin. Eine hohe Ehre, aber auch ein sicheres Zeichen dafür, daß sie zu diesem Zeitpunkt nicht mehr seine Geliebte war, denn die gottesfürchtige Maria Leszczynska hätte niemals eine Frau an ihrer Seite geduldet, die in doppeltem Ehebruch lebte. Darüber hinaus hätte Ludwig seiner Gemahlin wohl nicht die Demütigung angetan, ihr die Rivalin als Hofdame zur Seite zu stellen. Um jeden Verdacht auszuräumen, schrieb Madame de Pompadour auf Anraten ihres Beichtvaters sogar an ihren Gatten, Monsieur d'Etioles, er möge ihr verzeihen und sie wieder aufnehmen. Natürlich war diese Bitte nicht ernst gemeint, und die Marquise war heilfroh, als ihr Gemahl antwortete, es sei ihm nach so langer Zeit wirklich nicht möglich, die Ehe mit ihr wiederaufzunehmen.

Sie hatte ihn ja auch nur um der Form willen um Versöhnung gebeten, um ihres neuen Amtes würdig zu sein. In Wahrheit wollte Madame de Pompadour den König ja gar nicht verlassen, sie wollte vielmehr weiterhin bei Hofe bleiben und eine bedeutende Rolle spielen.

Die Marquise war klug und erkannte, wie sie ihre Position halten konnte. Sie war dem König unentbehrlich geworden und wollte dies auch bleiben, indem sie ihr Interesse für die Politik und die öffentlichen Angelegenheiten entdeckte. Sie hatte sich Madame de Maintenon zum Vorbild genommen, die sich mit Intelligenz und Vernunft die Zuneigung und das Vertrauen Ludwigs XIV. bis zu dessen Tode erhalten hatte.

Getreu ihrem Vorbild wollte auch Madame de Pompadour etwas in die Welt setzen, das ihr zum Ruhme gereichte. Madame de Maintenon hatte Saint-Cyr gegründet, jene Schule für verarmte adelige Mädchen, die sich seit dem großer Beliebtheit erfreute. Die Marquise de Pompadour sollte als Gründerin der Ecole militaire in die Geschichte eingehen.

Um die Mitte des 18. Jahrhunderts war es um die Ausbildung der französischen Offiziere nicht gerade zum besten bestellt. Preußens durchschlagskräftige Armee hatte im Österreichischen Erbfolgekrieg neue Maßstäbe für das europäische Militärwesen gesetzt. In Frankreich bestand ganz eindeutig Nachholbedarf, was die strategische Kriegsführung und die Disziplin innerhalb der Regimenter betraf. Die Gründung der Ecole militaire im Jahre 1751 sollte ein wichtiger Beitrag zur Modernisierung der französischen Streitkräfte sein. Rund 500 junge Adelige erhielten dort eine fundierte Ausbildung im Militärwesen. Wie effektiv diese Einrichtung war, das sollte ein halbes Jahrhundert später ein Zögling dieses Institutes beweisen: Napoleon Bonaparte, der mit seiner bestens geschulten und geführten Armee halb Europa erobern sollte.

Im Jahr darauf setzte sich Madame de Pompadour mit der Errichtung der Porzellanfabrik von Sèvres ein weiteres Denkmal. Bislang hatte die sächsische Stadt Meißen das Monopol in Europa innegehabt, wenn es um Porzellan ging. Die kleine private Manufaktur in Vincennes konnte da nicht mithalten, obwohl die Qualität ihrer Produkte den sächsischen in nichts nachstand. Es ist Madame de Pompadour zu verdanken, daß der Staat diese Fabrik übernahm und nach Sèvres in ein neues, größeres Gebäude verlegte. Das berühmte Sèvres-Porzellan war geboren und eroberte binnen kürzester Zeit mit neuen Farbtönen und von namhaften Künstlern entworfenen Designs den europäischen Markt.

Frankreich erlebte unter Ludwig XV. einen enormen wirtschaftlichen Aufschwung, und der Lebensstandard wurde wesentlich angehoben. Grund dafür war unter anderem der florierende Handel mit den Kolonien sowie der Ausbau des Straßennetzes. Hinzu kam eine verbesserte Administration, die Vereinheitlichung des Zivilrechtes und die Kodifizierung von Gerichtsverfahren, aber auch die Förderung der Ausbildung von Ingenieuren und Technikern, sodaß in dieser Zeit die Grundlagen für ein modernes Staatswesen geschaffen wurden.

Doch trotz dieser zweifellos sehr positiven Maßnahmen blieb die Innenpolitik eine ewige Quelle für Streitigkeiten. Reformversuche der Regierung scheiterten nur allzu oft am Widerstand der privilegierten Gruppen. So etwa 1749, als Finanzminister Machault d'Arnounville den sogenannten Zwanzigsten, eine fünfprozentige Einkommensteuer, einführte, die dazu beitragen sollte, die durch den Krieg entstandenen finanziellen Probleme zu lösen. Neu und durchaus gerecht war an dieser Abgabe, daß sie von allen Bürgern ohne Ausnahme eingehoben werden sollte. Dagegen schrieen jedoch Adel, Klerus und Parlamente so heftig auf, daß Machault schließlich einen Rückzieher machen mußte, und die Hauptlast der Steuer wieder einmal auf den Dritten Stand fiel.

Vor allem war es aber die Opposition der Parlamente, die dem König das Leben schwer machte. Ihre Vertreter betrachteten sich als Kontrollorgane der königlichen Macht und nahmen für sich das Recht in Anspruch, Gesetze und Erlässe zu beeinspruchen. Die Parlamente als Repräsentanten des aufstrebenden Bürgertums wollten entsprechend ihrer wirtschaftlichen und gesellschaftlichen Leistungen um jeden Preis mehr an Einfluß gewinnen, und so wurde ihre Opposition gegen den König bisweilen zum reinen Selbstzweck. Die lautstarken Attacken, die die Parlamentarier gegen die Kirche und den

König ritten, veranlaßten wohl am 5. Januar 1757 einen Mann namens Robert-François Damiens im Hof von Versailles, wohin damals so gut wie jeder Zutritt hatte, auf die Ankunft des Königs zu warten.

Als Ludwig XV. schließlich seiner Kutsche entstieg, trat Damiens auf ihn zu. Jeder meinte, er wolle dem König eine Bittschrift überreichen. Doch Damiens zog einen Dolch und stieß ihn Ludwig XV. in die Brust.

Der Attentäter, der sich nicht von der Stelle rührte, wurde sofort verhaftet. In den Befragungen stellte sich heraus, daß es sich um einen offensichtlich geistesschwachen, armen Teufel handelte, der während seines Dienstes als Lakai Ohrenzeuge der aufgeregten Diskussionen einiger Parlamentarier geworden war. Als diese wieder einmal heftig den König kritisierten, fühlte sich Damiens aufgerufen, der Kritik eine Tat folgen zu lassen. Er beteuerte jedoch, er habe Ludwig XV. nicht töten, sondern nur warnen wollen. Dennoch wurde er auf eine so bestialische Weise öffentlich hingerichtet, wie man sie zuletzt 1610 nach der Ermordung Heinrichs IV. durch Ravaillac erlebt hatte: Damiens wurde, nachdem man brennendes Pechharz in seine mit glühenden Zangen zugefügten Wunden gegossen hatte, von Pferden geviertteilt und verbrannt.

Die Verletzung des Königs stellte sich als oberflächlich und harmlos heraus. Ludwig XV. hatte Glück gehabt, denn es war kalt gewesen an jenem 5. Januar und er hatte über Hemd, Weste und Rock noch einen pelzgefütterten Mantel getragen, der ein tieferes Eindringen des Dolches in seine Brust verhindert hatte. Trotzdem bangte man noch tagelang um das Leben des Souveräns, denn es lag auch die Vermutung nahe, daß die Waffe vergiftet war.

Die Tage nach dem Anschlag waren voller Ungewißheit für Madame de Pompadour. Man hatte ihr untersagt, den König aufzusuchen, sodaß sie das Schlimmste vermutete. Sie war völlig verzweifelt. Noch dazu nahm das Volk das Attentat zum Anlaß, wieder einmal ihren Sturz zu fordern. Auch bei Hofe sahen nun einige Leute die Gelegenheit gekommen, um die mächtige Mätresse loszuwerden. Die Minister d'Argenson und Machault machten sich auf den Weg zu ihr und legten ihr nahe, den Hof zu verlassen.

Die in Tränen aufgelöste Marquise wollte schon ihre Sachen packen und sich auf eines ihrer Schlösser ins Exil begeben, als sich plötzlich alles zum Guten wendete.

Obwohl Ludwig XV. keine gravierende körperliche Verletzung davongetragen hatte, so war er doch durch den Mordanschlag ziemlich verstört. Er sah in Damiens einen Abgesandten des Volkes, das ihm offenbar seinen Gehorsam entzogen hatte. Er zweifelte an seinen Fähigkeiten als Herrscher und verfiel in eine schwere Depression.

Nach elf Tagen aber erhob er sich zur Verblüffung der um sein Bett versammelten Familienmitglieder und Höflinge und verließ wortlos sein Schlafgemach, um sich zu Madame de Pompadour zu begeben.

Die Freundin fand offenbar abermals die richtigen Worte. Zwei Stunden lang sprach sie ihm zu und zerstreute schließlich seine Ängste und seine Niedergeschlagenheit. Ein Beobachter berichtete, daß der König wie verwandelt gewesen sei, als er die Gemächer der Marquise verließ. Ruhig und gutgelaunt nahm er seine Geschäfte wieder auf.

Zwei anderen Herren jedoch dürfte danach die gute Laune gründlich vergangen sein. D'Argenson und Machault hatten wohl etwas zu vorschnell gehandelt, denn auf einmal war die Situation eine ganz andere. Nun war es nämlich Madame de Pompadour, die die Gelegenheit nutzte, um ihre beiden Gegner loszuwerden. D'Argenson erhielt vom König folgende knappe Zeilen:

»M. d'Argenson, ich benötige Eure Dienste nicht länger und befehle Euch, Euer Amt als Staatssekretär des Kriegswesens zusammen mit Euren anderen Ämtern niederzulegen und Euch auf Euer Landgut Les Ormes zurückzuziehen.« (Bernier: Ludwig XV., S. 398)

Machault, den der König sehr schätzte und den er nur schweren Herzens entließ, wurde weitaus freundlicher verabschiedet:

»Monsieur de Machault, überzeugt von Eurer Redlichkeit und lauteren Gesinnung, sehe ich mich dennoch durch die Umstände gezwungen, Euch die Siegel abzufordern und Eure Demission als Marineminister entgegenzunehmen. Seid meiner Gunst und Freundschaft auch weiterhin versichert, und solltet Ihr für Eure Kinder eine Gnade zu erbitten haben, so mögt Ihr es jederzeit tun. Ich halte es für angebracht, daß Ihr einige Zeit in Arnouville bleibt. Pension und Ehren der Garde des Sceaux [des Siegelbewahrers, Anm.] stehen Euch weiterhin zu.« (Mitford, S. 160)

Das Verhalten der beiden Männer gegenüber Madame de Pompadour war zwar das auslösende Moment für ihre Verabschiedung, nicht jedoch der eigentliche Grund. Dieser war nämlich ein höchst politischer. Sowohl d'Argenson als auch Machault waren Gegner der neuen Außenpolitik Frankreichs, die im Vorjahr durch die sogenannte »Umkehr der Bündnisse« eingeschlagen worden war.

England hatte sich in den letzten Jahren zum erbitterten Feind Frankreichs auf dem Meer und in den Überseekolonien entwickelt. Es war ein Kampf um die

Vorherrschaft in diesen Regionen, die Auseinandersetzungen nahmen immer mehr zu, sodaß ein Krieg unabwendbar schien. Da die Kolonien einen bedeutenden wirtschaftlichen Faktor darstellten, würde man sie auf jeden Fall gegen England verteidigen und ausbauen.

Auf dem europäischen Festland hätte Frankreich eigentlich keinen Grund für militärische Auseinandersetzungen gehabt. Österreich jedoch war vor dem ständig säbelrasselnden Preußenkönig Friedrich II. auf der Hut. Darüber hinaus hatte Maria Theresia die Hoffnung auf eine Rückeroberung Schlesiens, das seit dem Ende des 1. Schlesischen Krieges 1742 zu Preußen gehörte, noch nicht aufgegeben. Von ihrem Staatskanzler Graf Kaunitz ging die Initiative zu einer Annäherung an den Erzfeind Frankreich aus. Kaunitz hatte als Botschafter in Frankreich in den Jahren 1750 bis 1752 das Wohlwollen Ludwigs XV. und der Madame de Pompadour gewonnen. Der Graf war klug und hatte erkannt, daß eine solche Annäherung der beiden Staaten, wie er sie plante, am besten über die Marquise zu erreichen war. Während nämlich die meisten französischen Minister, allen voran Kriegs- und Außenminister d'Argenson und der nunmehrige Marineminister Machault, als Preußenfreunde galten, hegte Madame de Pompadour einen abgrundtiefen Haß gegen Friedrich II. Dieser hatte sich nämlich nicht gerade fein über sie geäußert, ja er hatte sie sogar eine Hure genannt. Die Marquise war allerdings nicht das einzige Opfer der bösen Zunge des Preußenkönigs, sie befand sich sogar in allerhöchster Gesellschaft, nämlich mit Kaiserin Maria Theresia und Zarin Elisabeth, über die sich Friedrich kaum weniger abfällig zu äußern pflegte.

Die persönlichen Ressentiments der Madame de Pompadour gegen Preußen konnten den österreichischen Absichten nur dienlich sein, und sie waren es schließlich auch im Verein mit dem diplomatischen Geschick des neuen österreichischen Botschafters Georg Adam Graf Starhemberg. Dieser traf 1755 in geheimer Mission in Versailles ein, um sich unverzüglich zu Madame de Pompadour zu begeben und ihr die Vorschläge Österreichs zu unterbreiten: Im Falle einer Allianz würde Österreich Frankreich territoriale Konzessionen in den Niederlanden machen und darüber hinaus den Prinzen Conti bei der polnischen Königswahl unterstützen. Außerdem würde es Frankreich die Benützung der niederländischen Häfen Nieuwport und Oostende für die Dauer des Krieges mit England gestatten. Und schließlich der Punkt, der für Frankreich wohl am interessantesten war: Österreich würde sein bisher bestehendes Bündnis mit England aufkündigen. Im Gegenzug sollte Frankreich das seine mit Preußen, das ja seit dem Österreichischen Erbfolgekrieg aufrecht war, lösen.

Madame de Pompadour fühlte sich aufs höchste geschmeichelt, von der großen Kaiserin als Vermittlerin auserwählt worden zu sein. Mit all ihrem Ehrgeiz widmete sie sich dieser neuen Aufgabe. Sie war überzeugt, Frankreich damit einen großen Dienst zu erweisen. Es gelang ihr, Ludwig XV. für die österreichischen Vorschläge zu gewinnen, der ebenfalls nicht gerade viel Sympathie für den zynischen Preußenkönig übrig hatte. Vor allem aber ging es ihm darum, dem Widersacher England seinen Verbündeten auszuspannen. Die streng geheimen Verhandlungen, zu denen die Marquise ihren alten Vertrauten, den Abbé de Bernis, hinzugezogen hatte, fanden immer in Babiole, einem kleinen Landsitz ganz in der Nähe ihres Schlosses Bellevue, statt.

Als am 16. Januar 1756 bekannt wurde, daß Preußen eine Allianz mit England eingegangen war, sah Frankreich keinen Grund mehr, nicht auf das österreichische Angebot einzugehen. Am 1. Mai desselben Jahres wurde schließlich in Versailles das Neutralitäts- und Defensivbündnis zwischen Österreich und Frankreich unterzeichnet, dem sich im darauffolgenden Januar auch Rußland anschloß. Im Mai 1757 trat dann auch noch Schweden der neuen Allianz bei.

Madame de Pompadour war mächtig stolz auf »ihre« Leistung. Tatsächlich sollte dieses als »Umkehr der Bündnisse« in die Geschichte eingegangene Ereignis ihr zugeschrieben werden, jedoch vor allem deshalb, weil es für Frankreich fatale Auswirkungen haben sollte.

Zunächst aber sonnte sich die Marquise in ihrem Erfolg und ließ sich von Kaunitz loben und umschmeicheln. Dieser tat natürlich alles, um seine Verbündete bei der Stange zu halten. Er wußte, wie empfänglich Madame de Pompadour für Schmeicheleien war, und seine Huldigungsbriefe verfehlten ihre Wirkung nicht. So schrieb er etwa am 9. Juni 1756:

»Es ist Ihrem Eifer und Ihrer Weisheit, Madame, zuzuschreiben, was bisher zwischen den beiden Höfen vereinbart wurde. Ich empfinde so und kann mir die Genugtuung nicht versagen, es Ihnen zu bekennen und danken dafür, daß Sie so gütig waren, bis zu dieser Stunde mein Führer sein zu wollen. Ich darf Sie auch nicht in Unkenntnis lassen darüber, daß Ihre Kaiserliche Majestät Ihnen alle Gerechtigkeit hat widerfahren lassen, die Ihnen zukommt, und für Sie Gefühle hegt, die Sie sich nur wünschen können. Was geschehen ist, muß, so scheint es mir, die Zustimmung der unparteiischen Öffentlichkeit und der kommenden Generationen finden. Aber was noch getan werden muß, ist sehr viel und zu sehr Ihrer würdig, als daß Sie verzichten könnten darauf, den Versuch jener Leistung zu unternehmen, die Sie dem Vaterland für immer teuer machen muß. Ich bin auch überzeugt, daß Sie nicht aufhören werden, Ihre Sorgfalt einem so wichtigen Gegenstand zu widmen. Dann aber scheint mir der Erfolg sicher zu sein. Im voraus schon teile ich den Ruhm und die Genugtuung, die Ihnen daraus erwachsen müssen, da gewiß niemand Ihnen aufrichtiger oder ehrfurchtsvoller zugetan sein kann als Ihr sehr demütiger und gehorsamer Diener Graf von Kaunitz« (Simanyi: Madame de Pompadour, S. 225)

Solche Worte waren natürlich Balsam auf die Seele der Marquise, die sich nichts sehnlicher wünschte, als daß ihr Name im Zusammenhang mit einem segensreichen Werk genannt wurde.

Kaunitz hatte von Madame de Pompadour ein Porträt erbeten, und als diese ihm mitteilte, daß das Bildnis fertig sei, ließ er im Postskriptum zu seinem Antwortschreiben all seinen Charme einfließen, der dem heutigen Leser ziemlich übertrieben erscheint, doch durchaus dem Stil der Zeit entsprach:

»P. S. Sie dürfen nicht zweifeln daran, Madame, daß ich mit der quälendsten Ungeduld das reizvolle Porträt erwarte, nach dem der grausame Monsieur de la Tour mich seit langem schmachten läßt. Erlösen Sie mich endlich von dieser Pein, ich flehe Sie an, und erweisen Sie mir die Gnade, es mir so bald wie möglich zu schicken! Ich küsse Ihnen mit tiefstem Respekt die Hand.

Graf von Kaunitz-Rietberg« (Simanyi, S. 238)

Das Glück der Marquise war vollkommen, als sich die Kaiserin gar dazu herabließ, der Mätresse Ludwigs XV. für ihre Dienste ein Geschenk zukommen zu lassen. Es handelte sich um ein Schreibpult aus feinster Lackarbeit, in das das Porträt Maria Theresias eingelassen war und das Madame de Pompadour im Jahre 1759 überreicht wurde. In einem Brief bedankte sie sich untertänigst bei der verehrten Kaiserin:

»An Ihre Kaiserliche, Königliche und Apostolische Majestät, die Kaiserin-Königin von Ungarn und Böhmen

Madame, ist mir erlaubt zu hoffen, Ihre Kaiserliche Majestät werde gütigst meinen ergebensten Dank und den Ausdruck der respektvollen Erkenntlichkeit anzunehmen geruhen, welche mir angesichts des unschätzbaren Porträts erfüllt, das sie mir überbringen ließ?

Müßte man, Madame, um diese kostbare Gabe zu verdienen, nur bis zum Grund seiner Seele von der enthusiastischen Bewunderung durchdrungen sein, welche die verführerischen Reize und heroischen Tugenden Ihrer Kaiserlichen Majestät einflößen, dann wäre niemand ihrer würdiger als ich. Ich wage hinzuzufügen, daß unter den Untertanen Ihrer Kaiserlichen Majestät niemand ist, der diesen seltenen und erhabenen Vorzügen eine aufrichtigere Reverenz erweist.

Sie sind es gewohnt, Madame, in all jenen, die das Glück Ihrer Nähe genießen, eben die Empfindungen zu erkennen, die Ihnen auszudrücken ich die Ehre habe. Doch ich hoffe, Ihre Kaiserliche Majestät werde die meinen davon zu unterscheiden geruhen und sie als Ausfluß des tiefen Respekts betrachten mit dem ich bin

Ihrer Kaiserlichen Majestät sehr ergebene und sehr gehorsame Dienerin Jeanne de Pompadour« (Simanyi, S. 226)

Lange durfte sich Madame Pompadour an ihrem vermeintlichen politischen Verdienst allerdings nicht erfreuen.

Am 29. August 1756 fielen die Preußen in das mit Österreich verbündete Sachsen ohne Kriegserklärung ein, und gleich im folgenden Frühjahr drangen sie in Böhmen ein. Der Siebenjährige Krieg hatte begonnen, und bald schon sollten die Schattenseiten des Bündnisses mit Österreich zutage treten.

Sachsen war ein befreundetes Land, denn der Dauphin war in zweiter Ehe mit der sächsischen Prinzessin Maria Josepha verheiratet. Also wurde aus dem Defensivbündnis mit Österreich rasch ein Offensivbündnis, und Frankreich war mitten in einem Krieg.

Schon am 5. November 1757 erlitten die Franzosen bei Roßbach eine verheerende Niederlage gegen die gemeinsam mit Hannover, Hessen und Braunschweig kämpfenden Preußen, und einmal mehr zeigte sich, wie sehr Frankreich konsequente innenpolitische und militärische Reformen nötig hatte: Die Minister waren sich uneinig, ja manche widersetzten sich sogar ganz offen der neuen Außenpolitik; das Parlament erhob wieder einmal Einspruch gegen die erlassenen Steuern, die den Krieg finanzieren sollten, und die Befehlshaber der Armee stritten untereinander, wer das Sagen haben sollte.

Eigentlich hatte sich Frankreich mit der neuen Bündnispolitik den Rücken freihalten wollen gegen den eigentlichen Feind, nämlich England. Nun aber mußte es plötzlich an zwei Fronten kämpfen: am Kontinent gegen Preußen und seine Verbündeten, in den Kolonien und auf den Weltmeeren gegen England. Trotz der Hilfe der Spanier waren die Franzosen der englischen Flotte nicht gewachsen. Die Unterstützung für die Truppen in Übersee kam nur schleppend oder blieb ganz aus. Zu spät versuchte man, Versäumtes nachzuholen und eiligst Schiffe zu bauen und auszurüsten. Madame de Pompadour gab fast ihr ganzes Vermögen für den Aufbau der Marine her, doch es nützte nichts mehr, die Überlegenheit der Engländer als Seemacht wurde immer drückender. Im Februar 1763 wurden schließlich zwei Frieden geschlossen. Der Friede von Hubertusberg stellte in Europa den Status quo von 1756 wieder her, im Frieden von Paris hingegen mußte Frankreich schwere Verluste in Übersee hinnehmen: fast alle Besitzungen in Nordamerika (darunter Kanada) und Indien sowie wichtige Stützpunkte in Afrika gingen verloren.

Das Murren im Volk war kaum noch zu überhören, und der bislang immer noch »vielgeliebte« König wurde zusehends unbeliebter. Ludwig war tief getroffen vom Haß seines Volkes, und sein Mißtrauen wuchs. Wie seine Mätresse schon seit Jahren, mied auch er fortan Paris. Ja, er ließ sogar eine eigene Straße bauen, um auf dem Wege nach Versailles die Hauptstadt seines Reiches nicht passieren zu müssen. Immer mehr zog er sich zurück und schloß sich in seiner Residenz regelrecht ein. Je weniger er sich in der Öffentlichkeit zeigte, umso schärfer wurden die Anschuldigungen gegen ihn, er sei am Wohlergehen seiner Untertanen uninteressiert und ließe sich von seiner Mätresse gängeln und zur Verschwendung von Staatsgeldern verleiten.

Ludwig XV. war vom »Bien Aimé«, dem Vielgeliebten, zum »Bien Haï«, dem Vielgehaßten, geworden, und Madame de Pompadour wurde mit Pamphleten und Drohungen geradezu bombardiert. Man gab natürlich ihr die Schuld, daß dieser Krieg verloren worden war, und nicht nur einmal wurde ihre Kutsche von einer wütenden Menge mit Steinen und Schmutz beworfen.

Die seelischen Belastungen, die Madame de Pompadour aufgrund der Anfeindungen des Volkes zu ertragen hatte, wirkten sich verheerend auf ihre ohnedies seit jeher fragile Gesundheit aus. 1763 war sie 42 Jahre alt, sah jedoch weit älter aus. Sie war mager geworden und ihre Haut gelb und faltig. Immer kürzer wurden die Abstände zwischen ihren Unpäßlichkeiten und Krankheiten. Ständig war sie außer Atem, sodaß man ihr in Versailles eine Art Aufzug eingerichtet hatte, einen Stuhl, der mittels Flaschenzug in den ersten Stock befördert werden konnte, damit sie nicht mehr die Treppen steigen mußte. Sie sah erschreckend aus, denn die Krankheit hatte sie gezeichnet. Die Marquise de Créquy hinterließ uns in ihren Aufzeichnungen ein Porträt der todkranken Madame de Pompadour:

»Sie war klein und schwächlich und hatte ins Blaue gehende, doch glanzlose Augen, gelbliche Haare, die fast die Farbe ihrer Haut hatten, sodaß die große Trauer (ohne Puder und Rouge) für ihr Aussehen ausgesprochen nachteilig war. Ihre kurzen und spärlichen Wimpern waren kaum noch zu erkennen, und anstelle der Augenbrauen hatte sie zwei rote Flecken… Ihre Hände waren klein und häßlich, und ihre Füße waren eher schief und verkrüppelt als hübsch, sie waren seltsam nach außen gedreht wie beim Ballett. Diese vom größten Monarchen und schönsten Fürsten der Welt angebetete Geliebte wirkte stets kränklich und leidend, und ihre Rede war kraftlos.«

Immer noch aber kämpfte Madame de Pompadour gegen die Krankheit an, versuchte ihre Spuren hinter Puder und Rouge zu verbergen, doch ihre Kräfte schwanden täglich.

1758 war ein neuer Mann in der politischen Szene Frankreichs aufgetaucht: jener Graf Stainville, der während der Intrige um Madame de Choiseul-Romanet eine wichtige Rolle gespielt hatte und dann Botschafter in Rom gewesen war. Er übernahm von Abbé de Bernis das Amt des Außenministers, wurde zum Pair von Frankreich und zum Herzog von Choiseul erhoben. Madame de Pompadour vertraute ihm und überließ ihm die meisten ihrer bisherigen Aufgaben, weil ihre Gesundheit ihr nicht mehr erlaubte, diese weiterhin wahrzunehmen.

In der Folge ging es mit Madame de Pompadour rasch bergab. Den Winter verbrachte sie auf Schloß Choisy. Sie wußte, daß ihr nicht mehr viel Zeit blieb, sie fühlte sich schwach und hustete sich die Seele aus dem Leib. Im Februar 1764 erkrankte sie und mußte Wochen im Bett verbringen. Die Ärzte waren in größter Sorge um ihr Leben, und Ludwig XV. besuchte sie täglich. Zur allgemeinen Überraschung aber erholte sie sich noch einmal. Im Frühjahr kehrte sie ein letztes Mal nach Versailles zurück, doch nur noch wenige Tage waren ihr vergönnt. Am Palmsonntag, dem 15. April 1764 lag sie im Sterben. Wie in den vergangenen Jahren zeigte sie auch in ihren letzten Stunden bewundernswerte Selbstdisziplin. Ein wenig geschminkt und im weißen Morgenrock hielt sie noch ein letztes Mal hof und verabschiedete sich von ihren Freunden, nachdem sie ihr Testament diktiert hatte.

Um die Sterbesakramente zu erhalten, mußte sie auch dem König Lebewohl sagen. Sie klagte nicht und zeigte Würde und Größe. Nachdem sie gebeichtet und die Sakramente empfangen hatte, wollte der Priester gehen. Doch Madame de Pompadour sagte zu ihm: »Einen Augenblick, M. le Curé, ich komme mit« und verschied.

Es war striktes Gesetz, daß kein Leichnam im Schloß bleiben durfte. Also trug man die soeben Verstorbene auf einer Bahre in eine nahegelegene Kapelle, wo sie bis zu ihrer Bestattung lag.

Es regnete in Strömen und stürmte, als man Madame de Pompadour von dort in jene Kirche in Paris brachte, wo sie neben ihrer Tochter Alexandrine beigesetzt wurde.

Ludwig XV. zeigte sich zwar nach außen hin sehr beherrscht, doch der Tod jener Frau, die einmal seine Geliebte war und dann beinahe 20 Jahre lang seine beste Freundin, ging ihm sehr nahe.

Vom Balkon seines Schlafzimmers aus blickte er dem Leichenzug nach. Als er ins Zimmer zurücktrat, sah sein Kammerdiener, daß ihm Tränen über die Wangen liefen, und er hörte, wie der König flüsterte: »Das war die einzige Ehre, die ich ihr erweisen konnte.«

MADAME DU BARRY

(1743–1793)

Mit Madame de Pompadour hatte Ludwig XV. seine beste Freundin verloren, den einzigen Menschen vielleicht, der ihn wirklich verstanden hatte und der ihm in dieser schwierigen Zeit eine Stütze gewesen war. Denn die immer offensichtlicher werdende Ablehnung, die der König von seinem Volk erfuhr, lastete schwer auf seiner Seele. Nun hatte er niemanden mehr, der seine Sorgen zerstreute, ihm Mut zusprach und sein Selbstvertrauen stärkte. Ludwig XV. zog sich immer mehr in die abgeschlossene Welt von Versailles zurück. Nur noch selten ließ er sich in seiner Hauptstadt blicken, und er hatte kaum noch Kontakt zu seinem Volk.

In Versailles ging das Leben zumindest nach außen hin weiter wie bisher. Zeremoniell und festliche Veranstaltungen ließen kaum Raum für Veränderungen im Alltag der höfischen Gesellschaft. Doch innerlich war der König einsamer denn je, und nicht einmal seine Besuche im berüchtigten Hirschpark vermochten ihn aus seiner Niedergeschlagenheit herauszureißen.

Mit dem Tod von Madame de Pompadour hatte für Ludwig XV. eine Zeit der Trauer begonnen, und es schien, als wollte diese nie zu Ende gehen. 1765 starb sein einziger Sohn, der Dauphin, an Tuberkulose. Ihm folgte zwei Jahre später die Dauphine, Marie-Josèphe, und am 24. Juni 1768 schließlich schied auch Königin Maria aus einem Leben, das nicht gerade viel Glück für sie übrig gehabt hatte.

Von seinen zehn Kindern waren dem König 1768 nur noch seine vier unverheirateten Töchter, Adélaïde, Victoire, Sophie und Louise-Marie, geblieben. Letztere trat 1770 in das Karmeliterinnenkloster von Saint-Denis ein, während den drei anderen das Dasein verbitterter alter Jungfern beschieden war, die dem Lebenswandel ihres Vaters nur wenig Verständnis entgegenbrachten.

Sein Sohn hatte ihm fünf Enkelkinder hinterlassen: Louis, den nunmehrigen Dauphin und künftigen Ludwig XVI., den Grafen von Provence und späteren Ludwig XVIII. sowie den Grafen von Artois, der einmal als Karl X. auf Frankreichs Thron gelangen sollte. Von den beiden Mädchen sollte Marie-Adélaïde-Clotilde einmal Königin von Sardinien werden, während auf ihre Schwester Elisabeth statt eines Thrones die Guillotine wartete.

Obwohl Ludwig XV. seine Familie von Herzen liebte und er sich auch redlich bemühte, seiner Aufgabe als Vater und Großvater nachzukommen, konnte ihm dies doch kein Ersatz für die Beziehung zu einer Frau sein, ebensowenig wie die flüchtigen Affären mit den jungen Damen vom Hirschpark. Er war nun bereits 58 Jahre alt und sehnte sich wieder nach einem Menschen, dem er vertrauen konnte und bei dem er gleichermaßen Liebe und Sicherheit fand.

Zwar boten sich nicht wenige Damen des Hofes geradezu an, den Platz der verstorbenen maîtresse en titre einzunehmen, doch war keine darunter, die auch nur einen Funken jener Wärme in sich gehabt hätte, wie sie Madame de Pompadour eigen gewesen war. Bis eines Tages eine gewisse Gräfin du Barry in jenem Spalier von Höflingen stand, das den Weg des Königs säumte, wenn er durch die Gänge von Versailles schritt.

Trotz ihres klingenden Namens war die Gräfin du Barry weder eine Dame des Hofes noch eine Dame von Adel, ja, sie war eigentlich überhaupt keine Dame, und ihr richtiger Name lautete damals noch ganz einfach Jeanne Bécu. Sie war am 19. August 1743 in Vaucouleurs als uneheliche Tochter von Anne Bécu, einer kleinen Näherin, geboren worden. Über ihren Vater gibt es lediglich Spekulationen, wahrscheinlich aber handelte es sich um einen Mönch namens Jean-Baptiste Gomard de Vaubernier, auch Frère Ange genannt. Seine Tochter sollte sich später zuerst Mademoiselle Lange und dann Jeanne Vaubernier nennen, weil diese Namen eindeutig interessanter klangen als das schlichte Bécu.

Für eine Frau, deren Ruf nicht gerade der beste war und die noch dazu ein uneheliches Kind hatte, war das Leben in der Provinz selbst im freizügigen 18. Jahrhundert nicht gerade einfach. So zog es Anne Bécu, von der Jeanne offenbar die Schönheit (und nicht nur diese) geerbt hatte, bald nach Paris, wo sie in dem begüterten Armeelieferanten Billard-Dumonceaux einen Liebhaber und Protektor fand. Dieser sorgte zuerst einmal dafür, daß die Familienverhältnisse seiner Mätresse in Ordnung kamen, indem er sie 1749 mit einem seiner Angestellten, einem gewissen Nicolas Rançon, verheiratete. Der notwendige, jedoch lästige Ehemann wurde sodann unverzüglich zum Lagerverwalter auf Korsika ernannt, um die Liebesbeziehung seines Chefs nicht weiter zu stören.

Die kleine Jeanne kam in das Kloster Sainte-Aure, wo sie für die nächsten neun Jahre die für Mädchen übliche rudimentäre Erziehung erhielt. Obwohl bei den Nonnen von Sainte-Aure ein für die damalige Zeit recht unübliches, strenges Regime herrschte, war Jeanne dort glücklich. Aber als sie 1758 im Alter von 15 Jahren das Kloster verlassen durfte, war sie doch recht froh, daß sie nun nicht mehr das steife, weiße Sergekleid und die strenge, schwarze Etaminehaube tragen mußte, hatte sie sich doch zu einer wahren Schönheit entwickelt, die geschmückt und hergezeigt werden wollte. Sie hatte ein makelloses, ovales Gesicht und ihre stahlblauen, halbgeschlossenen Augen waren ebenso aufreizend wie ihr eindrucksvolles Dekolleté, während ihr ihre blonde Lockenmähne etwas Engelsgleiches verlieh.

Mit solchen körperlichen Vorzügen ausgestattet, trat Jeanne eine Stelle als Gesellschafterin bei Madame de la Garde, der Witwe eines Steuerpächters, an. Die beiden Söhne des Hauses waren entzückt von der neuen Angestellten, und Jeanne wurde binnen kurzem die Geliebte der zwei jungen Männer. Als ihre Gesellschafterin dann aber auch noch den männlichen Gästen des Hauses allzu bereitwillig ihre Gunst schenkte, wurde es Madame de la Garde zuviel, uns sie setzte Jeanne vor die Tür.

Bald darauf entpuppte sich die schöne Jeanne in der bekannten Modeboutique »La Toilette« in der rue Neuve-des-Petits-Champs als wahrer Kundenmagnet. Innerhalb kürzester Zeit stieg vor allem der Anteil der männlichen Klientel des Damenwäschegeschäftes um ein Vielfaches an. Jeannes prangende Schönheit sprach sich rasch herum, und kaum ein Abend verging, wo sie nicht nach Geschäftsschluß von einem Kavalier erwartet wurde. Alles andere als ein Kind von Traurigkeit, genoß sie es, verehrt, beschenkt und ausgeführt zu werden. Sie zeigte sich dafür auch gerne dankbar, und irgendwann hörte sie wohl auf, ihre Liebhaber zu zählen. Bis sie im Jahre 1763 einem Mann begegnete, der ihr Leben in die entscheidende Bahn lenken sollte.

Sein Name war Jean du Barry, genannt »Le Roué«, der Durchtriebene. Er entstammte einer unbedeutenden Adelsfamilie aus der Gascogne, die er schon ewig nicht gesehen hatte. Der Graf galt als das schwarze Schaf der Familie und war in Paris vor allem als Spieler und Frauenheld, aber auch als Vermittler schöner Mädchen, kurz gesagt als eine Art Nobelzuhälter, bekannt.

Er machte Jeanne zu seiner Mätresse, kleidete sie in die teuersten Roben und behängte sie mit Schmuck. Er führte sie in die Oper und ins Theater, wo das schöne Mädchen, das mittlerweile seinen Namen in Jeanne Beauvarnier geändert hatte, alle Blicke auf sich zog.

Du Barry war durch seine Aktivitäten offenbar polizeibekannt, und man hatte ein wachsames Auge auf ihn, denn es gibt ein Protokoll vom 14. Dezember 1764, in dem auch Jeannes Name, wenn auch falsch geschrieben, auftaucht: »Der Marquis Dubarry*, der die schöne Dorothée von Straßburg nach Paris gebracht hat und auch das Fräulein Beauvoisin in die Gesellschaft eingeführt hat, erschien letzten Montag in einer Loge der Comédie-italienne mit einem

---

* du Barry – Dubarry: beide Schreibweisen sind gebräuchlich.

Fräulein Veauvarnier, seiner Mätresse. Sie ist eine Person von neunzehn Jahren, groß, wohlgestaltet, elegant und mit einem wunderhübschen Gesicht. Sicherlich versucht er, sie vorteilhaft zu vermitteln. Wenn er einer Frau überdrüssig geworden ist, ist er immer so vorgegangen. Aber man muß gestehen, daß er ein Kenner ist und daß seine Ware immer sehr begehrt ist.« (Castries: Madame du Barry, S. 28)

Der Polizeiagent hatte zwar gut beobachtet, doch in einem Punkt irrte er, denn du Barry war Jeannes noch lange nicht müde. Im Gegenteil: er hatte noch Großes mit ihr vor.

Als seine Mätresse führte sie nun das, was er seinen Salon nannte. Sie empfing dort Leute, in erster Linie natürlich Männer, aus den höchsten Kreisen der Gesellschaft, von denen nicht wenige auch ihre Liebhaber wurden. Einer von ihnen war der Herzog von Richelieu, den wir als erbitterten Gegner der Madame de Pompadour kennengelernt haben. Er sollte einer der großen Förderer der schönen Comtesse du Barry werden, wie sie sich nunmehr aus Gründen des gesellschaftlichen Prestiges nannte. Sie nutzte diese Zeit und eignete sich Sprache und Gebräuche ihrer adeligen Gäste an. Und natürlich erweiterte sie auch ihre Kenntnisse auf einem anderen Gebiet, wodurch sie bald zur perfekten Geliebten wurde.

Jeannes Schönheit, ihre Fröhlichkeit und laszive Sinnlichkeit fanden bei den Herren solchen Anklang, daß in Jean du Barry die Idee reifte, das Mädchen sei dazu geschaffen, die höchste Stufe zu erklimmen, die es damals für eine Frau in Frankreich gab: Sie sollte die nächste maîtresse en titre werden.

Im Frühjahr 1768 begab sich Jeanne im Auftrag von du Barry nach Versailles, um für ihn beim zuständigen Minister, dem Herzog von Choiseul, eine geschäftliche Angelegenheit zu regeln. War es Zufall, oder hatte der Kammerdiener des Königs, Lebel, seine Hand im Spiel, daß Jeanne in dem riesigen Palast dann gerade dort stand, wo Ludwig XV. vorüberging? Wie dem auch sei, dem König entging die auffallende Schönheit der jungen Frau nicht, und er beauftragte unverzüglich seinen Kammerdiener, Nachforschungen über sie einzuholen und ein Treffen zu arrangieren. Entweder erhielt Lebel falsche Informationen, oder er log, denn er teilte seinem Herren mit, es handle sich bei der Dame um die Gräfin du Barry, eine verheiratete Frau von tadellosem Ruf.

Ludwig XV. war schon nach dem ersten heimlichen Rendezvous mit der vermeintlichen Gräfin so hingerissen, daß er dem Herzog von Richelieu – dem er damit allerdings nichts Neues erzählte – folgendes anvertraute: »Ich bin von Madame du Barry entzückt; sie ist die einzige Frau in ganz Frankreich, die mich vergessen läßt, daß ich demnächst sechzig werde.«

Jeanne war nicht nur wie geschaffen für die Liebe, sie verfügte auch über einen reichen Schatz an Erfahrung auf dem Gebiet der Erotik und beherrschte die Kunst des Liebesspiels wie keine andere Frau, die der König je besessen hatte. Es ist also nicht weiter verwunderlich, daß sich der alternde Monarch bei diesem schönen, sinnlichen und vollkommen unkomplizierten Geschöpf wieder jung und beschwingt fühlte.

Doch Jeanne hatte auch noch anderes zu bieten als Sex, denn sie war überaus warmherzig und liebevoll, bewunderte den König aufrichtig und empfand für ihn wahrscheinlich wirklich so etwas wie Liebe. All dies machte sie für Ludwig XV. noch anziehender, als sie es durch ihre makellose Schönheit ohnedies schon war. Und selbst als der König die Wahrheit über die Vergangenheit und den falschen Adelstitel seiner neuen Geliebten erfuhr, tat dies seiner Begeisterung für sie keinen Abbruch. Er war entschlossen, Jeanne zu seiner offiziellen Mätresse zu machen.

Nun war wieder Jean du Barry am Zug. Jeanne brauchte einen Gatten und einen Adelstitel, um hoffähig und maîtresse en titre werden zu können. Er selbst konnte sie nicht heiraten, was die Sache ungemein erleichtert hätte, denn er hatte schon eine Frau.

Zum Glück aber gab es einen Bruder, der unverheiratet war und in der fernen Gascogne lebte. Also machte sich du Barry mit Jeanne auf den Weg, um seiner Familie eine Zusammenarbeit vorzuschlagen: sein Bruder Guillaume heiratet Jeanne, und die Familie erhält als Gegenleistung die Unterstützung der zukünftigen Mätresse des Königs.

Im ersten Augenblick waren die du Barrys von diesem Ansinnen schockiert. Obwohl nur Provinzadel und keineswegs begütert, besaßen sie doch ihren Adelsstolz, und der Gedanke, daß die uneheliche Tochter einer Näherin, die Enkelin eines Garküchenbesitzers und einer Kammerzofe, ein Mitglied der Familie werden sollte, war einfach beschämend. Doch Jean du Barry, der noch nie um Worte verlegen gewesen war, verstand es, seine Mutter, seinen Bruder und seine beiden Schwestern davon zu überzeugen, daß ein solches Arrangement nur zum Vorteil der Familie du Barry sein konnte.

So fand denn am 1. September 1768 die Hochzeit zwischen Guillaume du Barry und Jeanne Bécu in Paris statt. Der frischgebackene Ehemann verabschiedete sich vereinbarungsgemäß gleich nach der Zeremonie und begab sich wieder auf seine Güter in der Gascogne, während seine Frau, begleitet von ihrer Schwägerin Claire-Françoise, genannt Chon, im Dezember 1768 in Versailles Wohnung nahm.

Nun ging es noch darum, eine Patin für die Comtesse du Barry zu finden, die sie bei Hofe vorstellte. Ludwig XV. überlegte nicht lange und griff wieder wie schon bei Madame de Pompadour zum Geld. Es gab ja genügend verschuldete Adelige im Land, die dem König gerne einen Dienst erwiesen. Diesmal war es die Gräfin von Béarn, die sich gegen Bezahlung ihrer ansehnlichen Schulden bereit erklärte, Madame du Barry bei Hofe einzuführen.

Die aristokratische Gesellschaft war schockiert, als sie von den Absichten des Königs erfuhr. Obwohl sich der Hof von Versailles nicht gerade durch Sittenstrenge auszeichnete, und so manche der Damen es mit Jeanne Bécu aufnehmen konnte, wenn es um die Zahl ihrer Liebhaber ging, stieß man sich dennoch an der Tatsache, daß Ludwig XV. allen Ernstes vorhatte, eine ganz gewöhnliche Prostituierte zur ungekrönten Königin Frankreichs zu machen. Man hätte es ohne weiteres akzeptiert, wenn eine Herzogin oder eine Marquise das Bett des Königs geteilt hätte, doch daß dies ein Mädchen aus dem Volk tun sollte, das seinen Adelstitel nur durch eine arrangierte Papierehe erhalten hatte, dies schien den meisten eine Entwürdigung des Königtums. Die Vergangenheit der Gräfin du Barry war natürlich nicht lange ein Geheimnis geblieben, zumal ja auch einige Herren des Hofes ihre Gunst genossen hatten. Und eine solche Frau sollte künftig über all den Adeligen mit ihren langen Ahnentafeln stehen? Das war einfach unerhört!

Doch Ludwig XV. ließ sich durch den Sturm der Empörung, den sein Entschluß ausgelöst hatte, nicht im mindesten beeindrucken, und Jeannes Vorstellung bei Hofe wurde für den 22. April 1769 angesetzt.

Eine riesige Menschenmenge hatte sich in Versailles eingefunden, um dem Schauspiel beizuwohnen. Die Spannung stieg, und das Raunen wurde immer lauter, je mehr Zeit voranschritt, denn die Gräfin du Barry war immer noch nicht eingetroffen.

Einige Hofschranzen setzten bereits eine triumphierende Miene auf. Hatte es die kleine Hure also doch nicht gewagt, in die elitäre Gesellschaft von »ce pays-ci« einzudringen?

Plötzlich aber wurde es ganz still, denn die Gräfin von Béarn betrat den Raum, und hinter ihr schritt Madame du Barry in voller Pracht. Sie trug eine große Hofrobe aus weißer Seide mit der vorgeschriebenen langen Schleppe, ihr Haar war weiß gepudert, und der Schmuck, mit dem sie behängt war, ließ sie wie einen Stern erstrahlen. Selbst die bösesten Zungen mußten zugeben, daß sie einfach wunderschön und ihr Auftritt tadellos war. Mit welcher Anmut sie die drei Hofknickse machte, wie ruhig und hoheitsvoll sie die Schleppe zurückwarf, als hätte sie es von Kindheit an gelernt.

Man sah Ludwig XV. seine Verliebtheit an, als er Jeanne aus dem Hofknicks aufhob und sie als Mitglied der Hofgesellschaft begrüßte. Und auch der Herzog von Richelieu, ehemaliger Liebhaber der schönen Comtesse, lächelte zufrieden. Sosehr er einst gegen Madame de Pompadour intrigiert hatte, so sehr unterstützte er jetzt die Gräfin du Barry. Nicht ohne Hintergedanken, versteht sich.

Jeanne du Barry verfügte weder über die Intelligenz noch über den Ehrgeiz ihrer Vorgängerin, und sie würde leicht zu beeinflussen sein, wenn man nur freundlich zu ihr war. Der Menschenkenner Richelieu kannte den König schon seit vielen Jahren, und er hatte rasch begriffen, daß mit dieser Mätresse zu rechnen war – im Gegensatz zu seinem Rivalen auf der politischen Bühne, dem Herzog von Choiseul, der Madame du Barry lediglich für eine flüchtige Laune des Souveräns hielt und kein Hehl aus seiner Verachtung für sie machte.

Der Herzog von Choiseul, seit 1758 Außenminister des Landes, war zu jener Zeit die dominierende Persönlichkeit in der französischen Politik. Ludwig XV. hielt große Stücke auf ihn und ließ ihm weitgehend freie Hand. Dies veranlaßte den ohnedies schon sehr von sich eingenommenen Choiseul offensichtlich, seine Fähigkeiten und seinen Einfluß auf den König völlig zu überschätzen.

Der Herzog, der den liberalen Ideen der Aufklärungsphilosophen aufgeschlossen gegenüberstand, unterstützte immer mehr die ständig opponierenden Parlamente, wodurch er jedoch die königliche Autorität untergrub. Durch diese Aktivitäten machte sich Choiseul seine Regierungskollegen Maupeou und Terray zu Feinden.

In der Außenpolitik setzte der Minister weiterhin auf den Ausbau der Beziehungen zu Österreich, und es gelang ihm, die Heirat zwischen dem Dauphin und der jüngsten Tochter der Kaiserin Maria Theresia, Marie-Antoinette, einzufädeln. Diese Hochzeit war die Krönung der österreichisch-französischen Allianz und der größte außenpolitische Erfolg Choiseuls, auf den er auch mächtig stolz war. Einziger Wermutstropfen seines Triumphes war die neue Mätresse seines Königs.

Eigentlich hatte Choiseul ja gehofft, seine Schwester, Madame de Gramont, in das Bett Ludwigs XV. befördern zu können, wodurch er sich noch mehr

Macht erhofft hatte. Die Gräfin von Gramont hatte sich ja auch redlich bemüht, den König zu verführen, angeblich soll sie ihn fast vergewaltigt haben, doch hatte sie mit ihren Annäherungsversuchen Ludwig mehr abgeschreckt denn angeregt. Nun aber waren die Würfel längst zugunsten der Madame du Barry gefallen. Spätestens seit ihrer Vorstellung bei Hofe mußte für jeden ersichtlich sein, daß sie die ungeteilte Gunst des Königs genoß. Choiseul aber wollte dies nicht wahrhaben. Er dachte nicht daran, sich mit Madame du Barry zu arrangieren, sondern intrigierte weiter gegen sie, wo immer er konnte. Ihre niedrige Herkunft und ihre Vergangenheit lieferten ihm dafür willkommene Angriffspunkte.

Eines Abends ergab sich während eines Soupers eine heftige Diskussion über die Kirche und deren Vertreter, die Abbés, als Choiseul zur Gräfin sagte: »Aber eines muß man ihnen lassen: sie machen schöne Kinder« – eine mehr als unschmeichelhafte Anspielung auf den möglichen Vater du Barrys. (Schreiber: Marie-Antoinette, S. 40) Der Herzog steigerte sich richtiggehend hinein in seinen Haß gegen die Mätresse, und er sorgte für die Verbreitung von Pamphleten und obszönen Liedern gegen Madame du Barry. Unterstützt wurde er dabei von seiner Schwester und deren Clique, die bald prominente Schützenhilfe durch die junge Dauphine, die 15jährige Marie-Antoinette, erhalten sollte.

Madame du Barry, die doch niemanden etwas zuleide getan hatte, litt sehr unter den Anfeindungen, die ihr von großen Teilen der Hofgesellschaft entgegenprallten. Vor allem aber die erbitterte Gegnerschaft Choiseuls kränkte sie tief. Ludwig XV. war aufs höchste verärgert über das Benehmen seines Ministers. Er konnte es kaum ertragen, die geliebte Frau so oft in Tränen aufgelöst zu sehen. Beinahe täglich beschwerte sie sich über irgendwelche Beleidigungen von seiten der Choiseul-Partei.

Doch es war nicht allein das Verhalten seines Ministers gegenüber Madame du Barry, das dem König Kopfzerbrechen bereitete, sondern in erster Linie seine Politik. Nicht genug, daß Choiseul die Parlamente geradezu drängte, dem König Widerstand zu leisten, schlug er nun auch noch in der Außenpolitik einen fatalen Weg ein. Er war dabei, Frankreich in einen Krieg gegen England zu ziehen. In seiner Anmaßung handelte er dabei vollkommen eigenmächtig und hielt es offenbar nicht für nötig, seinen König zu konsultieren. Damit hatte er jedoch endgültig den Zorn Ludwigs XV. erregt, und am 24. Dezember 1770 erhielt er zu seinem Erstaunen sein Entlassungsschreiben mit dem Befehl, sich auf seinen Besitz Chanteloup im Loiretal zurückzuziehen. Choiseuls Sturz wird immer wieder gerne als das Werk der Madame du Barry hingestellt, tatsächlich jedoch hatte sich der Herzog seine Verabschiedung in erster Linie selbst zuzuschreiben. Seine Feindschaft gegenüber der Mätresse war bestenfalls ein zusätzlicher Grund für Ludwig XV., sich von seinem Minister zu trennen.

Auf Choiseul folgte die Regierung des sogenannten »Triumvirats« mit dem Grafen Maupeou als Kanzler, dem Abbé Terray als Finanzminister und dem Herzog von Aiguillon als Außenminister. Letzterer war der Neffe des Herzogs von Richelieu und ein enger Freund von Madame du Barry, was natürlich zu dem Gerücht führte, er habe seine Ernennung der Mätresse zu verdanken. Doch Madame du Barry mischte sich während ihrer gesamten »Herrschaft« kein einziges Mal in die Politik ein, so auch nicht in diesem Fall. Trotzdem hatte sie sozusagen gewonnen, denn der mächtige Choiseul, der sie mit solchem Haß verfolgt hatte, war aus dem Wege. In der Dauphine allerdings war eine weitere Gegnerin aufgetaucht, die Madame du Barry das Leben schwer machte und ihr so manche Demütigung zufügte.

Die Hochzeit des Thronfolgers mit der Erzherzogin Marie-Antoinette war für den 16. Mai 1770 angesetzt. Mit dem ganzen Pomp des Rokoko wurde diese Vermählung gefeiert, die das österreichisch-französische Bündnis für immer besiegeln sollte. Am 14. Mai traf Marie-Antoinette in der prächtigen Kutsche, die man ihr nach Wien gesandt hatte, im Wald von Compiègne ein, wo sie von Ludwig XV. und ihrem zukünftigen Gatten begrüßt wurde. Das schlanke, außerordentlich attraktive Mädchen eroberte mit seinem Charme und seiner Unbefangenheit sofort die Herzen der ganzen Hofgesellschaft. Ludwig XV. war mehr als zufrieden mit seiner Schwiegerenkelin, und auch Madame du Barry war von der Kleinen entzückt.

Am Vorabend der Hochzeit fand in La Muette ein Souper im engsten Familienkreis statt, bei dem auch die Mätresse – für den König gehörte Jeanne zur Familie – zugegen war. Wie eine Königin saß Madame du Barry Ludwig XV. an der Tafel gegenüber und lächelte der kleinen Braut freundlich zu, die da ganz unbefangen mit dem König plauderte. Plötzlich aber wandte sich Marie-Antoinette an ihre Ehrendame, die Gräfin von Noailles, und fragte, wer denn diese schöne Dame auf der anderen Seite des Tisches sei und welche Funktion sie bei Hofe habe. Nach einem kurzen Augenblick der Verlegenheit antwortete Madame de Noailles geschickt, dies sei die Gräfin du Barry und ihre Aufgabe sei es, den König zu unterhalten. Daraufhin sagte Marie-Antoinette, die zu diesem Zeitpunkt noch völlig ahnungslos hinsichtlich der besonderen Gegebenheiten am französischen Hof war: »In diesem Fall erkläre ich mich zu ihrer Rivalin«, woraufhin die versammelten Gäste ob dieser Naivität lächelten. Vielleicht wären die beiden schönsten Frauen am Hof von Versailles gut miteinander ausgekommen, denn Madame du Barry, immerhin doppelt so alt wie Marie-Antoinette, war um ein gutes Einvernehmen mit der Dauphine bemüht. Und auch diese benahm sich anfangs, auch nachdem sie die wahre Funktion der Gräfin herausgefunden hatte, durchaus taktvoll. Doch dann traten die Töchter des Königs auf den Plan und nahmen Marie-Antoinette unter ihre Fittiche. Sie impften dem Mädchen ihren eigenen Haß gegen die Mätresse ein. Mit Hilfe der Dauphine meinten sie, die du Barry vertreiben zu können.

Bald hatten sie Marie-Antoinette auch soweit, daß diese die Gräfin nur noch von oben herab behandelte und schließlich gar beschloß, diese skandalöse Person fortan ganz einfach zu ignorieren.

Im Juli 1770 schrieb sie bereits an ihre Mutter in Wien:

»Der König ist unerhört gütig zu mir, und ich empfinde große Zärtlichkeit für ihn, doch wie schade, daß er eine solche Schwäche für Mme du Barry zu haben scheint, die das dümmste und frechste Geschöpf ist, das man sich vorstellen kann.« (Bernier: Ludwig XV., S. 483)

Die Clique um Choiseul und seine Schwester erhielt natürlich durch das Verhalten der Dauphine Auftrieb und führte ihren Kampf gegen Madame du Barry unvermindert fort, sodaß es schon wenige Wochen nach den Hochzeitsfeierlichkeiten im Theater von Choisy zu einem ersten Eklat kam.

Als Madame du Barry eintraf, fand sie die für sie und ihre Begleitung reservierten Plätze in der ersten Reihe von Madame de Gramont und deren Freundinnen besetzt, die keinerlei Anstalten machten, sich zu erheben. Daraufhin entspann sich zwischen den Damen ein heftiger Wortwechsel, bei dem die Gräfin von Gramont derart ausfällig wurde, daß Madame du Barry das Feld räumte. Doch diesmal war es mit ihrer Gutmütigkeit zu Ende. Sie beschwerte sich beim König, und die Gramont wurde am nächsten Tag vom Hof verwiesen.

Unglücklicherweise gehörte die Gramont jedoch zur Suite der Dauphine, die sich unverzüglich für ihre Hofdame einsetzte, ohne allerdings etwas zu erreichen. Es war Madame du Barry, und dies spricht für ihr gutmütiges Wesen, die beim König erwirkte, die ihretwegen in Ungnade gefallene Gräfin an den Hof zurückzurufen. Doch die Abneigung der Dauphine gegen die Mätresse hatte sich durch diesen Vorfall nur noch verstärkt.

Kurz nach ihrer Vorstellung bei Hofe hatte Madame du Barry die Zimmer der verstorbenen Dauphine Marie-Josèphe bezogen, die unmittelbar neben den Appartements des Königs lagen. Da sie aber in »ce pays-ci« anfangs mehr Feinde als Freunde vorgefunden hatte, hielt sie sich die meiste Zeit in ihren Gemächern auf und begnügte sich mit der Gesellschaft ihrer Schwägerin Chon. Dank des Herzogs von Richelieu näherten sich jedoch nach und nach einige Damen von Rang und Namen der neuen Mätresse, darunter die Marschallin von Mirepoix, die Herzogin von Valentinois, die Herzogin von Aiguillon und natürlich auch die Herzogin von Richelieu, die bald alle feststellten, daß Madame du Barry eine reizende und besonders liebenswerte Person war.

So bildete sich mit der Zeit eine eigene kleine Hofgesellschaft um die Favoritin, während Marie-Antoinettes Verachtung für Madame du Barry von Tag zu Tag zunahm. Eine Versöhnung schien sich nicht abzuzeichnen, und die Gräfin war tief gekränkt, denn sie durfte die Dauphine nicht von sich aus ansprechen. Die Etikette schrieb nämlich vor, daß die erste Dame des Hofes, die Marie-Antoinette jä nun war, zuerst das Wort an jemanden zu richten hatte, womit sie gleichzeitig auch zum Ausdruck brachte, daß sie diese Person anerkannte.

Die österreichische Kaiserin, die durch ihren Botschafter Mercy d'Argenteau, über alles informiert war, was ihre Tochter im fernen Frankreich tat und sagte oder in diesem Fall nicht sagte, schrieb mahnende Briefe an Marie-Antoinette, sie solle sich den Wünschen des Königs fügen und seine Freunde respektieren. Doch die Dauphine blieb stur und tat, als wäre Madame du Barry überhaupt nicht vorhanden. Diese litt natürlich zusehends unter der demütigenden Behandlung, und ihre Tränen rührten den König. Er ließ seiner Schwiegerenkelin ausrichten, er verlange von ihr, daß sie allen bei Hofe zugelassenen Personen jene Behandlung zukommen lasse, die diese erwarten durften.

Das war zwar schon ziemlich deutlich, doch es nützte nichts. So bat Ludwig XV. schließlich sogar den österreichischen Botschafter um Vermittlung. Mercy d'Argenteau machte Marie-Antoinette darauf aufmerksam, daß es im Interesse Österreichs sei, daß sie endlich das Wort an Madame du Barry richtete, und die Dauphine erklärte sich schließlich auch dazu bereit.

So wartete am 10. Juli 1771 alles gespannt darauf, daß Marie-Antoinette endlich zur Mätresse sprechen würde. Doch Ludwigs und Mercys Hoffnungen wurden enttäuscht. Denn gerade als die Dauphine ihr Versprechen einlösen wollte und auf Madame du Barry zusteuerte, trat Madame Adélaïde dazwischen und sagte: »Es ist Zeit, daß wir gehen. Komm! Wir müssen den König bei meiner Schwester Victoire erwarten.« (Zweig: Marie Antoinette, S. 69) Marie-Antoinette zögerte keine Sekunde, drehte sich um und rauschte mit der Tante ab. Die Gegner der du Barry lachten sich ins Fäustchen, während ihre Freunde, allen voran natürlich der König, vor den Kopf gestoßen waren.

Maria Theresia, die natürlich von ihrem Botschafter sofort über den peinlichen Vorfall unterrichtet worden war, schrieb verärgert an ihre Tochter:

»Der Botschafter hat mir bestätigt, daß Sie sich voll und ganz von Ihren Tanten führen lassen. ... Ich achte sie, ich kann sie gut leiden, aber sie haben es nie verstanden, den Respekt oder die Zuneigung ihrer Familie oder der Öffentlichkeit zu gewinnen, und Sie wollen den gleichen Weg einschlagen! Diese Angst, diese Schüchternheit, mit dem König darüber zu sprechen, diesem gütigsten aller Väter, oder mit der Person (Madame du Barry), mit der zu sprechen Sie angehalten wurden! Stehen Sie offen zu Ihrer Schüchternheit, Ihrer Angst, auch nur guten Morgen zu sagen; ein Wort über ein Kleid, über eine Bagatelle kostet Sie schon so viele Grimassen, reine Grimassen, oder ist es gar noch schlimmer? Sie haben sich zu einer solchen Sklavin machen lassen, daß nicht einmal Vernunft, geschweige denn Pflicht Sie noch zu überzeugen vermögen. Ich kann nicht länger schweigen. ... Nachdem Ihnen Mercy gesagt hat, was der König will und Ihnen die Pflicht gebietet, haben Sie es gewagt, nicht zu gehorchen: Welchen Grund haben Sie dafür? Keinen. Sie müssen die Barry lediglich als eine am Hof und im Kreise des Königs zugelassene Dame erkennen und betrachten. Sie sind seine erste Untertanin. Sie schulden ihm Gehorsam und Ergebenheit. Sie müssen dem Hof und den Höflingen zeigen, daß der Wille ihres Herrn erfüllt wird. Würde man Demütigungen oder Vertraulichkeiten von Ihnen erwarten, würde weder ich noch sonst jemand Ihnen raten, sie in Kauf zu nehmen, aber ein unbedeutendes Wort, einige wenige Blicke, nicht einmal wegen der Dame, sondern für Ihren Großvater, Ihren Herrn! Und schon bei der ersten Gelegenheit, da Sie ihm einen Gefallen erweisen könnten, zeigen Sie sich ihm gegenüber ungehorsam! Lassen Sie uns nun sehen, warum Sie dies getan haben; aufgrund einer schmachvollen Willfährigkeit Leuten gegenüber, die Sie unterworfen haben, die Sie wie ein Kind behandeln, die Ausritte mit Pferden und Eseln für Kinder und Hunde organisieren: Das sind die ausschlaggebenden Gründe, weshalb Sie diese Leute Ihrem Herrn vorziehen, die Sie zudem, auf lange Sicht gesehen, lächerlich machen werden, so daß man Sie weder lieben noch respektieren wird. ... Ihr einziges Ziel muß darin bestehen, den König zu erfreuen und ihm zu gehorchen.« (Bernier: Ludwig XV., S. 509f.)

Nach dieser Tirade der Mutter und weiteren Vorhaltungen durch Mercy lenkte Marie-Antoinette endlich ein.

Am 1. Januar 1772 war Neujahrsempfang, und sämtliche Damen des Hofes defilierten an der Dauphine vorbei. Als die Reihe an Madame du Barry kam, blickte Marie-Antoinette ungefähr in ihre Richtung und sprach die erlösenden, historisch gewordenen Worte:

»Heute sind viele Leute in Versailles, Madame.« Nun erst war der Etikette Genüge getan, und der Hausfrieden in Versailles wieder einigermaßen zurechtgerückt.

Endlich konnte Madame du Barry ihr neues, faszinierendes Leben wirklich genießen. Sie war keine Madame de Pompadour. Obwohl nicht weniger schön als diese, fehlte es ihr doch sowohl an der notwendigen Intelligenz als auch an jeglichem Ehrgeiz, um politisch aktiv zu werden. Sie hatte in dieser Hinsicht nicht die geringste Ambition und begnügte sich damit, den König mit ihrem Liebreiz und ihrer Sinnlichkeit zu erfreuen.

Ludwig XV. liebte dieses zauberhafte Geschöpf, das ihm sein Alter so sehr verschönte. An der Seite von Madame du Barry fühlte sich der König noch einmal jung und glücklich, wie dies wahrscheinlich jedem 60jährigen ergeht, der eine um mehr als 30 Jahre jüngere Geliebte hat. Zum Dank las er seiner Jeanne jeden Wunsch von den Augen ab und überschüttete sie mit Schmuck und anderen Geschenken.

Bereits 1769 hatte er ihr Schloß Louveciennes zu Füßen gelegt, ein entzückendes Anwesen, das in seiner Pracht und Eleganz seinesgleichen suchte. Vor allem das Schlafzimmer der Madame du Barry beeindruckte jeden, der es jemals zu Gesicht bekam. Das Bett war aus kostbaren Hölzern geschnitzt und von einem Baldachin gekrönt, der auf vier mit Schnitzereien gezierten Säulen ruhte. Die Bettvorhänge waren aus schwerer, mit Rosen bestickter Seide, und auch die Stufen, die zu der Liegestatt führten, waren mit einem Teppich aus weißer Seide bedeckt. Jedes Möbelstück und jedes Accessoire in diesem Raum war ein Meisterstück der Handwerkskunst des 18. Jahrhunderts.

Für ihren persönlichen Bedarf erhielt Madame du Barry eine jährliche Pension von 1,2 Millionen Livres, was heute etwa 1,7 Millionen Mark oder 12 Millionen Schilling entspricht. Das war eine ganze Menge, doch die Gräfin hatte keine Schwierigkeiten, es auszugeben. Nicht umsonst war sie in ganz Europa berühmt für ihre herrlichen Kleider und vor allem für ihren kostbaren Schmuck.

In Mademoiselle Bertin, die später auch die Kleider für Königin Marie-Antoinette entwarf, hatte die Comtesse eine talentierte Modeschöpferin gefunden. Großes Aufsehen erregte das berühmte Mieder der Madame du Barry, das über und über mit Diamanten, die ein Muster aus Blumen und Streifen bildeten, bestickt war.

Mit ihrer Vorliebe für Schmuck übertraf die Gräfin sogar Marie-Antoinette. Sie besaß bald eine der berühmtesten privaten Juwelensammlungen in ganz Europa. Neben einem Diamantenkollier von außergewöhnlichen Dimensionen soll sie mehr als 140 große, 700 kleinere Diamanten, 300 sehr große Perlen, drei riesige Saphiere, sieben für ihre Größe berühmte Smaragde und jede Menge anderer Edelsteine und Goldschmuck besessen haben.

Madame du Barry war ein Luxusgeschöpf im wahrsten Sinn des Wortes und verbrachte dementsprechend die meiste Zeit des Tages damit, sich zu kleiden, zu schminken und zu schmücken.

Meist wurde sie gegen neun Uhr geweckt. Dann nahm sie – im Gegensatz zu den meisten ihrer Zeitgenossen – ein Bad. Während sie sich im parfümierten Wasser räkelte, lasen ihr ihre Kammerfrauen die Morgenpost vor. Danach trank die Gräfin, gehüllt in ein Negligé, ihren Kaffee, bevor sie mit ihrer eigentlichen Toilette begann. Sie saß dann an ihrem Toilettetisch, auf dem sich Flakons und Tiegel mit allen möglichen Essenzen, Cremes und Wässerchen türmten, während nacheinander die Händler eintraten, allen voran die berühmtesten Juweliere von Paris, Boehmer und Rouen, die in der Comtesse ihre beste Kundin hatten.

Inzwischen brachte der Friseur ihre blonde Lockenpracht in Ordnung, und ihr Parfumeur – zu vergleichen mit einem heutigen Visagisten – puderte ihr schönes Gesicht, malte Rouge auf die Wangen, zeichnete die Venen mit etwas Blau nach, die Augenbrauen mit etwas Schwarz und die Lippen mit Rot. Zuletzt trug er noch etwas Rosa auf die Fingernägel auf.

Nachdem Madame du Barry eines ihrer kostbaren, meist aus weißer Seide gefertigten Kleider angelegt hatte, war sie für den Tag bereit.

Der König kam, um ein Weilchen mit ihr zu plaudern, dann ging man zur Messe und sodann zum Mittagsmahl. Nach dem Essen war zumeist ein Spaziergang auf dem Programm. Dazu wurde die Gräfin in einer Sänfte in den Garten von Versailles getragen, und sobald sie dieser entstieg, reichte ihr ihr Page Zamore einen Sonnenschirm, damit die makellose weiße Haut keinen Schaden nahm.

Zamore war ein Geschenk des Königs, und Madame du Barry liebte diesen aus Bengalen stammenden Knaben abgöttisch. Sie überhäufte ihn mit Geschenken und kleidete ihn in die prächtigsten Gewänder. Später machte sie ihn sogar zum Haushofmeister von Louveciennes. Zamore allerdings sollte ihr diese Großzügigkeit nicht danken, denn er würde viele Jahre später eine unselige Rolle im Leben seiner Herrin spielen.

Es wundert nicht, daß der verschwenderische Lebenswandel der Mätresse überall Unmut erregte. Selbst Finanzminister Terray, der es sich zur Aufgabe gemacht hatte, die Staatsfinanzen in Ordnung zu bringen, wies den König darauf hin, daß Versailles, und damit auch Madame du Barry, seine Ausgaben einschränken müsse. Er erreichte zwar, daß Ludwig XV. seine eigenen privaten Ausgaben reduzierte, doch was seine Geliebte anging, so brachte es der König nicht übers Herz, ihr Sparsamkeit aufzuerlegen. Madame du Barry schien leider überhaupt keinen Begriff vom Wert des Geldes zu haben, sodaß sie als Symbol für Verschwendung und Leichtsinn in die Geschichte einging. Jeanne du Barry war zweifellos naiv, verschwenderisch und liebte den Luxus nur allzu sehr, doch gleichzeitig besaß sie eine Gabe, die den meisten ihrer Zeitgenossen am Hofe von Versailles abging, eine Gabe, die das Bild dieser Frau grundlegend revidiert: Madame du Barry hatte ein gutes und großes Herz und einen ausgeprägten Sinn für Gerechtigkeit und Güte, was sie mehrmals unter Beweis stellte.

Ihr kometenhafter Aufstieg hatte ihren Charakter nicht geändert, sie war beseelt von einer tiefen Menschlichkeit, und aufgrund ihrer Herkunft blieb ihr jeder Standesdünkel fremd. Sie machte keinen Unterschied zwischen Aristokraten und Bauern, wenn es um Mitleid und spontane Hilfe ging. Dieser Charakterzug der Madame du Barry berührt vielleicht gerade deshalb so sehr, weil er in der oberflächlichen und rücksichtslosen Welt von Versailles Seltenheitswert hatte. Wenn sie auch aus der untersten Schicht des Volkes stammte, so verhielt sie sich in puncto Barmherzigkeit wahrlich wie eine Königin, ja sie übertraf darin die meisten der hochgeborenen königlichen Gemahlinnen, die jemals Frankreichs Krone getragen hatten. Und es ist ihr hoch anzurechnen, daß sie ihre Macht und ihren Einfluß auf den König, den sie unzweifelhaft hatte, niemals ausnützte, um anderen zu schaden, sondern immer nur, um zu helfen. Mit sicherem Instinkt unterschied sie zwischen gerecht und ungerecht, wo der Buchstabe des Gesetzes nur allzuoft versagte.

So wurde Madame du Barry eines Tages um Hilfe gebeten, als eine junge Frau zum Tode verurteilt wurde, weil sie ein totes Kind zur Welt gebracht hatte, ohne zuvor die Behörden von ihrer Schwangerschaft zu unterrichten. Man bezichtigte sie daher des Kindesmordes, der mit der Todesstrafe zu ahnden war. Madame du Barry zeigte sich entsetzt über dieses unmenschliche Gesetz, und sie schrieb unverzüglich an Kanzler Maupeou:

»Herr Kanzler, ich verstehe mich nicht auf Ihre Gesetze, aber ich finde, daß sie barbarisch sind und jeder Vernunft und Menschlichkeit zuwiderlaufen, wenn sie ein armes Geschöpf verurteilen, nur weil es ein totes Kind zur Welt gebracht hat, ohne die Behörden davon zu verständigen. In eben dieser Lage befindet sich jedoch, zufolge den in meinen Händen befindlichen Dokumenten, diejenige, die Sie nun um Gnade anfleht. Es scheint, daß sie nur deshalb verurteilt wird, weil sie die Vorschriften nicht kannte oder weil sie die Geburt des ohnehin toten Kindes aus natürlicher Scham nicht noch an die große Glocke hängen wollte. Ich empfehle die ganze Angelegenheit Ihrer Aufmerksamkeit und Ihrem Sinne für Gerechtigkeit. Denn dieses arme Mädchen verdient es, begnadigt zu werden. Äußersten Falls aber bitte ich Sie, die Strafe wenigstens zu mildern; und Ihre eigenen Empfindungen werden Ihnen sagen, was diesesfalls sonst noch zu tun sein möchte.«

Maupeou tat nichts lieber, als der Favoritin des Königs einen Gefallen zu erweisen, vor allem, wenn es so einfach war und ihn bloß einen Federstrich kostete, und so ward das Leben des Mädchens gerettet.

Die Güte der Madame du Barry sprach sich schnell herum, und es wurden so viele Anliegen an sie herangetragen, daß sie bald jeden Nachmittag eine Audienz abhielt, um die Bittsteller anzuhören, denn sie bemühte sich immer, jedem Hilfe zukommen zu lassen.

Ein anderes Mal setzte sich Jeanne du Barry für den alten Grafen Pé de Louësme und seine Gattin ein. Die beiden alten Leute teilten das Schicksal vieler Landadeliger: Sie lebten in Armut und hatten hohe Schulden. Es kam soweit, daß man ihnen ihr Schloß wegnehmen wollte. Dagegen aber wehrten sich die beiden, indem sie sich einfach verbarrikadierten und der Polizei ein Gefecht lieferten, bei dem ein Polizist von der Gräfin erschossen wurde. Das Pariser Parlament, dem die Anklage vorgelegt wurde, verurteilte den Grafen und die Gräfin zum Tode. Die Gnadengesuche der Töchter des Paares wurden sowohl vom Kanzler als auch vom König abgelehnt. Schließlich nahm sich Madame du Barry der Sache an. Sie fiel vor dem König auf die Knie und bat ihn unter Tränen um Gnade für die beiden alten Louëmes.

Ludwig XV. konnte seine Geliebte nicht weinen sehen, er hob sie vom Boden auf und sagte: »Ich bin sehr froh, Madame, daß der erste Wunsch, den Sie an mich richten, ein Gesuch um Gnade ist.« (Loomis: Die Dubarry, S. 73)

In den fünf Jahren, die ihre Herrschaft in Versailles nur währte, hat Madame du Barry wahrscheinlich mehr Gutes bewirkt als alle anderen Mätressen zusammen. Doch im Mai 1774 mußte sie die Rolle der Favoritin abgeben.

Es war während eines Soupers in Trianon am 26. April, als sich der König plötzlich unwohl fühlte. Als er am nächsten Tag auch noch Fieber bekam, brachte man ihn nach Versailles. Die Ärzte wurden sich über die Art seiner Krankheit anfangs nicht einig. Keiner diagnostizierte die Pocken, da man den König für immunisiert hielt; er hatte diese Krankheit, wie man meinte, bereits 1728 überstanden. Doch offensichtlich hatte es sich damals nur um eine leichte Ausprägung von Röteln gehandelt, denn es waren tatsächlich die Pocken. Erst nach Tagen konnten sich die Ärzte zu einer Diagnose durchringen. Sofort wurden die Mitglieder der königlichen Familie in einen anderen Trakt des Schlosses gebracht, um eine Ansteckung zu verhindern. Nur die drei Töchter des Königs ließen sich nicht davon abhalten, an der Seite ihres Vaters zu bleiben. Und auch Madame du Barry zeigte keine Angst davor, daß ihr schönes Gesicht bei einer möglichen Ansteckung entstellt werden könnte. Jede Nacht saß sie an Ludwigs Bett, hielt seine Hand und wischte ihm den Schweiß von der Stirn.

Dem König selbst verschwieg man die Diagnose und ließ ihn in dem Glauben, er habe bereits einmal die Pocken gehabt und könne sie daher nicht mehr bekommen. Die Ärzte gaben sich zuversichtlich, was den Anhängern von Madame du Barry nur recht sein konnte, denn es wäre der augenblickliche Sturz der Gräfin gewesen, wenn ihre Gegner erfahren hätten, wie ernst der Zustand des Königs war. Man hätte Ludwig sofort dazu veranlaßt, zu beichten und die Sakramente zu empfangen, was mit der Entlassung der Mätresse einhergegangen wäre.

Am 3. Mai jedoch waren die Pusteln auf der Haut des Patienten so deutlich, daß Ludwig selbst erkannte, woran er litt. Er wußte, daß man in seinem Alter – er war 64 Jahre alt – diese Krankheit nicht überlebte. So ließ er am nächsten Tag seine Geliebte rufen und sagte:

»Ich weiß jetzt, wie krank ich bin. Der Skandal von Metz darf sich nicht wiederholen. Ich gehöre Gott und meinem Volke, darum müssen wir uns trennen. Begeben Sie sich auf das Schloß des Herzogs von Aiguillon nach Rueil und erwarten Sie dort meine Anweisungen. Ich bitte Sie, mir zu glauben, daß ich Ihnen immer in liebevoller Achtung gedenken werde.« (Loomis, S. 177)

Einer Ohnmacht nahe und tränenüberströmt fügte sich Madame du Barry dem Wunsch ihres Geliebten und ließ sich noch am selben Nachmittag von der Herzogin von Aiguillon aus Versailles fortbringen.

Am Abend jedoch wollte Ludwig XV. die geliebte Frau doch noch einmal sehen, und er befahl seinem Kammerdiener:

»Holen Sie Madame du Barry!«

»Sire, sie ist abgereist ...«

»Wohin?«

»Nach Rueil, Sire.«

»Ach, schon!«

Der König fühlte, daß es zu Ende ging, und am 7. Mai schließlich legte er nach 28 Jahren zum ersten Mal wieder die Beichte ab. Sie dauerte exakt 16 Minuten, wie eifrige Beobachter festhielten. Danach verkündete der Großalmosenier den versammelten Adeligen:

»Meine Herren, der König beauftragt mich, Ihnen zu sagen, daß er Gott um Vergebung bittet, weil er sich an ihm versündigt hat und weil er Urheber eines öffentlichen Ärgernisses (Madame du Barry) gewesen ist. Wenn ihm Gott seine Gesundheit wiedergibt, wird er Buße tun, unsere Religion unterstützen und sein Volk entlasten.« (Bernier: Ludwig XV., S. 518f.)

Noch am selben Abend verschlimmerte sich der Zustand des Königs plötzlich, er fiel sogar für einige Zeit ins Delirium. Fast drei ganze Tage dauerte der Todeskampf, bevor Ludwig XV. am 10. Mai 1774 genau um 15.15 Uhr entschlief. Fast augenblicklich danach leerte sich das Sterbezimmer. Das Interesse an dem Mann, der fast 60 Jahre lang König von Frankreich gewesen war, war mit einem Schlag erloschen. Die Höflinge strömten in den gegenüberliegenden Flügel des Schlosses, um dem neuen Herrscher zu huldigen. Und selbst das Volk zeigte nicht den Funken von Pietät. Mit Beschimpfungen begleitete es den Sarg mit den sterblichen Überresten Ludwigs XV., als man ihn zwei Tage später des Nachts nach Saint-Denis überführte.

In derselben Nacht, in der Ludwig XV. zu Grabe getragen wurde, holte man Madame du Barry von Schloß Rueil ab und brachte sie in das Kloster von Pont-aux-Dames. Es geschah auf Befehl des verstorbenen Königs. Ein Befehl, den Ludwig XV. 24 Stunden vor seinem Tod erlassen hatte und für den es bis heute keine eindeutige Erklärung gibt. Am wahrscheinlichsten ist wohl jene, daß es in erster Linie zum Schutz der Gräfin geschah, aber auch zum Schutze der Regierung, denn immerhin war Madame du Barry so etwas wie eine Trägerin von Staatsgeheimnissen, hatte sie doch im Verlauf der fünf Jahre an Ludwigs Seite Kenntnis von vertraulichen politischen Angelegenheiten erhalten, die viele Leute interessierten. Hinter den dicken Klostermauern jedoch war sie sicher und konnte nicht mit der Außenwelt kommunizieren.

Doch es war eine harte Strafe für die verwöhnte, schöne Frau. Bei ihrer Ankunft in Pont-aux-Dames stiegen ihr die Tränen in die Augen, als sie der düsteren, grauen Gemäuer ansichtig wurde. Man führte sie in einen kalten, schmucklosen, winzigen Raum, der einer Gefängniszelle glich. Und tatsächlich war Madame du Barry fortan so etwas wie eine Staatsgefangene.

Die neue Königin, Marie-Antoinette, empfand Genugtuung über die strenge Behandlung der einstigen Gegnerin, und sie schrieb an ihre Mutter: »Die Kreatur wurde ins Kloster gesteckt, und alles, was mit diesem skandalösen Namen verbunden ist, wurde vom Hof gejagt.«

Es spricht für das einnehmende Wesen der Madame du Barry, daß sie sogar die Sympathie der sittenstrengen Klosterschwestern gewann, die sich bemühten, ihr das spartanische Leben so erträglich wie möglich zu machen. Als echtes Kind aus dem Volke gewöhnte sich Jeanne du Barry auch recht bald an den Alltag in Pont-aux-Dames.

Nach einigen Wochen wurde ihr gestattet, ihren Notar zu empfangen, damit sie ihre Angelegenheiten regeln konnte. Eine große Zahl von Gläubigern forderte nämlich ihr Geld von der ehemaligen Mätresse. Da es sich um erhebliche Summen handelte, müßte Madame du Barry einige ihrer schönsten Schmuckstücke verkaufen, die einen Erlös von insgesamt 600 000 Livres, also umgerechnet knapp 1 Million Mark (6 Millionen Schilling) einbrachten. Jeanne du Barry war eine starke Frau. Sie zerbrach nicht in dieser für sie zweifellos schweren Zeit, denn sie wußte, daß sie viele gute Freunde hatte, die sich für sie einsetzten, darunter die Herzoginnen von Aiguillon und Richelieu, der Herzog von Brissac und der Prinz von Ligne. Diese erreichten zumindest, daß Madame du Barry nach einem Jahr das Kloster verlassen durfte und auf Schloß Saint-Vrain in der Nähe von Arpajon gebracht wurde, wo sie ein weiteres Jahr sozusagen im Exil verbrachte.

Im Herbst 1776 erhielt Madame du Barry ihre Freiheit wieder. Sie durfte Schloß Louveciennes behalten sowie dessen Erträge und auch all ihren Schmuck. Damit ließ es sich gut auskommen, und Madame du Barry nahm ihr früheres Leben wieder auf. Sie hielt hof in Louveciennes und empfing ihre alten Freunde, deren Zahl erstaunlich groß war, wenn man bedenkt, daß die Gräfin eine in Ungnade gefallene Person war.

Madame du Barry hatte sich nicht geändert. Sie liebte immer noch ihre schönen Kleider und vor allem ihren Schmuck. Aber sie hatte sich auch ihr gutes Herz bewahrt und kümmerte sich nun mit Hingabe um die Bedürftigen von Louveciennes. Sie war stets großzügig und half, wann immer sie konnte. Dies trug ihr die Liebe und Verehrung der Bevölkerung der ganzen Umgebung ein. Die große Malerin des 18. Jahrhunderts, Madame Vigée-Lebrun, von deren Hand einige der berühmtesten Porträts der Gräfin stammen, wurde einmal Zeugin jener Nächstenliebe, die Madame du Barry so auszeichnete:

»Sie erwies sich in allen Handlungen genauso gütig wie in ihren Absichten. Sie vollbrachte eine Fülle von guten Werken in der Nachbarschaft von Louveciennes, wo die Armen allezeit auf ihre Hilfe rechnen konnten. Oft besuchten wir gemeinsam die Unglücklichen in der Umgebung, und bis heute kann ich ihre Empörung nicht vergessen, als wir eine Frau besuchten, die eben ein Kind geboren hatte und nichts und niemanden zu ihrer Hilfe zu Hause hatte. ›Wie?‹ rief die Dubarry aus, ›Ihr habt weder Wäsche noch Suppe oder Wein?‹ – ›Ach, nicht das mindeste, Madame!‹

Sobald wir in das Schloß zurückgekehrt waren, rief Madame Dubarry ihre Haushälterin und die Dienstleute zu sich, die ihre Befehle nicht ausgeführt hatten. Ihren Unwillen vermag ich kaum zu beschreiben. Sie befahl ihnen, auf der Stelle Wäsche zusammenzupacken und diese samt Suppe und Bordeaux jener Ärmsten sofort zu bringen.«

Im Herbst 1777 erfuhr Madame du Barry fast so etwas wie eine Rehabilitierung, zumindest aber feierte sie einen kleinen Triumph.

Kaiser Joseph II., der Bruder der Königin, war zu Besuch in Frankreich. Eigentlicher Zweck seiner Reise war es, seinen Schwager, Ludwig XVI., zu einer Operation zu überreden, damit er endlich seinen ehelichen Pflichten nachkommen konnte. Doch Joseph II. nutzte seinen Aufenthalt auch für allerlei Besichtigungen und äußerte schließlich den Wunsch, die ehemalige Favoritin des verstorbenen Königs kennenzulernen.

Also wurde ein »zufälliges« Treffen im Park von Marly, ganz in der Nähe von Louveciennes, arrangiert, bei dem die Gräfin dem Kaiser vorgestellt wurde. Die beiden schienen sich gut zu verstehen, denn sie verbrachten zwei volle Stunden in angeregtem Gespräch, bevor Joseph II. Madame du Barry bat, sie möge ihm doch noch den Garten von Louveciennes zeigen. Er bot der Gräfin galant den Arm, doch diese wagte es nicht, eine solche Ehre anzunehmen, worauf der Kaiser die historisch gewordenen Worte sprach: »Lehnen Sie bitte nicht ab. Schönheit verleiht immer königlichen Rang.«

1779 war Madame du Barry 36 Jahre alt und nach wie vor eine blendend schöne Frau, deren Reize immer noch die Männer verwirrten. Es war das Jahr, in dem sie die wahrscheinlich leidenschaftlichste Affäre ihres Lebens hatte. Um diese Zeit nämlich tauchte ein Engländer namens Lord Henry Seymour auf, der das ganz in der Nähe von Louveciennes gelegene Schloß Prunay gekauft hatte. Seymour, ein Neffe des Herzogs von Somerset, war damals 50 Jahre alt und in zweiter Ehe mit einer französischen Aristokratin verheiratet, weshalb er sich nun in Frankreich niederließ. Zwischen dem gutaussehenden Lord und seiner schönen Nachbarin entspann sich ein stürmisches Liebesverhältnis, wie sich aus ein paar erhaltenen Briefen rekonstruieren läßt. Doch schon nach kurzer Zeit war die Beziehung von Eifersucht auf beiden Seiten belastet, und Madame du Barry beendete schließlich das Verhältnis, als sie Seymour offenbar nach langem Ringen mit sich selbst den folgenden Abschiedsbrief schrieb:

»Es ist nicht nötig, Ihnen die Zärtlichkeit meiner Gefühle darzustellen. Sie kennen sie. Was Sie aber ganz gewiß nicht kennen, sind meine Leiden. Sie haben sich nicht herabgelassen, mein verwirrtes Gemüt zu beruhigen, und ich muß daher glauben, daß meine Seelenruhe und mein Glück Sie nur wenig berühren. Es tut mir leid, noch einmal darüber sprechen zu müssen, aber es geschieht zum letzten Mal. Meine Gedanken sind klar, wenn auch mein Herz leidet, doch mit Mut und Entschlossenheit muß es mir gelingen, es zu zügeln. Es wird schwer sein und mir Trauer bereiten, aber es muß geschehen. Es ist das letzte Opfer, das ich zu bringen habe, alle anderen Opfer hat mein Herz schon gebracht. Dieses letzte muß meine Vernunft bringen. Leben Sie wohl! Aber seien Sie versichert, daß nur Sie allein mein Herz erfüllen.« (Loomis, S. 213f.)

Die Gründe für diese Trennung lassen sich nur vermuten. Es ist jedoch anzunehmen, daß die junge Lady Seymour einer davon war. Ein zweiter könnte sein, daß der Herzog von Brissac, ein langjähriger Verehrer der Gräfin, von ihrer Affäre mit Lord Seymour erfuhr. Möglicherweise wurde er sich nun plötzlich seiner Gefühle für Madame du Barry bewußt und erklärte ihr seine Liebe. Diese begriff vielleicht, daß eine Beziehung mit Seymour keine Zukunft hatte, und entschied sich für Brissac.

Louis-Hércule-Timoléon de Cossé, Herzog von Brissac, war elf Jahre älter als Madame du Barry. Er entstammte einer illustren Familie, war seit 1775 Gouverneur von Paris und genoß die Gunst Ludwigs XVI. Der Herzog galt nicht nur als einer der attraktivsten, sondern auch als einer der reichsten Männer des Landes. Er kannte die Gräfin bereits seit 1770. Damals war er Kapitän der Garde in Versailles, und seine Räume lagen ganz in der Nähe der Appartements der damaligen maîtresse en titre, sodaß er ihr häufig begegnete. Seit damals unterhielten Brissac und Madame du Barry sehr freundschaftliche Kontakte. Er gehörte auch zu jenen, die der Gräfin nach ihrem Sturz die Treue hielten, und er war ein häufiger Gast in Louveciennes.

Zwar war auch Brissac ein verheirateter Mann, doch lebte er schon lange von seiner Frau getrennt, die ihre eigenen Wege ging. So wurde aus der bereits seit zehn Jahren bestehenden Freundschaft zwischen dem Herzog und Madame du Barry eine intime Beziehung, die von tiefer gegenseitiger Zuneigung geprägt war und zwölf Jahre währen sollte.

Die folgenden Jahre verliefen ruhig auf Schloß Louveciennes. Madame du Barry, sie war überzeugte Royalistin, blieb weiterhin sorglos und kümmerte sich kaum um die politischen Ereignisse. Doch rund um ihr idyllisches Schlößchen bröckelte es gehörig an den Grundfesten des Staates. Die alte Welt bekam Risse, Risse, die immer größer wurden, bis sie schließlich 1789 zusammenbrach.

Als Ludwig XVI. und Marie-Antoinette 1774 auf Frankreichs Thron kamen, erhielten sie einen, wenn auch nur kleinen Vertrauensvorschuß. Doch sie wußten ihn nicht zu nutzen. Anstatt die unter Ludwig XV. eingeleiteten Reformen fortzusetzen, machte Ludwig XVI. die meisten davon wieder rückgängig. Dies hatte zur Folge, daß das Haushaltsdefizit binnen kürzester Zeit enorm anstieg. Sämtliche Sanierungsversuche scheiterten am Widerstand der privilegierten Gruppen. Auch die Königin dachte nicht daran, ihre verschwenderische Lebensführung einzuschränken. Genauso wie Madame du Barry hatte auch Marie-Antoinette nicht den geringsten Begriff vom Wert des Geldes. Mit leichter Hand schrieb sie immer noch ganz einfach »Payez!« auf all die Rechnungen, die da tagaus, tagein für ihre prächtigen Kleider, den Schmuck, den sie so sehr liebte, und all den modischen Firlefanz, ohne den sie nicht sein konnte, hereinflatterten, während in der Staatskasse schon lange Ebbe herrschte.

Sie, die bei ihrer Ankunft in Frankreich und auch noch bei ihrer Thronbesteigung begeistert bejubelt worden war, war zum erklärten Feindbild des Volkes geworden, zum Sündenbock für all das Elend, zur vermeintlichen Urheberin der Finanzkrise des Landes. Frankreich war innerhalb weniger Jahre zu einem Pulverfaß geworden, das jeden Moment zu explodieren drohte.

Das erfolgreiche Eingreifen der französischen Armeen in den amerikanischen Unabhängigkeitskrieg wurde zum zweischneidigen Schwert. Einerseits stellte der Sieg über die Engländer das Prestige der Streitkräfte wieder her, andererseits jedoch nahmen die Gegner der absoluten Monarchie die junge demokratische Republik der Vereinigten Staaten von Amerika zum Vorbild, wodurch sich das ohnedies schon gespannte innenpolitische Klima noch verschärfte. Darüber hinaus aber trieb dieser Krieg Frankreich endgültig in den Bankrott, sodaß sich Ludwig XVI. im Mai 1789 gezwungen sah, die Generalstände einzuberufen.

Nach anfänglichen Verfahrensstreitigkeiten erklärten sich die Deputierten des Dritten Standes am 9. Juli zur verfassunggebenden Nationalversammlung, was nichts anderes bedeutete als das Ende der absoluten Monarchie. Mit der Erstürmung der Bastille am 14. Juli 1789 brach die Revolution endgültig und unaufhaltsam aus, der König mußte die Nationalversammlung als neuen Souverän Frankreichs bestätigen. Der Aufruhr griff von Paris auf die Provinzen über, wo die ausgehungerte Landbevölkerung Schlösser stürmte, plünderte, zerstörte und mordete. Unter den französischen Aristokraten ging die Angst um, und als Anfang August die Feudalrechte und andere Privilegien aufgehoben wurden, setzte eine Welle der Emigration ein.

Das beschauliche Leben der Madame du Barry in Louveciennes blieb anfangs weitgehend unberührt von den dramatischen Ereignissen in Paris und im übrigen Land. Die Gräfin wurde von der Bevölkerung wegen ihrer Wohltätigkeit verehrt und brauchte keine Übergriffe zu befürchten. Doch es war stiller geworden in dem bezaubernden Schloß, denn viele seiner Gäste waren emigriert. »Unter Ludwig XV. wäre so etwas nicht passiert«, entfuhr es Madame du Barry, als ihr die Geschehnisse zu Ohren kamen. Dennoch war sie sich zumindest in den ersten Jahren der drohenden Gefahr nicht bewußt, und sie korrespondierte fleißig mit ihren Freunden, die nun größtenteils im englischen Exil lebten.

1789 war Madame du Barry 46 Jahre alt und immer noch eine wunderschöne Frau, wie ihr Freund und Bewunderer, der Graf d'Espinchal bei einem Besuch feststellte:

»Sie war ein wenig stärker geworden, und ihr Gesicht wies auch einige kleine Furchen auf. Aber sie wirkte, trotz allem, immer noch außerordentlich anziehend. Sie hatte sich ihren Reiz wohl dadurch bewahrt, daß sie ihre ganze Aufmerksamkeit auf ihre Sauberkeit richtete, und gewiß nicht zuletzt auch zufolge des Umstandes, daß sie täglich, der Jahreszeit und Witterung ungeachtet, ein kaltes Bad nahm.« (Loomis, S. 226)

Die Gräfin hatte sich ihre Gesundheit und ihre Schönheit erhalten, aber auch ihre Leidenschaft für Schmuck. Und diese sollte ihr letztendlich zum Verhängnis werden.

Die angespannte politische Lage zwang den Herzog von Brissac, den größten

Teil seiner Zeit in Paris an der Seite des Königs zu verbringen. Doch wann immer es ihm möglich war, besuchte er seine Geliebte in Louveciennes, und auch Madame du Barry begab sich des öfteren in die Hauptstadt. So auch am 10. Januar des Jahres 1791, an welchem im Palais des Herzogs von Brissac ein Fest stattfand. Während Madame du Barry in dieser Nacht tanzte und sich amüsierte, trug sich in Louveciennes etwas zu, das ihrem Leben eine dramatische Wendung geben sollte.

Am nächsten Morgen nämlich erhielt die Gräfin von ihrem Verwalter die Nachricht, daß in ihrem Hause eingebrochen und fast ihr gesamter Schmuck sowie eine Anzahl von Wertgegenständen gestohlen worden waren. Der Schaden ging in die Millionen. Obwohl der Schock über den Verlust ihrer geliebten Juwelen, die darüber hinaus auch den Großteil ihres Vermögens ausmachten, sicher sehr groß war, verfiel Madame du Barry nicht in Hysterie, sondern bewahrte Ruhe und schritt unverzüglich zur Tat. Sie wollte ihren Schmuck unbedingt wiederhaben.

Zuerst ließ sie ihren Juwelier kommen, mit dem sie gemeinsam eine Liste der entwendeten Schmuckstücke erstellte. Sodann ließ sie ein Rundschreiben drucken, auf dem eine Belohnung von 2 000 Louis für die Auffindung der Juwelen versprochen wurde sowie eine weitere Prämie entsprechend dem Wert der gestohlenen Gegenstände. Dem folgte auf acht Seiten eine Aufzählung und Beschreibung der einzelnen Edelsteine und Prätiosen.

Mehrere hundert Exemplare dieser Ankündigung wurden darauf an sämtliche Polizeibüros sowie an alle Schmuck- und Diamantenhändler in Frankreich und im Ausland verschickt.

Dieses Vorgehen jedoch sollte für die Gräfin fatale Folgen haben, denn ihr Name, der seit Jahren so gut wie in Vergessenheit geraten war, war nun wieder im Gespräch, und vor allem wußte jetzt die halbe Welt, welch ein Vermögen sie ihr eigen nannte. Zunächst jedoch überwogen zweifellos die Vorteile ihrer spontanen Handlungsweise, denn die Mühe schien sich gelohnt zu haben.

Bereits am 15. Februar 1791, also nur einen Monat nach dem Diebstahl, erhielt Madame du Barry aus England die Nachricht, ihr Schmuck sei in London sichergestellt und die Diebe in Haft genommen worden.

Drei Tage später begab sie sich auf die Reise nach England, womit sie jenes Kapitel ihres Lebens aufschlug, das bis heute viele Rätsel aufgibt. War Madame du Barry eine Agentin der Royalisten, wie man ihr später vorwerfen sollte, oder war sie ganz einfach viel zu sorglos und naiv? Hat sie konterrevolutionäre Aktivitäten finanziell unterstützt oder wurde sie bloß das Opfer ihrer Hilfsbereitschaft? Viele Fragen ergeben sich aus dem, was in den folgenden zwei Jahren geschehen sollte; Fragen, die jedoch für immer offen bleiben müssen, denn es gibt bis heute keine gesicherten Antworten, sondern lediglich Vermutungen.

Fest steht nur, daß sich Madame du Barry einen Paß besorgte und am 19. Februar 1791, begleitet von ihrem Juwelier, Rouen, vier Bediensteten und dem Chevalier von Escourre, einem Vertrauten des Herzogs von Brissac, über den Kanal setzte. Brissac selbst konnte seine Geliebte nicht begleiten, denn Ludwig XVI. hatte ihn zum Kommandeur der königlichen Garde ernannt, und die gespannte politische Lage machte seine Anwesenheit in Paris erforderlich.

In London stellte man Madame du Barry sogleich einen Privatdetektiv, einen gewissen Nathaniel Parker Forth, zur Seite, der sie fortan überallhin begleitete. Dieser Forth war eine ziemlich undurchsichtige Person und höchstwahrscheinlich ein Agent der englischen Regierung, der seine Tätigkeit für die Gräfin dazu benutzte, um in Frankreich zu spionieren.

Bei den zuständigen Behörden erfuhr Madame du Barry, daß sich die Rückgabe ihrer Juwelen schwierig und langwierig gestalten würde, da der Diebstahl nicht in England stattgefunden habe. Gleichzeitig händigte man ihr eine Abschrift des Geständnisses eines der Diebe aus, aus dem hervorging, daß sie in Louveciennes einen Komplizen gehabt haben mußten.

Natürlich nutzte Madame du Barry ihren Aufenthalt in London, um ihre Freunde und Bekannten, die dort im Exil lebten, zu besuchen. Sie ahnte nicht, daß jeder ihrer Schritte von einem Spion der französischen Regierung namens Blache verfolgt und penibel aufgezeichnet wurde. So blieb weder unbemerkt, daß einige ihrer Freunde in Kontakt mit der Exilregierung rund um den ehemaligen Minister Calonne und den Prinzen von Condé standen, noch daß dieser Forth sie begleitete, als sie am 1. März 1791 wieder nach Frankreich zurückkehrte.

Im Verlauf der folgenden Monate begab sich die Gräfin noch zwei Mal nach England. Da Gerichtsverfahren damals wie heute eine kostspielige Angelegenheit waren, ließ sie sich von ihrem Bankier, Jean-Baptiste Vandenyver, Kreditbriefe auf dessen Korrespondenzbank in London, Simon and Hankey, ausstellen, sodaß ihr dort große Summen zur Verfügung standen. Eine höchst unvorsichtige Handlung, denn man sollte sich später sehr für diese Transaktionen interessieren.

Im August 1791 entschied das Gericht endlich, daß der Diebstahl in Frankreich zu verhandeln sei, da er sich nicht auf englischem Boden ereignet habe. Bis dahin müsse der Schmuck in London deponiert bleiben.

Unverrichteter Dinge traf Madame du Barry also am 25. August 1791 von ihrer dritten Englandreise wieder in Louveciennes ein. Sie übergab das Protokoll des Urteils der Pariser Polizei, doch diese hatte zu jener Zeit andere Sorgen, als irgendwelche Schmuckdiebstähle aufzuklären.

Das innenpolitische Klima war durch die gescheiterte Flucht des Königs in der Nacht vom 20. auf den 21. Juni 1791 nur noch mehr angeheizt worden. Ludwig XVI. war nunmehr nichts weiter als ein Gefangener in den Tuilerien. Im April des darauffolgenden Jahres sah er sich von der girondistischen Regierung gezwungen, dem Kaiser Leopold II. den Krieg zu erklären. Mit seiner Unterschrift unter die Kriegserklärung an seinen Schwager verband Ludwig XVI. wohl auch die schwache Hoffnung, daß ein Krieg die Disziplin in der Armee und damit das Prestige des Königs wiederherstellen würde.

Doch die Führungsschicht der Streitkräfte war durch die zahlreichen Emigrationen stark dezimiert worden, sodaß sich dieser Krieg für Frankreich katastrophal anließ. Gerüchte wurden laut, der König sei an allem schuld, denn er habe sein Land an die ausländischen Mächte verraten. Daraufhin stürmte die aufgebrachte Menge die Tuilerien, die königliche Garde wurde aufgelöst und ihr Kommandeur, der Herzog von Brissac, verhaftet und wegen Hochverrats angeklagt. Wenig später wurde auch Ludwig XVI. und seine Familie im Temple gefangengesetzt und die Republik ausgerufen.

Brissac brachte man in ein Gefängnis nach Orléans, wo ihn Madame du Barry mehrere Male besuchte. Mit Gelassenheit und Würde nahm er sein Schicksal hin. Als er von der Verhaftung des Königs erfuhr, wußte er, daß seine Stunde geschlagen hatte. Am 11. August 1792 verfaßte er sein Testament, in dem er seine Tochter, die Herzogin von Mortemart, als Universalerbin bestimmte. Seiner Geliebten vermachte er eine jährliche Rente von 24 000 Livres oder die Erträge seiner Besitzungen im Poitou oder eine einmalige Summe von 300 000 Livres, was immer sie bevorzugte.

Am 2. September wurde er schließlich gemeinsam mit mehreren Leidensgenossen nach Versailles überstellt, wo der blutrünstige Mob über den heranziehenden Konvoi herfiel, die Männer von den Karren zerrte und aufs grausamste massakrierte.

Madame du Barry saß gerade in ihrem Salon in Louveciennes, als eine johlende Meute durch den Park heraufzog. Auf einer Pike trugen sie Brissacs Kopf, den sie der entsetzten Gräfin vor die Füße warfen.

Trotz dieses furchtbaren Geschehens, trotz des Kummers und der lähmenden Angst, die Madame du Barry in diesen Tagen befiel, behielt sie offenbar doch die Nerven. Noch unter dem Schock der vergangenen Ereignisse stehend, suchte sie keine zwei Wochen später neuerlich bei den Behörden um einen Paß an. Sie wollte Brissacs Tochter, die Herzogin von Mortemart, sprechen, die sich zu jener Zeit in London aufhielt. Offiziell gab sie natürlich den Prozeß um ihren gestohlenen Schmuck als Grund für ihre vierte Englandreise an. Diesmal war es schon ziemlich schwierig, ein Visum zu erhalten. Doch am 21. September 1793 wurde es ihr mit einer Gültigkeit von sechs Wochen ausgestellt, nachdem sie das schriftliche Versprechen abgegeben hatte, wieder nach Frankreich zurückzukehren. Am 14. Oktober brach Madame du Barry, begleitet von der Herzogin von Aiguillon, schließlich auf.

In London, wo sie fünf Monate lang bleiben sollte, mietete sie ein Haus, das sie mit der Herzogin von Mortemart bewohnte. Gemeinsam beweinten die beiden Frauen den Tod des Herzogs von Brissac und beklagten die schrecklichen Ereignisse in der Heimat, wo die Revolution nun begann, auch noch die letzten Reste des alten Systems hinwegzufegen.

Doch nach einigen Wochen der Trauer nahm Madame du Barry wieder am gesellschaftlichen Leben teil. Sie empfing und besuchte die französischen Emigranten und war auch ein gerngesehener Gast in den höchsten Kreisen der englischen Gesellschaft.

Blache, der sich wieder auf ihre Fersen geheftet hatte, hatte jede Menge Interessantes zu notieren. Bemerkenswert fand er auch die Großzügigkeit, die Madame du Barry ihren Freunden gegenüber an den Tag legte. Dem Kardinal von La Rochefoucauld machte sie etwa die beachtliche Summe von 200 000 Livres zum Geschenk, damit er mittellose französische Flüchtlinge, darunter viele Priester, unterstützen konnte. Und im Januar 1793 wies sie von London aus ihren Pariser Bankier an, dem Herzog von Rohan-Chabot einen noch höheren Betrag auszuzahlen.

Die Tatsache, daß Rohan-Chabot mit den royalistischen Aufständen in der Vendée im Westen Frankreichs zu tun hatte, sollte Madame du Barry in den Verdacht konterrevolutionärer Aktivitäten bringen.

Im Januar kam auch die Nachricht von der Hinrichtung Ludwigs XVI. Trauer und Bestürzung herrschten unter den Royalisten. Auch Madame du Barry legte Trauerkleider an und nahm an einer Messe für den ermordeten Monarchen teil.

Es wird wohl für immer ein Rätsel bleiben, warum Madame du Barry am

1. März 1793 das sichere England verließ und sich in das brodelnde Frankreich begab, in dem kaum noch jemand seines Lebens sicher sein konnte, am allerwenigsten jedoch eine vermögende Frau, die einen Adelstitel trug und mit der allerhöchsten Gesellschaft des gestürzten Regimes verkehrt hatte. Der Marquis von Bouillé, der sich zu jener Zeit ebenfalls in London aufhielt, hinterließ in seinen Memoiren ein Porträt der Gräfin, in dem sich auch ein kleiner Hinweis auf einen möglichen Grund für ihr riskantes Unternehmen findet:

»Während meines Aufenthaltes in London, als ich häufig mit der Mätresse des Prinzen von Wales speiste, traf ich bei ihr auch eine andere Dame, die einst königliche Gunst genossen hatte. Sie war nach England gekommen, um einem Gerichtsverfahren wegen des Diebstahls ihrer Juwelen beizuwohnen, das sie schon seit langem beschäftigte, doch auch um dem blutgetränkten Lande zu entfliehen, wo ihr Geliebter, der Herzog von Brissac, vor wenigen Monaten sozusagen vor ihren eigenen Augen ermordet worden war, einem Lande, in welches zurückzukehren sie bald darauf die Verwegenheit und das Unglück hatte und wo sie dann selbst von einem Schicksal ereilt wurde, das nicht weniger grausam war als das seine. Sie wohnte zu London mit der Herzogin von Mortemart, der Tochter des Herzogs von Brissac, in einem Hause, und ihr unheilvolles Bestreben, sich der Interessen Madame de Mortemarts anzunehmen, veranlaßte sie, nach Frankreich zurückzukehren. Damals war die Gräfin Dubarry etwa siebenundvierzig Jahre alt, und obwohl die erste Blüte und Frische ihres Liebreizes längst vergangen waren, war noch immer genug davon übriggeblieben, daß man sich vorstellen konnte, wie berückend sie einst gewesen war. Sie hatte blaue Augen mit einem Ausdruck von größter Lieblichkeit, und ihr Haar war kastanienfarben. Sie hatte eine elegante, ja edle Gestalt und bewegte sich, trotz einer gewissen Neigung zur Fülle, mit Geschmeidigkeit und Grazie. Ihre Kleidung, insbesonderheit am Morgen, betonte ihre immer noch reizvollen Formen. Sie hatte in keiner Weise etwas Gewöhnliches an sich, geschweige denn etwas Gemeines. Wir alle waren über die Lage, in der sich der König und die Königin befanden, tief bestürzt, und ich war ebenso überrascht wie gerührt zu sehen, wie diese Dame, die von den Majestäten nach deren Thronbesteigung so hart behandelt worden war, nun kaum an etwas andres denken konnte als an die Leiden des Königs und der Königin. Die Tränen, welche sie beider wegen vergoß, flossen ebenso aufrichtig wie häufig.« (Loomis, S. 265)

Es ist wahrscheinlich, daß es sich bei den erwähnten »Interessen der Madame de Mortemart« um das Testament des Herzogs von Brissac handelte. Im Januar war nämlich bekannt geworden, daß die französische Regierung sämtliche Besitzungen der Emigranten zu konfiszieren gedachte. Auch Louveciennes war bereits beschlagnahmt worden, wie Madame du Barry von ihrem treuen Verwalter Morins erfahren hatte.

Auf jeden Fall kam die Gräfin am 2. März 1793 in Calais an, wo sie ganze zwei Wochen auf einen neuen Paß warten mußte. In Louveciennes angekommen, fand sie ihr Haus versiegelt. Die Behörden hatten sie für emigriert gehalten. Sofort schrieb sie daher an den zuständigen Beamten: »Die Bürgerin Dubarry ist äußerst überrascht. ... Vor ihrer Abreise sandte sie Ihnen eine Erklärung, die sie auch dem Gemeindeamt übermittelt hatte. Diese befindet sich in Ihrer Kanzlei. Sie hofft, daß Sie bereit sein werden, die Siegel, die Sie an ihrem Hause haben anbringen lassen, wieder zu entfernen. Ganz Frankreich erinnert sich an den Diebstahl, der sich in der Nacht vom 10. auf den 11. Januar 1791 ereignet hat, und man weiß, daß die Diebe in London verhaftet wurden und daß ein Prozeß folgte, in dem die letzte Entscheidung erst am 28. Februar fiel, wie das beiliegende Zertifikat beweist.« (Loomis, S. 276)

Tatsächlich hatte das englische Gericht am 28. Februar entschieden, daß Madame du Barry eine Belohnung von 1 000 Louis an jenen Juwelier zu zahlen hatte, der die Polizei verständigt hatte, als ihm der gestohlene Schmuck angeboten worden war.

Der Brief an die Behörden hatte Erfolg, und die Siegel an ihrem Haus wurden ohne größere Schwierigkeiten wieder entfernt. Im Mai erhielt sie auch ihre Aufenthaltsbewilligung wieder.

Doch in Louveciennes hatte sich in den letzten Monaten vieles geändert. Ein gewisser George Greive war aufgetaucht und hatte begonnen, die Leute aufzuhetzen.

Greive war einer der fanatischen Agitatoren der Revolution, ein Psychopath, dem es nicht um eine politische Idee, sondern um Gewalt und Zerstörung ging. In seinem maßlosen Haß auf alle Reichen hatte er Madame du Barry als Opfer auserkoren. Er hatte nur ein Ziel: ihre Vernichtung.

Der ehemalige Koch der Gräfin, Salanave, und ihr geliebter Zamore schlossen sich Greive an, und es sollten im Laufe der Zeit immer mehr Leute werden, die den Kopf der Madame du Barry forderten.

Diese wäre jedoch nie auf den Gedanken gekommen, ihr Zamore könnte spionieren und Informationen über sie und ihre Freunde an das Revolutionstribunal liefern. Sie fühlte sich sicher unter ihren Leuten, denen sie ja immer nur

Gutes getan hatte. Sie sah offensichtlich keinen Grund, besondere Vorsicht walten zu lassen, und lebte ihr Leben so oder fast so, wie sie es vor ihrer letzten Reise getan hatte. Sie empfing die wenigen ihrer Freunde, die in Frankreich geblieben waren, und natürlich trauerte man in den Gesprächen der guten alten Zeit nach. Man war ja unter sich, meinte man, also nannte man einander auch bei den nunmehr verbotenen Adelstiteln. Niemand ahnte, daß jedes Wort, jeder Name von Zamore festgehalten und an Greive weitergegeben wurde.

Während Robespierres Schreckensherrschaft das Land in Blut tauchte, war Madame du Barry damit beschäftigt, den Nachlaß des Herzogs von Brissac in Sicherheit zu bringen. Der Herzog von Rohan-Chabot, jener Mann, dem sie im Januar die stattliche Summe von mehr als 200 000 Livres zur Verfügung gestellt hatte, dürfte ihr dabei behilflich gewesen sein.

In Zeiten der Gefahr ist die Sehnsucht nach Zweisamkeit, Wärme und Zärtlichkeit stärker als sonst, und so kamen die Gräfin und der Herzog einander in diesem Frühjahr des Jahres 1793 näher. Es sollte die letzte Liebesbeziehung der Madame du Barry sein.

Im Juli brach schließlich auch über das bisher so friedliche Louveciennes die grausame Wirklichkeit herein.

Greive, Blache und ihre Mitstreiter hatten gute Arbeit geleistet und holten nun zum Schlag gegen die verhaßte Gräfin aus. Sie zeigten Madame du Barry wegen staatsfeindlicher Gesinnung an, worauf die Behörden sie unter Hausarrest stellten und ihren Besitz wieder beschlagnahmten.

Doch siehe da, nicht weniger als 59 Einwohner des Ortes stellten sich schützend vor ihre Wohltäterin, indem sie eine Petition verfaßten, in der Güte und Barmherzigkeit der Gräfin gepriesen wurden.

Schon nach wenigen Wochen erkannte auch das Direktorium, daß Madame du Barry kein begründeter Vorwurf zu machen sei, und gab ihr die Freiheit wieder. Die Gräfin triumphierte. Jeder Verdacht gegen sie war nun ein für allemal ausgeräumt, und sie brauchte nun nichts mehr zu befürchten. So dachte sie wohl. Doch es war eine trügerische Sicherheit, in der sie sich wähnte.

Denn Greive und seine Helfer, zutiefst enttäuscht über ihren gescheiterten Versuch, Madame du Barry aufs Schaffott zu bringen, verstärkten daraufhin ihre Aktivitäten. Sie verbreiteten Angst unter den kleinen Leuten und verteilten Flugblätter, auf denen über das ausschweifende Leben der ehemaligen Mätresse zu lesen war und die stets mit demselben Refrain endeten: »Tod der Kurtisane von Louveciennes, der mit Efeu und Rosen bekränzten Bacchantin.«

Irgendwann fielen die eingeschüchterten Bewohner von Louveciennes schließlich in diesen mörderischen Gesang ein. Sie begannen, Madame du Barry zu beschimpfen, wo immer sie auftauchte, sodaß sie sich bald nicht mehr aus dem Haus wagte.

Immer enger zog sich das Netz aus Haß, Neid und Verrat. Das neue Gesetz vom 17. September 1793 kam gerade recht, das die Verhaftung aller Personen vorsah, die sich durch ihr Benehmen, ihre Verbindungen, ihre Worte oder ihren Schriftverkehr als Befürworter der Tyrannei oder als Gegner der Freiheit verdächtig machten. Sofort startete Greive seinen zweiten Coup gegen Madame du Barry. Und diesmal zeitigte seine Denunziation den gewünschten Erfolg, denn das Komitee für allgemeine Sicherheit entschied wie folgt:

»… die Frau namens Dubarry, wohnhaft in Louveciennes, ist in das Gefängnis von Sainte-Pélagie in Paris zu bringen, wo sie in Gewahrsam zu nehmen ist, da sie unter dem Verdacht unpatriotischer und mit der Aristokratie sympathisierender Neigungen steht.

Ihre Besitzungen sind zu versiegeln und ihre Papiere zu beschlagnahmen; jene davon, die verdächtig scheinen, sind dem Komitee für allgemeine Sicherheit zu übergeben. Mit der Durchführung dieses Erlasses wird der Bürger Greive beauftragt.« (Castries, S. 259)

Greive handelte rasch. Am 21. September war das Urteil ergangen, und am 22. fand er sich bereits in Louveciennes ein. Madame du Barry war offenbar völlig unvorbereitet, denn sie stürzte in ihr Zimmer, um belastende Papiere zu vernichten. Doch es war bereits zu spät. Sie schaffte es nicht mehr, die Briefe ihrer Freunde ins Feuer zu werfen. Einer davon sollte tödlich sein; jener nämlich, den ihr ihre polnische Freundin, Prinzessin Lubomirska, im August geschrieben hatte. Der Brief enthielt im Grunde nichts Besonderes außer der Empörung über den damaligen Hausarrest der Gräfin. Unvorsichtigerweise hatte die Prinzessin den Brief auch noch unterzeichnet, sodaß kein Zweifel an der Identität der Autorin bestehen konnte. Dieses Schreiben kostete der Lubomirska den Kopf.

Greive stürzte sich auf die Dokumente, filterte aus ihnen Namen und jedes auch nur im Ansatz verdächtige Wort heraus. Zusammen mit den Aufzeichnungen, die Blache in London gemacht hatte, fertigte er daraus eine minutiöse Anklageschrift, wobei er zu jedem Punkt das entsprechende Beweismaterial beischloß. Was immer Madame du Barry in den letzten Jahren gesagt oder getan hatte, wurde ihr hier als konterrevolutionäres Verhalten ausgelegt. Unter anderem hieß es da:

1. Sie erfreute sich größter Gunst von seiten der Krone Frankreichs, selbst

nachdem sie angeblich in Ungnade gefallen war, und hatte enge Verbindung zu all jenen, die heute unsere gefährlichsten Feinde sind.

2. Sie hat den Verkehr mit derlei Leuten auch während der Revolution fortgesetzt.

3. Sie stand im Briefwechsel mit den Emigranten.

4. Sie hat die Gegenrevolution mit Geldmitteln versorgt.

5. Sie hat sich seit jeher als Feindin der Revolution betätigt.

6. Zur Zeit, da sie in London in der Gesellschaft der Emigranten und sonstigen Feinde Frankreichs verkehrte, trug sie um den Tyrannen Trauer.

7. Sie hat die Gelder des Staates vergeudet.

8. Was immer, in Wirklichkeit, vor sich gegangen sein mag, sie nahm den geheimnisvollen Diebstahl ihrer Juwelen zum Anlaß, verschiedene Male nach London zu reisen, und es scheint, daß die beiden Höfe diesen Umstand benutzt haben, um einander Nachrichten zukommen zu lassen … (Loomis, S. 291ff.)

Woher nimmt die Dubarry also das Recht, straflos unter uns weiterzuleben?«

Während Madame du Barry im Gefängnis von Sainte-Pélagie auf ihre Verhandlung wartete, erreichte sie die Nachricht von der Hinrichtung Marie-Antoinettes am 16. Oktober 1793. Was ging in ihr vor, als sie vom Schicksal ihrer einstigen Gegnerin erfuhr. Dachte sie daran, daß es ihr ähnlich ergehen könnte? Wohl kaum. Denn sie war von ihrer Unschuld fest überzeugt. Außerdem hatten sich Greives Anschuldigungen ja schon einmal in Luft aufgelöst. In der Gewißheit, daß sich alles als unhaltbar herausstellen würde, schrieb sie an den berüchtigten öffentlichen Ankläger Fouquier-Tinville:

»Bürger Öffentlicher Ankläger, ich hoffe, daß Sie bei sachlicher Prüfung dieser unseligen Angelegenheit und insbesondere der Anschuldigungen, die Greive und Genossen wider mich erhoben haben, zu dem Schlusse kommen werden, daß ich das Opfer einer Verschwörung bin, die mich zugrunde richten will. Ich war niemals emigriert und hatte auch keinerlei Absicht, es zu tun; ich habe die Emigranten niemals mit Geld unterstützt, ich habe ebensowenig in verbotenem Briefwechsel mit ihnen gestanden; und wenn mich die Umstände, sei's in London oder in Frankreich, dennoch gezwungen haben, mit gewissen Hofleuten oder Personen, die möglicherweise mit der Revolution nicht sympathisierten, umzugehen, so hoffe ich, daß Sie, Bürger Öffentlicher Ankläger, in der Gerechtigkeit und Unparteilichkeit Ihres Herzens mein Verhalten verstehen werden. … Ich verlasse mich auf Ihren Sinn für Gerechtigkeit. Seien Sie der ewigen Dankbarkeit Ihrer Mitbürgerin gewiß. (gez.) Vaubernier Dubarry.« (Loomis, S. 298)

Fouquier-Tinville hatte nicht die geringste Absicht, irgend etwas zu verstehen. Im Gegenteil, er hatte sein Urteil längst gefällt. Die Verhandlung würde es zeigen.

Während dieser Tage des Wartens im finsteren Gefängnis von Sainte-Pélagie soll sich etwas zugetragen haben, das Madame du Barry nachträglich fast als eine Heilige dastehen läßt. Die Geschichte findet sich in den Memoiren eines gewissen Dutens, konnte jedoch nicht belegt werden. In der Familie des Herzogs von Brissac hegte man jedoch niemals einen Zweifel an ihrer Wahrheit. Dutens zufolge soll in jenen Tagen ein verkleideter irischer Priester im Gefängnis aufgetaucht sein. Er habe der Gräfin erklärt, er könne sie retten, wenn sie eine bestimmte Summe aufbrächte, um die Wachen zu bestechen. Daraufhin soll ihn Madame du Barry gefragt haben, ob er nicht auch zwei Personen retten könnte. Als der Priester dies verneinte, soll sie geantwortet haben: »Dann werde ich meinem Bankier Auftrag geben, Ihnen die entsprechende Summe auszuzahlen; aber ich möchte, daß Sie statt meiner die Herzogin von Mortemart retten. Sie hält sich in einer Dachkammer in Calais versteckt. Hier ist der Auftrag an meinen Bankier.« Tatsächlich soll es dem Priester gelungen sein, das Geld zu erhalten, Madame de Mortemart zu finden und sie nach Ostende zu bringen, von wo sie dann nach England übersetzte.

Ob diese Geschichte nun stimmt oder nur gut erfunden ist, fest steht, daß sich Madame du Barry bis zuletzt nicht der Ausweglosigkeit ihrer Situation bewußt war. Spätestens jedoch am zweiten Tage ihrer Verhandlung, dem 7. Dezember 1793, zerplatzten all ihre Illusionen wie eine Seifenblase, als Fouquier-Tinville sein Schlußplädoyer hielt:

»Bürger Geschworene, Sie haben erst vor kurzem Ihr Urteil über den Verrat der Frau des letzten französischen Tyrannen gefällt. Sie sind nun daran, Ihr Urteil über die Geliebte seines schändlichen Vorgängers zu sprechen. Sie sehen die Lais vor sich, die berüchtigt durch ihren liederlichen Lebenswandel und durch ihre Ausschweifungen, als Genossin der Unzucht des Despoten nicht nur das Vermögen, sondern auch das Blut des Volkes seinen und ihren schandbaren Vergnügungen geopfert hat. Sie haben zu entscheiden, ob diese Messalina sich einer Verschwörung gegen die Freiheit und Herrschaft des Volkes schuldig gemacht hat und ob sie, nachdem sie mitschuldig an den Ausschweifungen des Königs gewesen, nun auch noch zum Werkzeuge von Tyrannen, Adeligen und Priestern geworden ist, die gegen die Republik arbeiten. ... Der Schleier, der ihre Schändlichkeiten verhüllt hatte, ist nun gelüftet, man kann sogar sagen, er ist heute gänzlich zerrissen worden, und nichts als

Schande und Strafe steht diesen Verschwörern noch bevor. Ja, Franzosen, wir wollen zu dem Schwure zusammentreten, alle Verräter zu vernichten. Nur die Freiheit soll leben! In den Augen der schändlichen Verschwörerin jedoch, die vor Ihnen steht, war die Freiheit des Volkes ein Verbrechen, und das Volk hatte versklavt zu sein und vor seinen Herren im Staube zu kriechen. ... Das Beispiel, das diese Frau gegeben hat, beweist erneut, daß Unzucht und Liederlichkeit die Feinde des Glückes und der Freiheit des Volkes sind. Wenn Sie diese Messalina mit dem Schwerte der Gerechtigkeit treffen, werden Sie nicht nur die Republik rächen, sondern auch einem öffentlichen Skandal ein Ende bereiten und die Herrschaft der Moral und des Anstandes festigen, welche die Hauptgrundlage der Freiheit des Volkes ist.« (Loomis, S. 306)

Nach einer solch Brandrede des öffentlichen Anklägers brauchten sich die Geschworenen nicht lange zurückzuziehen, um zu einem Urteil zu kommen. Es lautete: Tod durch die Guillotine. Als Madame du Barry vernahm, daß sie sterben sollte, verließen sie die Kräfte, und sie fiel ohnmächtig zu Boden.

Die Hinrichtung war für den nächsten Tag um 11 Uhr festgesetzt. Halb wahnsinnig vor Angst verbrachte Madame du Barry diese Nacht in der Conciergerie. Ihr Hirn arbeitete fieberhaft, sie suchte nach einer letzten Möglichkeit, ihr Leben zu retten. Mit der Hoffnung der Verzweifelten unternahm sie dann auch einen letzten Versuch. Als die Wächter um 8 Uhr in ihre Zelle kamen, um ihr die Haare zu schneiden und ihr den Kittel der Todgeweihten überzuziehen, sagte sie, sie hätte wichtige Enthüllungen zu machen, und man solle sie unverzüglich zu einem Beamten führen, vor dem sie ihre Aussagen machen könne. Das tat man auch tatsächlich. Madame du Barry erklärte, sie würde die Verstecke in Louveciennes verraten, wo sie zu Beginn der Revolution Juwelen, Silbergeschirr und andere Wertgegenstände vergraben hatte, wenn man ihr dafür das Leben schenkte.

Die Männer forderten sie auf, zu sprechen, und die Gräfin redete und redete ganze drei Stunden lang. Schließlich aber hatte sie alles gesagt, und die Beamten hatten genug gehört. Die Liste der vergrabenen Objekte war lang, man würde eine schöne Stange Geld damit machen, dachten sie wohl. Die Informantin brauchten sie nun nicht mehr. Sie brachten sie zurück in ihre Zelle, wo man ihr das Haar abschnitt und den grauen Kittel überzog. Da erst bemerkte Madame du Barry, daß man sie betrogen hatte. Es war endgültig aus. Ganze sechs Stunden ihres Lebens hatte sie retten können.

Unfähig zu begreifen, was geschehen war, und in panischer Angst vor dem, was sie erwartete, begann sie hysterisch zu schreien und um sich zu schlagen, um dann ganz plötzlich in eine Art Trancezustand zu verfallen. Man band ihr die Hände auf den Rücken und stieß sie auf den Karren, auf dem bereits ihr Bankier, Vandenyver, und seine beiden Söhne standen. Immer wieder schrie die gepeinigte Frau auf, weinte, schluchzte und kreischte.

Als der Karren an jenem 8. Dezember 1793 um halb fünf Uhr abends auf der Place de la République, der heutigen Place de la Concord, ankam, war die Dämmerung schon hereingebrochen.

Der Henkersknecht mußte die vor Angst bereits halb Ohnmächtige vom Karren herunterheben und auf das Schaffott tragen. Man band sie auf das Brett und schob sie unter die Guillotine. Da stieß Madame du Barry einen letzten furchtbaren Schrei aus, der noch weiter hallte, nachdem das Messer schon gefallen war und ihr Kopf im blutigen Korb lag.

ZEITTAFEL
(DIANE DE POITIERS)

1483–1498	Karl VIII. König von Frankreich
1492	Entdeckung Amerikas
1498–1515	Ludwig XII. König von Frankreich
1499	Diane de Poitiers am 31. 12. geboren
1509–1547	Heinrich VIII. König von England
1514	Vermählung Claudes von Frankreich, Tochter Ludwigs XII., mit Franz von Angoulême
1515	Franz von Angoulême wird König Franz I. von Frankreich
	Vermählung Dianes de Poitiers mit Louis de Brézé
1519	Geburt des späteren Heinrich II. am 31. 3.
	Geburt Katharinas von Medici am 13. 4.
	Tod Kaiser Maximilians I. Sein Enkel, Sohn Philipps des Schönen und Johanna der Wahnsinnigen, wird als Karl V. zum römisch-deutschen Kaiser gewählt
1523	Verschwörung des Konnetabel von Bourbon
1524	Verurteilung und Begnadigung von Jean de Poitiers
	Tod Königin Claudes
1525	Schlacht von Pavia und Gefangennahme Franz' I.
1526	Auslieferung der beiden Söhne Franz' I., François und Heinrich, an die Spanier im Austausch gegen ihren Vater
1530	Rückkehr der beiden Söhne aus der spanischen Gefangenschaft
	Vermählung Franz' I. mit Eleonore von Österreich, der Schwester Karls V.
1531	Tod Louis de Brézés
1533	Vermählung Heinrichs mit Katharina von Medici
1536	Tod des Dauphins, François. Heinrich wird Thronfolger
1547	Tod Franz' I.
	Heinrich II. König von Frankreich
1552	Besetzung und Verteidigung der Bistümer Metz, Toul und Verdun durch die Franzosen
1553	Tod Edwards VI. von England
	Mary Tudor wird Königin von England
1556	Waffenstillstand von Vaucelles
	Abdankung Karls V.

	Ferdinand I. wird römisch-deutscher Kaiser, Philipp II. wird König von Spanien
	Bruch des Waffenstillstands von Vaucelles im Oktober
1557	Schlacht bei Saint-Quentin, Niederlage der Franzosen
1558	Elisabeth I. wird Königin von England
	Rückeroberung von Calais durch Franz von Guise
	Vermählung von Heinrichs ältestem Sohn, Franz, mit Maria Stuart, der Königin von Schottland
1559	Friede von Cateau-Cambrésis
	Vermählung von Heinrichs ältester Tochter, Elisabeth, mit Philipp II. von Spanien
	Vermählung von Heinrichs Schwester Margarethe mit Emanuel-Philibert von Savoyen
	Tod Heinrichs II. während eines Turniers
1559–1560	Franz II. König von Frankreich
1560	Karl IX. wird König von Frankreich, seine Mutter, Katharina von Medici übernimmt die Regentschaft für ihn
1566	Tod Diane de Poitiers' am 15. 4.

ZEITTAFEL
(GABRIELLE D' ESTRÉES UND HENRIETTE D'ENTRAGUES)

1553	Heinrich IV. am 13. 12. in Pau geboren
1559	Tod Heinrichs II., Franz II. wird König von Frankreich
1560	Tod Franz' II., Karl IX. wird König von Frankreich
1564	Tod Kaiser Ferdinands I., Maximilian II. wird röm.-dt. Kaiser
1572	Hochzeit Heinrichs IV. mit Margarethe von Valois am 18. 8.
	Massaker der Bartholomäusnacht vom 24. 8.
1574	Tod Karls IX., Heinrich III. wird König von Frankreich
1576	Tod Kaiser Maximilians II., Rudolf II. wird röm.-dt. Kaiser
1589	Tod Katharinas von Medici (5. 1.)
	Ermordung Heinrichs III. (1. 8.)
	Heinrich IV. wird König von Frankreich
1590	Begegnung Heinrichs IV. und Gabrielle d'Estrées'
1592	Heirat Gabrielle d'Estrées' mit Nicolas d'Amerval
1593	Konversion Heinrichs IV. zum katholischen Glauben, Einzug in Paris
1594	Geburt Césars von Vendôme
	Scheidung Gabrielle d'Estrées'
1595	Legitimierung Césars
	Gabrielle d'Estrées wird Marquise von Montceaux
1596	Geburt von Cathérine-Henriette von Vendôme
	Gabrielle d'Estrées wird Herzogin von Beaufort
1597	Sieg über die Spanier bei Amiens
1598	Edikt von Nantes (13. 4.)
	Geburt von Alexandre von Vendôme
	Tod Philipps II. von Spanien, Philipp III. wird König von Spanien
1599	Tod Gabrielle d'Estrées' (10. 4.)
	Begegnung Heinrichs IV. mit Henriette d'Entragues (Juni),
	Henriette d'Entragues wird Marquise von Verneuil
1600	Heirat Heinrichs IV. mit Maria von Medici
1601	Geburt Ludwigs XIII. (27. 9.)
	Geburt von Gaston-Henri von Verneuil (4. 11.)
1602	Verschwörung Biron (Juli)
	Geburt Elisabeths, erste Tochter Heinrichs IV. mit Maria v. Medici (22. 11.)

1603	Geburt von Gabrielle-Angélique von Verneuil (21. 1.)
	Tod Elisabeths I. von England, James VI. von Schottland besteigt als James I. den englischen Thron
1604	Verschwörung Entragues'
1605	Verurteilung und Begnadigung des Entragues-Clans
1606	Versöhnung Heinrichs IV. mit Henriette d'Entragues (Oktober)
1607	Beginn des »Bruderzwists im Haus Habsburg«
1608	Bruch Heinrichs IV. mit Henriette d'Entragues
1609	Vermählung Césars von Vendôme mit Françoise von Lothringen-Mercœur
1610	Krönung Marias von Medici (13. 5.)
	Ermordung Heinrichs IV. (14. 5.)
	Ludwig XIII. wird König von Frankreich, seine Mutter, Maria von Medici, übernimmt die Regentschaft
1611	Henriette d'Entragues wieder bei Hof
1612	Tod Kaiser Rudolfs II., sein Bruder Matthias wird Kaiser
1615	Tod Margarethes von Valois
	Heirat Ludwigs XIII. mit Anna von Österreich (Tochter Philipps III. von Spanien)
1616	Richelieu wird Außenminister
1617	Ludwig XIII. entreißt seiner Mutter die Macht, Maria von Medici in Blois gefangengesetzt
1618	Prager Fenstersturz, Beginn des 30jährigen Krieges
1619	Tod Kaiser Matthias', Ferdinand II. wird röm.-dt. Kaiser
	Maria von Medici flüchtet aus Blois
	Beginn des Krieges zwischen Mutter und Sohn
1621	Tod Philipps III. von Spanien, Philipp IV. wird König von Spanien
1622	Heirat Gabrielle-Angélique von Verneuil mit Bernard von Nogaret, Sohn des Herzogs von Epernon, im Beisein Marias von Medici
	Richelieu wird Kardinal
1624	Kardinal Richelieu Erster Minister Ludwigs XIII.
1625	Tod James' I. von England, Karl I. wird König von England
1631	Maria von Medici flüchtet ins Ausland
1633	Tod Henriettes d'Entragues
1637	Tod Ferdinands II., Ferdinand III. wird röm.-dt. Kaiser
1638	Geburt Ludwigs XIV.
1640	Geburt Philipps von Orléans
1642	Tod Marias von Medici in Köln (3. 7.)
	Tod Kardinal Richelieus (4. 12.)
1643	Tod Ludwigs XIII. (14. 5.)

ZEITTAFEL
(MADAME DE MONTESPAN
UND MADAME DE MAINTENON)

1610–1643	Ludwig XIII. König von Frankreich
1621–1665	Philipp IV. König von Spanien
1625–1649	Karl I. König von England
1637–1658	Ferdinand III. römisch-deutscher Kaiser
1635	Françoise d'Aubigné am 27. 11. geboren
1638	Ludwig XIV. am 5. 9. geboren
1641	Françoise de Rochechouart am 5. 10. geboren
1643	Tod Ludwigs XIII., Ludwig XIV. wird König von Frankreich
1643–1651	Anna von Österreich Regentin für ihren minderjährigen Sohn. Sie wird von Kardinal Mazarin unterstützt
1649	Hinrichtung Karls I. von England
1649–1658	Herrschaft Oliver Cromwells in England
1652	Vermählung von Françoise d'Aubigné mit Paul Scarron
1658	Tod Oliver Cromwells
	Leopold I. wird römisch-deutscher Kaiser
1659	Pyrenäenfriede zwischen Frankreich und Spanien
1660–1685	Karl II. König von England
1660	Vermählung Ludwigs XIV. mit Maria Teresa/Marie-Thérèse von Spanien
	Tod Paul Scarrons
1661	Tod Kardinal Mazarins
1663	Vermählung von Françoise de Rochechouart mit Louis-Henri de Montespan
1665	Karl II. wird König von Spanien
1667	Ludwig XIV. legitimiert seine Kinder mit Louise de La Vallière
	Madame de Montespan wird die Mätresse Ludwigs XIV.
1672/79	Flandernkrieg. Eroberung Flanderns und der Franche-Comté durch die Franzosen
1673	Ludwig XIV. legitimiert seine Kinder mit Madame de Montespan
1675	Madame Scarron wird zur Marquise de Maintenon ernannt
1682	Der französische Hof übersiedelt nach Versailles
1682–1725	Peter der Große Zar von Rußland
1683	Tod von Königin Marie-Thérèse

1684	Ludwig XIV. heiratet Madame de Maintenon
1685	Widerruf des Edikts von Nantes am 18. 10.
1688–1697	Pfälzischer Erbfolgekrieg
1700	Tod Karls II. von Spanien.
	Ludwigs Enkel, Philipp von Anjou, wird Philipp V. von Spanien
1701	Beginn des Spanischen Erbfolgekrieges
1705	Josef I. wird römisch-deutscher Kaiser
1707	Tod der Madame de Montespan
1711	Karl VI. wird römisch-deutscher Kaiser
	Tod des Grand Dauphin, Ludwigs Sohn
1712	Tod des Dauphins, Ludwigs ältestem Enkel, und der Dauphine
1713	Friede von Utrecht
1714	Friede von Rastatt am 7. 3. beendet den Spanischen Erbfolgekrieg
1715	Tod Ludwigs XIV. am 1. 9.
1719	Tod von Madame de Maintenon am 15. 4.

ZEITTAFEL
(MADAME DE POMPADOUR
UND MADAME DU BARRY)

1710	Ludwig XV. am 15. 2. geboren
1715	Tod Ludwigs XIV., Ludwig XV. wird König von Frankreich
1715–1723	Philipp von Orleans Regent für seinen minderjährigen Neffen
1721	Jeanne-Antoinette Poisson am 29. 12. geboren
1725	Vermählung Ludwigs XV. mit Maria Leszczynska
1727–1760	Georg II. König von England
1733–1738	Polnischer Erbfolgekrieg
1740	Tod Kaiser Karls VI.
1740–1780	Maria Theresia Königin von Ungarn und Böhmen, Regentin der österreichischen Erblande
1740–1786	Friedrich II. König von Preußen
1740–1748	Österreichischer Erbfolgekrieg
1741	Vermählung Jeanne-Antoinette Poissons mit Charles-Guillaume d'Etioles
1741–1762	Elisabeth Petrowna Zarin von Rußland
1743	Jeanne Bécu am 19. 8. geboren
1744	Erkrankung Ludwigs XV. in Metz
1745	Sieg der Franzosen bei Fontenoy
	Jeanne-Antoinette d'Etioles wird zur Marquise de Pompadour ernannt und Mätresse Ludwigs XV.
1746–1759	Ferdinand VI. König von Spanien
1748	Friede von Aachen beendet den Österreichischen Erbfolgekrieg
1756	Umkehr der Bündnisse
1756–1763	Siebenjähriger Krieg
1757	Attentat auf Ludwig XV. durch Damiens
	Niederlage der Franzosen bei Roßbach
1759–1788	Karl III. König von Spanien
1760–1820	Georg III. König von England
1762–1796	Katharina II. Zarin von Rußland
1763	Vertrag von Paris beendet den Siebenjährigen Krieg
1764	Tod der Marquise de Pompadour am 15. 4.
1768	Tod von Königin Maria Lesczynska
	Vermählung von Jeanne Bécu und Guillaume du Barry

1769	Madame du Barry wird die Mätresse Ludwigs XV.
1770	Vermählung des Dauphins mit Erzherzogin Marie-Antoinette
	Sturz Choiseuls
1774	Tod Ludwigs XV. am 10. 5.
1776–1783	Amerikanischer Unabhängigkeitskrieg
1789	Ausbruch der Französischen Revolution am 14. 7.
1793	Hinrichtung Ludwigs XVI. am 21. 1., Marie-Antoinettes am 16. 10., Madame du Barrys am 8. 12.

Tafel I: Die Valois (gekürzt)

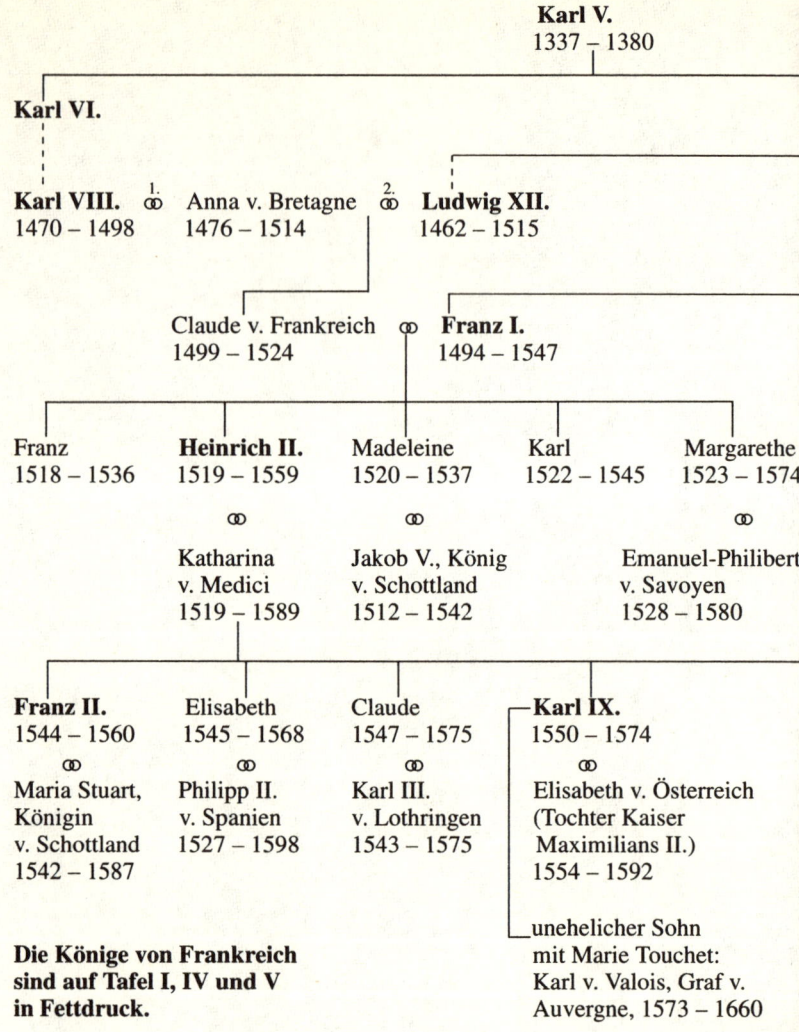

Karl V.
1337 – 1380

Karl VI.

Karl VIII. ∞¹· Anna v. Bretagne ∞²· **Ludwig XII.**
1470 – 1498   1476 – 1514   1462 – 1515

Claude v. Frankreich ∞ **Franz I.**
1499 – 1524   1494 – 1547

Franz   **Heinrich II.**   Madeleine   Karl   Margarethe
1518 – 1536   1519 – 1559   1520 – 1537   1522 – 1545   1523 – 1574

∞   ∞   ∞

Katharina   Jakob V., König   Emanuel-Philibert
v. Medici   v. Schottland   v. Savoyen
1519 – 1589   1512 – 1542   1528 – 1580

Franz II.   Elisabeth   Claude   **Karl IX.**
1544 – 1560   1545 – 1568   1547 – 1575   1550 – 1574

∞   ∞   ∞   ∞

Maria Stuart,   Philipp II.   Karl III.   Elisabeth v. Österreich
Königin   v. Spanien   v. Lothringen   (Tochter Kaiser
v. Schottland   1527 – 1598   1543 – 1575   Maximilians II.)
1542 – 1587   1554 – 1592

Die Könige von Frankreich   unehelicher Sohn
sind auf Tafel I, IV und V   mit Marie Touchet:
in Fettdruck.   Karl v. Valois, Graf v.
                                                       Auvergne, 1573 – 1660

228

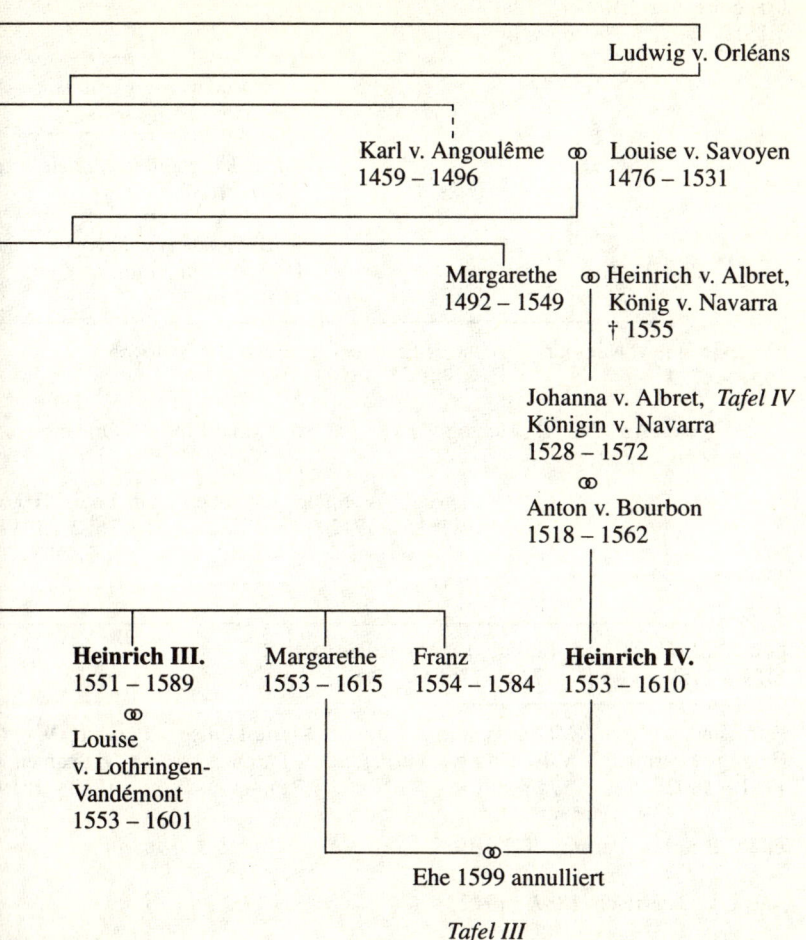

Ludwig v. Orléans

Karl v. Angoulême ∞ Louise v. Savoyen
1459 – 1496   1476 – 1531

Margarethe ∞ Heinrich v. Albret,
1492 – 1549   König v. Navarra
               † 1555

Johanna v. Albret, *Tafel IV*
Königin v. Navarra
1528 – 1572

∞

Anton v. Bourbon
1518 – 1562

Heinrich III.   Margarethe   Franz   **Heinrich IV.**
1551 – 1589   1553 – 1615   1554 – 1584   1553 – 1610
∞
Louise
v. Lothringen-
Vandémont
1553 – 1601

∞
Ehe 1599 annulliert

Tafel III

229

Tafel II: Die Nachkommen Diane de Poitiers'

Louis de Brézé ∞ Diane de Poitiers
1459 – 1531 | 1499 – 1566

Françoise ∞ Robert de la Marck,
* 1517 Herzog v. Bouillon

Karl, Herzog v. Aumale ∞
1555 – 1631

Anne, Herzogin v. Aumale ∞
1600 – 1638

Karl-Amadeus v. Savoyen, ∞
Herzog v. Nemours
1624 – 1652

Marie-Jeanne v. Nemours ∞ Karl-Emanuel II., Herzog v. Savoyen
1634 – 1724 | 1630 – 1675

Victor-Amadeus II., Herzog v. Savoyen ∞ Anne-Marie v. Orléans
1666 – 1732 1669 – 1728

Marie-Adélaïde v. Savoyen ∞ Louis, Herzo
1685 – 1712 | 1682 – 1712

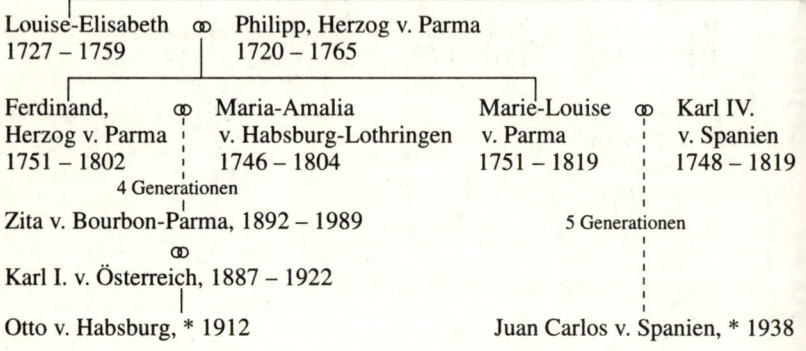

Louise-Elisabeth ∞ Philipp, Herzog v. Parma
1727 – 1759 | 1720 – 1765

Ferdinand, ∞ Maria-Amalia	Marie-Louise ∞ Karl IV.
Herzog v. Parma ¦ v. Habsburg-Lothringen	v. Parma ¦ v. Spanien
1751 – 1802 ¦ 1746 – 1804	1751 – 1819 ¦ 1748 – 1819

4 Generationen

Zita v. Bourbon-Parma, 1892 – 1989

5 Generationen

∞

Karl I. v. Österreich, 1887 – 1922

Otto v. Habsburg, * 1912   Juan Carlos v. Spanien, * 1938

230

Louise   ∞   Claude v. Lothringen-Guise,
1519 – 1577   Herzog v. Aumale
        1526 – 1573

Marie v. Lothringen-Elbeuf
1555 – 1603

Heinrich v. Savoyen, Herzog v. Nemours
1572 – 1632

Elisabeth v. Vendôme (Enkelin Gabrielle d'Estrées')   *Tafel III*
1614 – 1664

Marie-Elisabeth v. Nemours   ∞   1. Alfons VI. v. Portugal, 1643 – 1683
1635 – 1683   2. Pedro II. v. Portugal, 1648 – 1706

v. Burgund (Enkel Ludwigs XIV.)

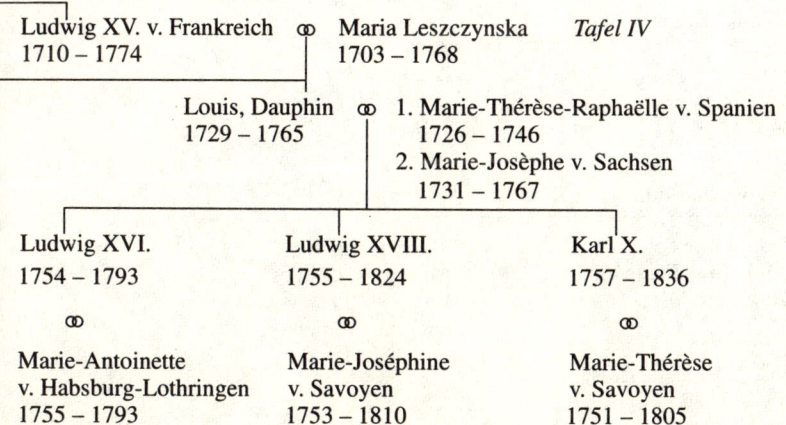

Ludwig XV. v. Frankreich   ∞   Maria Leszczynska   *Tafel IV*
1710 – 1774   1703 – 1768

      Louis, Dauphin   ∞   1. Marie-Thérèse-Raphaëlle v. Spanien
      1729 – 1765   1726 – 1746
             2. Marie-Josèphe v. Sachsen
             1731 – 1767

Ludwig XVI.   Ludwig XVIII.   Karl X.
1754 – 1793   1755 – 1824   1757 – 1836

∞   ∞   ∞

Marie-Antoinette   Marie-Joséphine   Marie-Thérèse
v. Habsburg-Lothringen   v. Savoyen   v. Savoyen
1755 – 1793   1753 – 1810   1751 – 1805

Tafel III: Die Nachkommen Heinrichs IV.

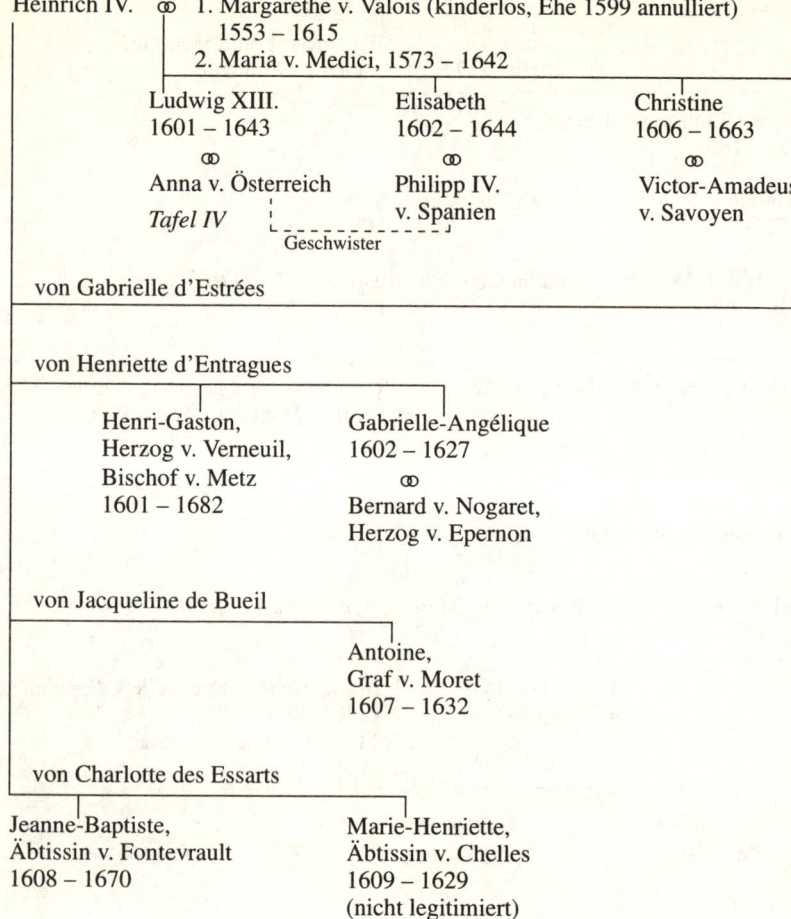

Heinrich IV. ∞ 1. Margarethe v. Valois (kinderlos, Ehe 1599 annulliert)
1553 – 1615
2. Maria v. Medici, 1573 – 1642

Ludwig XIII.	Elisabeth	Christine
1601 – 1643	1602 – 1644	1606 – 1663
∞	∞	∞
Anna v. Österreich	Philipp IV.	Victor-Amadeus I
Tafel IV	v. Spanien	v. Savoyen

Geschwister

von Gabrielle d'Estrées

von Henriette d'Entragues

Henri-Gaston,
Herzog v. Verneuil,
Bischof v. Metz
1601 – 1682

Gabrielle-Angélique
1602 – 1627

∞

Bernard v. Nogaret,
Herzog v. Epernon

von Jacqueline de Bueil

Antoine,
Graf v. Moret
1607 – 1632

von Charlotte des Essarts

Jeanne-Baptiste,
Äbtissin v. Fontevrault
1608 – 1670

Marie-Henriette,
Äbtissin v. Chelles
1609 – 1629
(nicht legitimiert)

Nicolas	Gaston	Henriette-Marie
1607 – 1611	1608 – 1660	1609 – 1669
	∞	∞
	1. Marie v. Montpensier	Karl I. v. England
	2. Margarethe v. Lothringen-Vaudémont	

César, Herzog v. Vendôme	Cathérine-Henriette	Alexandre,
1594 – 1665	1596 – 1663	Chevalier v. Vendôme,
∞	∞	Großprior v. Malta
Françoise v. Lothringen-Mercœur, 1592 – 1669	Karl v. Lothringen, Herzog v. Elbeuf 1596 – 1657	1598 – 1629

Louis, Herzog v. Mercœur, Herzog v. Vendôme	Elisabeth	François, Herzog v. Beaufort
1612 – 1669	1614 – 1664	1616 – 1669
∞	∞	
Laura Mancini (Nichte Kardinal Mazarins) 1636 – 1657	Karl-Amadeus v. Savoyen, Herzog v. Nemours 1624 – 1652	

Tafel II

Louis-Josèphe, Herzog v. Vendôme	Philippe, Großprior v. Frankreich
1654 – 1712	1655 – 1727
∞	
Marie-Anne v. Bourbon-Condé, Herzogin v. Enghien 1678 – 1718	

Tafel IV: Die Bourbonen (gekürzt)

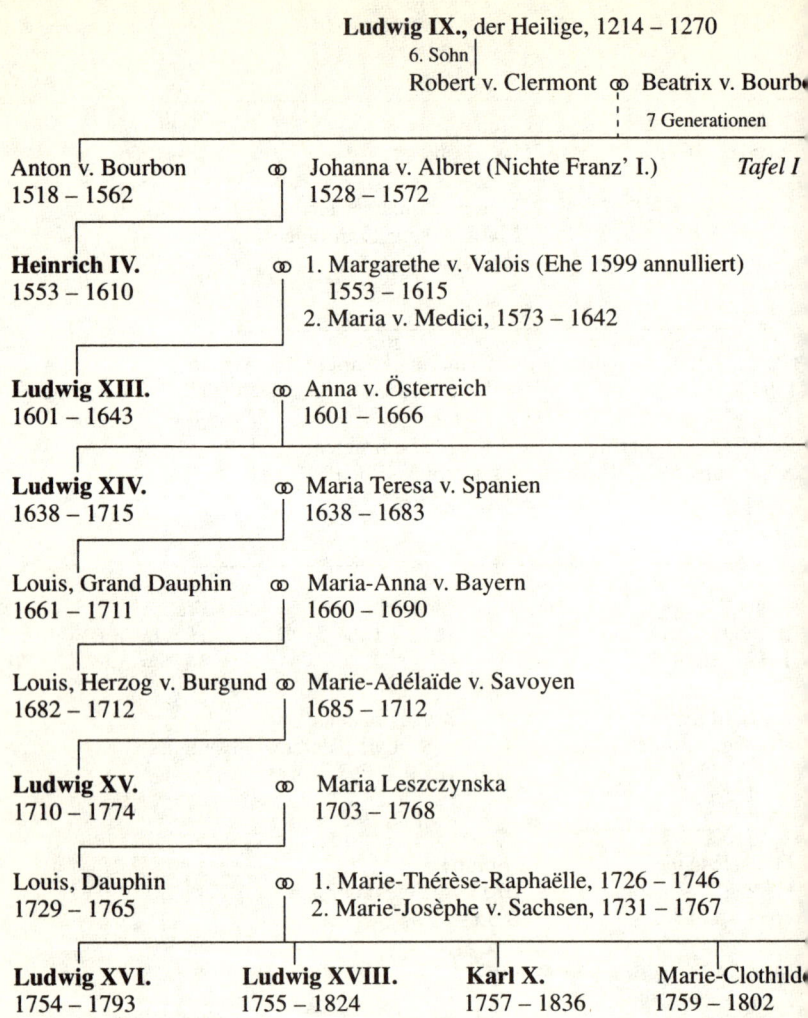

Ludwig IX., der Heilige, 1214 – 1270
6. Sohn

Robert v. Clermont ∞ Beatrix v. Bourb•

‹ 7 Generationen

Anton v. Bourbon ∞ Johanna v. Albret (Nichte Franz' I.) *Tafel I*
1518 – 1562 1528 – 1572

Heinrich IV. ∞ 1. Margarethe v. Valois (Ehe 1599 annulliert)
1553 – 1610 1553 – 1615
2. Maria v. Medici, 1573 – 1642

Ludwig XIII. ∞ Anna v. Österreich
1601 – 1643 1601 – 1666

Ludwig XIV. ∞ Maria Teresa v. Spanien
1638 – 1715 1638 – 1683

Louis, Grand Dauphin ∞ Maria-Anna v. Bayern
1661 – 1711 1660 – 1690

Louis, Herzog v. Burgund ∞ Marie-Adélaïde v. Savoyen
1682 – 1712 1685 – 1712

Ludwig XV. ∞ Maria Leszczynska
1710 – 1774 1703 – 1768

Louis, Dauphin ∞ 1. Marie-Thérèse-Raphaëlle, 1726 – 1746
1729 – 1765 2. Marie-Josèphe v. Sachsen, 1731 – 1767

Ludwig XVI. **Ludwig XVIII.** **Karl X.** Marie-Clothild•
1754 – 1793 1755 – 1824 1757 – 1836 1759 – 1802

234

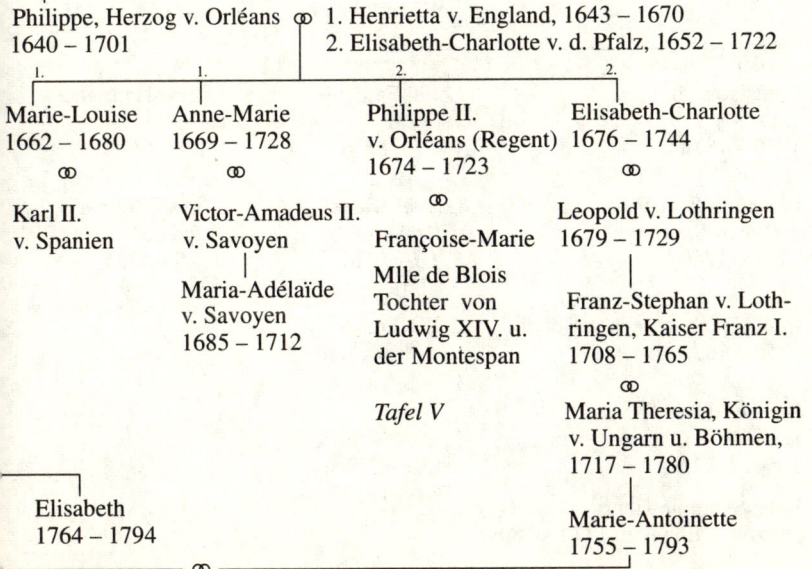

Ludwig, Prinz v. Condé
1530 – 1569

Häuser Condé und Conti

Philippe, Herzog v. Orléans ∞ 1. Henrietta v. England, 1643 – 1670
1640 – 1701   2. Elisabeth-Charlotte v. d. Pfalz, 1652 – 1722

1.   1.   2.   2.

Marie-Louise   Anne-Marie   Philippe II.   Elisabeth-Charlotte
1662 – 1680   1669 – 1728   v. Orléans (Regent)   1676 – 1744
∞   ∞   1674 – 1723   ∞

Karl II.   Victor-Amadeus II.   ∞   Leopold v. Lothringen
v. Spanien   v. Savoyen   Françoise-Marie   1679 – 1729

                             Maria-Adélaïde   Mlle de Blois   Franz-Stephan v. Loth-
                             v. Savoyen   Tochter von   ringen, Kaiser Franz I.
                             1685 – 1712   Ludwig XIV. u.   1708 – 1765
                                                          der Montespan
                                                                                        ∞
                                                          Tafel V   Maria Theresia, Königin
                                                                                        v. Ungarn u. Böhmen,
                                                                                        1717 – 1780

Elisabeth   Marie-Antoinette
1764 – 1794   1755 – 1793
                             ∞

Tafel V: Die Nachkommen Ludwigs XIV. und der Mme de

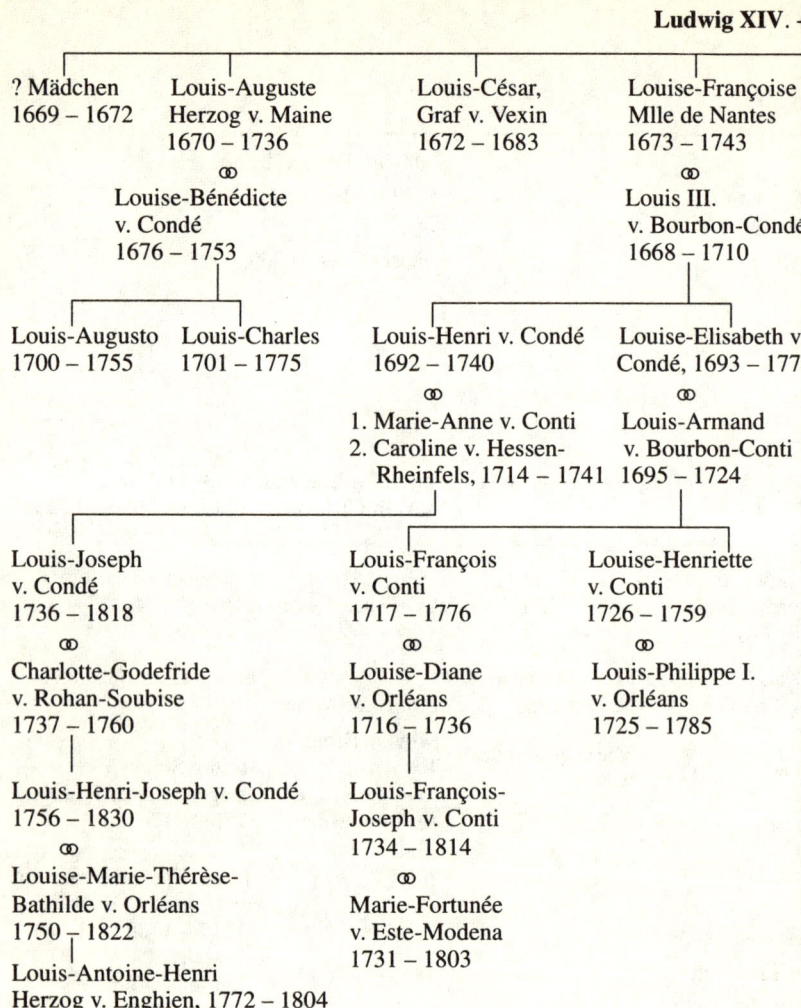

Ludwig XIV. +

? Mädchen
1669 – 1672

Louis-Auguste
Herzog v. Maine
1670 – 1736

∞

Louise-Bénédicte
v. Condé
1676 – 1753

Louis-César,
Graf v. Vexin
1672 – 1683

Louise-Françoise
Mlle de Nantes
1673 – 1743

∞

Louis III.
v. Bourbon-Condé
1668 – 1710

Louis-Augusto
1700 – 1755

Louis-Charles
1701 – 1775

Louis-Henri v. Condé
1692 – 1740

∞

1. Marie-Anne v. Conti
2. Caroline v. Hessen-
   Rheinfels, 1714 – 1741

Louise-Elisabeth v.
Condé, 1693 – 1775

∞

Louis-Armand
v. Bourbon-Conti
1695 – 1724

Louis-Joseph
v. Condé
1736 – 1818

∞

Charlotte-Godefride
v. Rohan-Soubise
1737 – 1760

Louis-Henri-Joseph v. Condé
1756 – 1830

∞

Louise-Marie-Thérèse-
Bathilde v. Orléans
1750 – 1822

Louis-Antoine-Henri
Herzog v. Enghien, 1772 – 1804

Louis-François
v. Conti
1717 – 1776

∞

Louise-Diane
v. Orléans
1716 – 1736

Louis-François-
Joseph v. Conti
1734 – 1814

∞

Marie-Fortunée
v. Este-Modena
1731 – 1803

Louise-Henriette
v. Conti
1726 – 1759

∞

Louis-Philippe I.
v. Orléans
1725 – 1785

Montespan und das französische Königshaus (gekürzt)

Mme de Montespan

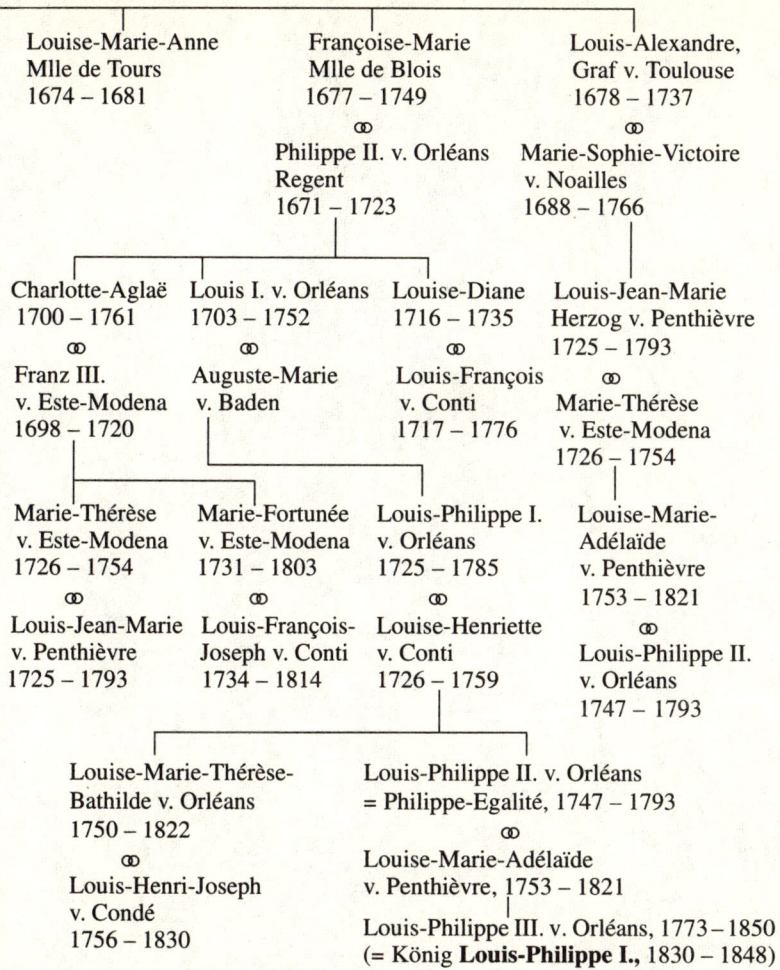

Louise-Marie-Anne	Françoise-Marie	Louis-Alexandre,
Mlle de Tours	Mlle de Blois	Graf v. Toulouse
1674 – 1681	1677 – 1749	1678 – 1737
	∞	∞
	Philippe II. v. Orléans	Marie-Sophie-Victoire
	Regent	v. Noailles
	1671 – 1723	1688 – 1766

Charlotte-Aglaë	Louis I. v. Orléans	Louise-Diane	Louis-Jean-Marie
1700 – 1761	1703 – 1752	1716 – 1735	Herzog v. Penthièvre
∞	∞	∞	1725 – 1793
Franz III.	Auguste-Marie	Louis-François	∞
v. Este-Modena	v. Baden	v. Conti	Marie-Thérèse
1698 – 1720		1717 – 1776	v. Este-Modena
			1726 – 1754

Marie-Thérèse	Marie-Fortunée	Louis-Philippe I.	Louise-Marie-
v. Este-Modena	v. Este-Modena	v. Orléans	Adélaïde
1726 – 1754	1731 – 1803	1725 – 1785	v. Penthièvre
∞	∞	∞	1753 – 1821
Louis-Jean-Marie	Louis-François-	Louise-Henriette	∞
v. Penthièvre	Joseph v. Conti	v. Conti	Louis-Philippe II.
1725 – 1793	1734 – 1814	1726 – 1759	v. Orléans
			1747 – 1793

Louise-Marie-Thérèse-
Bathilde v. Orléans
1750 – 1822

∞

Louis-Henri-Joseph
v. Condé
1756 – 1830

Louis-Philippe II. v. Orléans
= Philippe-Egalité, 1747 – 1793

∞

Louise-Marie-Adélaïde
v. Penthièvre, 1753 – 1821

Louis-Philippe III. v. Orléans, 1773 – 1850
(= König **Louis-Philippe I.,** 1830 – 1848)

LITERATURVERZEICHNIS

Andrieux, Maurice: Henri IV, Paris 1955

Arneth, Alfred Ritter v.: Maria Theresia und Marie Antoinette. Ihr Briefwechsel, Wien 1866

Audiat, Pierre: Madame de Montespan, Paris 1938

Bailly, Auguste: Madame de Maintenon, Paris 1942

Bachaumont, Louis Petit de: Mémoires secrets, Paris 1830

Berger de Xivery, Jules: Lettres missives de Henri IV, Paris 1843–76

Bernier, Olivier: Ludwig XIV., Zürich 1989

– ders.: Ludwig XV., Zürich 1986

Bertier de Sauvigny, G. de: Histoire de France, Paris 1977

Bolle, Jacques: Pourquoi tuer Gabrielle d'Estrées?, Paris 1955

Bordonove, Georges: Les Rois qui on fait la France. Louis XV, Paris 1982

Brion, Marcel: Die Medici, München 1986

Capefigue, Baptiste, Honoré-Raymond: Diane de Poitiers, Paris 1860

– ders.: Gabrielle d'Estrées, Paris 1859

Carmona, Michel: Marie de Médicis, Paris 1981

Carré, Henri: Gabrielle d'Estrées, Paris 1935

Castelot, André: François Ier, Paris 1983

– ders.: Heinrich IV., Sieg der Toleranz, Gernsbach 1987

Castries, René duc de: Madame du Barry, Paris 1967

Chandernagor, Françoise: L'Allée du Roi, Paris 1982

Cloulas, Ivan: Cathérine de Médicis, Paris 1979

Cordelier, Jean: Madame de Maintenon, Paris 1955

Créquy, Marquise de: Souvenirs, Paris 1892

Croy, duc de: Journal inédit, Paris 1906/07

Desclozeaux, Adrien: Gabrielle d'Estrées, Paris 1889

Dupleix, Scipion: Histoire de Henry le Grand, Paris 1612–14

Dufort, Comte de Cheverny: Mémoires sur le Règne de Louis XIV et de Louis XV, Paris 1886

Du Hausset, Madame de: La Reine Pompadour, Paris 1942

Dutens, Louis: Mémoires d'un voyageur qui se repose, Paris 1806

Edwards, Samuel: Lady of France, Gabrielle d'Estrées, London 1964

Erlanger, Philippe: Diane de Poitiers, Paris 1955

– ders.: L'etrange mort de Henri IV, Paris 1963

Haldane, Charlotte: Madame de Maintenon, London 1970

Hastier, Louis: Louis XIV et Madame de Maintenon, Paris 1957

Héritier, Jean: Cathérine de Médicis, Paris 1964

Kermina, Françoise: Marie de Médicis, Paris 1979

Lanouvelle, Lieutnant-Colonel de: Gabrielle d'Estrées et les Bourbon-Vendôme, Paris 1936

Lefranc, Abel: La vie quotidienne au temps de la Renaissance, Paris 1950

Leroy, Alfred: Madame du Barry, Paris 1942

Levis-Mirepoix, duc de: Henri IV, Paris 1971

Levron, Jacques: Secrète Madame de Pompadour, Paris 1961

– ders.: Le Destin de Madame du Barry, Paris 1961

– ders.: La vie quotidienne à la cour de Versailles, Paris 1965

Ligne, Karl Josef Fürst von: Briefe und Erinnerungen, Stuttgart 1979

Loomis, Stanley: Die Dubarry, München 1960

Louis XIV: Lettres, Paris 1930

Madinier, Renée: Amours royales et impériales, Paris 1967

– ders.: Die Damen der Könige, Berlin, Wien 1967

Maintenon, Marquise de: Lettres, Paris 1935

Merki, Charles: La Marquise de Verneuil, Paris 1912

Mitford, Nancy: Madame de Pompadour, München 1963

Mongrédien, Georges: Madame de Montespan et l'Affaire des Poisons, Paris 1953

Petitfils, Jean-Christian: Madame de Montespan, Paris 1988

Pompadour, Marquise de: Correspondance, Paris 1878

– dies.: Die Briefe, Dresden 1922

Saint-Simon, duc de: Mémoires, Paris 1983

Schreiber, Hermann: Die ungekrönte Geliebte, München 1967

– ders.: Marie Antoinette, München o. J.

Simanyi, Tibor: Madame de Pompadour, Düsseldorf 1979

Sully, Maximilien de Béthune, duc de: Mémoires ou œconomies royales, 1664

Tallémant de Réaux: Historiettes, Paris 1840

Thierry, Adrien: Diane de Poitiers, Paris 1955

– ders.: La Marquise de Pompadour, Paris 1959

Vigée-Lebrun, Elisabeth: Souvenirs, Paris 1869

– dies.: Erinnerungen, Weimar 1912

Visconti, Primi: Memorie d'un avventuriero alla corte di Luigi XIV, Rom 1945

Zweig, Stefan: Marie Antoinette, Frankfurt am Main 1981

PERSONENREGISTER

Adélaïde (Madame), Prinzessin von Frankreich (Tochter Ludwigs XV.) 184, 194
Aiguillon, Herzog von 192, 200
Alba, Herzog von 38
Albret, Marschall von 90, 115, 117
d'Alembert, Jean-Baptiste 163
Alexandre, Chevalier von Vendôme = Vendôme, Chevalier von
Alexandrine (Tochter der Marquise de Pompadour) 161, 171, 181
d'Amerval, Nicolas 49, 53, 61
Angoulême, Franz von = Franz I., König von Frankreich
Angoulême, Heinrich von (Sohn Heinrichs II. und der Lady Fleming) 35
Anjou, Herzog von = Philipp V., König von Spanien
Anna von Österreich, Königin von Frankreich 113
d'Antin, Marquis = Montespan, Louis Antoine de
d'Argenson, Marc Pierre comte 156, 169, 174f.
d'Aubigné, Agrippa 59, 110
d'Aubigné, Charles 112, 127, 131
d'Aubigné, Constant 110f.
d'Aubigné Françoise (Tochter von Charles d'Aubigné) 131
d'Aubigné Françoise = Maintenon, Madame de
d'Aubigné Jeanne 110
August der Starke, Kurfürst v. Sachsen 8

Babou de la Bourdaisière, Françoise de 48
Balagny, Marschall von 57
Balbien, Nanon 116, 127
Batarnay, Jeanne de 10
Béarn, Gräfin von 189
Beaufort, François-Gaston, Herzog von 77
Beaufort, Herzogin von = d'Estrées, Gabrielle
Beaujeu, Anna von, Herzogin von Bourbon 11
Beaujeu, Pierre von, Herzog von Bourbon 11
Bécu, Anne 185
Bécu, Jeanne = Du Barry, Jeanne comtesse
Bellegarde, Roger de Saint-Lary, Herzog von 48ff., 70
Bernis, Abbé de 154, 177
Berry, Charles Herzog von (dritter Enkel Ludwigs XIV.) 141

Biron, Marschall von 73f.

Blache 208, 210, 213f.

Blois, Mademoiselle de (Françoise-Marie, Herzogin von Orléans) 91, 96, 106, 125, 132

Bossuet, Bischof von Meaux 124, 136

Boucher, François 160, 162

Bouillon, Herzog von = La Marck, Robert de

Bourbon, Antoinette von, Herzogin von Guise 24

Bourbon, Karl von, Konnetabel 11f., 14

Bourbon, Suzanne Herzogin von 11, 14

Bourbon-Condé, Herzogin von = Nantes, Mademoiselle de

Bourbon-Condé, Louis III., Herzog von 105

Bourbon-Condé, Louise-Bénédicte von 106

Braganza, Herzog von 68

Brézé, Françoise de 12, 24

Brézé, Louis de 12, 15, 18, 32

Brézé, Louise de 12, 27, 33, 44

Brinvilliers, Madeleine marquise de 99f.

Brissac, Hércule-Timoléon de Cossé, Herzog von 202, 204, 207ff.

Bueil, Jacqueline de 75

Burgund, Louis Herzog von 136ff., 141

Burgund, Marie-Adélaide, Herzogin von 44, 137f., 141

Capello, Bianca 67

Cardilhac, Jeanne de = d'Aubigné, Jeanne

Cathérine-Henriette von Vendôme = Vendôme, Cathérine-Henriette

Caylus, comtesse de 131

Cellini, Benvenuto 32

César, Herzog von Vendôme = Vendôme, Herzog von

Chardin, Jean-Baptiste 162

Charles-Emanuel (»demi Louis«), Sohn Ludwigs XV. und der Madame de Vintimille 171

Chartres, Herzog von = Philipp II. von Orléans (Regent)

Châteaubriant, Françoise de 13

Châteauroux, Marie-Anne, Herzogin von 147, 149ff.

Cheverny, Graf von 48

Choin, Mademoiselle 137

Choiseul, Herzog von (Graf von Stainville) 169, 181, 190ff.

Choiseul-Romanet, Madame de 169f.

Choisy, Abbé de 92

245

Biographien

Dirk Van der Cruysse

»Madame sein ist ein ellendes Handwerck«

Liselotte von der Pfalz – eine deutsche Prinzessin am Hof des Sonnenkönigs. Aus dem Französischen von Inge Leipold. 752 Seiten. SP 2141

Ein unvergleichliches Bild ihrer Zeit hat Liselotte von der Pfalz in ihren 60 000 Briefen hinterlassen. In diesen Universalreportagen beschreibt sie ihr Leben am Hof ihres Schwagers, des Sonnenkönigs Ludwig XIV., freimütig, spöttisch, oft derb. Die Intrigen und Ränkespiele, die politischen Krisen und die glänzenden Feste bei Hof fanden in »Madame«, der Tochter des Kurfürsten Karl Ludwig von der Pfalz, eine kluge und geistreiche Beobachterin.

»Van der Cruysses Werk berichtet so frisch, wie es seinem Objekt zukommt.«
Die Zeit

»Dirk Van der Cruysse gelang es in bravouröser Weise, diese ungewöhnliche Frau zu rehabilitieren.«
Die Welt

Friedrich Weissensteiner

Franz Ferdinand

Der verhinderte Herrscher. 246 Seiten mit 77 Abbildungen. SP 1532

Eine bekannte Figur auf der geschichtlichen Bühne ist Franz Ferdinand vor allem durch seinen Tod. Die Schüsse von Sarajewo haben den Plänen ein gewaltsames Ende gesetzt, die dieser markanteste Kopf der ausgehenden Donaumonarchie für sein Land entworfen hatte.

Die rote Erzherzogin

Das ungewöhnliche Leben der Tochter des Kronprinzen Rudolf. 228 Seiten mit 27 Abbildungen. SP 1527

Reformer, Republikaner und Rebellen

Das andere Haus Habsburg-Lothringen. 320 Seiten. SP 1954

Die »anderen« Habsburger, das sind die Aufklärer und Liberalen im Erzhaus seit Joseph II.

Große Herrscher des Hauses Habsburg

700 Jahre europäische Geschichte. 384 Seiten mit zahlreichen Abbildungen. SP 2549

Biographien

Vincent Cronin
Katharina die Große
Biographie. Aus dem Englischen von Karl Berisch. 423 Seiten.
SP 2319

Vincent Cronin porträtiert die schillernde Persönlichkeit der russischen Kaiserin, ihr ereignisreiches Privatleben und ihre großen Leistungen als Regentin – gerade auch bei der Verwirklichung weitreichender Sozialreformen.
Im Jahre 1762 bestieg die deutsche Prinzessin Sophie Friederike von Anhalt-Zerbst in Moskau den Thron der russischen Zaren und wurde Katharina II. Die Geschichte verlieh ihr den Beinamen »die Große«. Bis zu ihrer Thronbesteigung hatten erschreckende Brutalität, derbe Ausschweifungen und Günstlingswirtschaft das Leben am Zarenhof geprägt. Doch dann lenkte Katharina während einer glänzenden Regierungszeit von mehr als dreißig Jahren ihr Land mit politischem Weitblick. Das russische Volk verdankt ihr Reformen in Justiz und Verwaltung, die Verbesserung der sozialen Wohlfahrt und die Neuordnung des Bildungswesens. Katharina die Große war es auch, die 32 000 deutsche Bauern an der Wolga ansiedelte und ihnen je 142 Morgen Land gab. Unter Verwendung neuer Quellen korrigiert Vincent Cronin ein falsches Geschichtsbild und läßt vor dem Hintergrund von Katharinas widerspruchsvollem Leben die bewegte Epoche der europäischen Aufklärung und des höfischen Rokoko lebendig werden.

»Cronins Werk ist *das* Musterbeispiel einer geglückten Lebensbeschreibung überhaupt.«
Die Welt

Prinz Roman Romanow
Am Hof des letzten Zaren
1896–1919. Herausgegeben von Prinz Nikolai und Prinz Dimitri Romanow. Aus dem Dänischen von Lothar Schneider. 480 Seiten mit 32 Seiten Abbildungen.
SP 2460

Eine interessante Innenansicht der prächtigen, streng abgeschirmten, fast mystischen Welt der Zarenfamilie.

Biographien

Brigitte Hamann
Elisabeth
Kaiserin wider Willen. 660 Seiten mit 57 Fotos. SP 990

Das übliche süße Sisi-Klischee wird man in diesem Buch vergeblich suchen: Elisabeth, Kaiserin von Österreich, Königin von Ungarn, war eine der gebildetsten und interessantesten Frauen ihrer Zeit; eine Königin, die sich von den Vorurteilen ihres Standes zu befreien vermochte. Häufig entfloh sie der verhaßten Wiener »Kerkerburg«, weil sie nicht bereit war, sich von den Menschen »immer anglotzen« zu lassen. Statt dessen war sie monatelang auf Reisen, lernte Sprachen und trieb – im Rittersal der Hofburg! – Sport. Schon vor dem Attentat war sie eine legendäre Figur geworden.

Meine liebe, gute Freundin!
Die Briefe Kaiser Franz Josephs an Katharina Schratt aus dem Besitz der Österreichischen Nationalbibliothek. Herausgegeben und kommentiert von Brigitte Hamann. 560 Seiten mit zahlreichen Abbildungen. SP 2228

Rudolf
Kronprinz und Rebell. 534 Seiten mit 35 Abbildungen. SP 800

»... ein Buch, das keineswegs nur historisch interessierte Leser fesseln kann, sondern auch eine reiche Fundgrube für psychologisch Interessierte bedeutet, weil Rudolfs späteres unglückliches Schicksal hier ganz klar und eindeutig aus den katastrophalen äußeren Umständen seiner Kindheit und Erziehung erklärt wird.«
Wochenpresse, Wien

Kronprinz Rudolf »Majestät, ich warne Sie...«
Geheime und private Schriften. Herausgegeben von Brigitte Hamann. 448 Seiten. SP 824

Diese Schriften geben einen aufschlußreichen Einblick hinter die Kulissen der k.u.k. Monarchie.

»Hier kommt der Kronprinz unmittelbar zu Wort... Es spricht ein erschütternd wirkender Zeuge für eine sich ausweglos abzeichnende Lage, die der sensible Prinz offenbar schon sehr früh erkannt hatte und nicht ändern konnte.«
Die Presse, Wien

SERIE PIPER

Eine große Herrscherpersönlichkeit war Maria
Stuart nicht. Auch Karl I. von England, Ludwig XVI., Maximilian von Mexiko und Nikolaus II.
konnten ihren politischen Gegnern nicht das Wasser reichen. Ihr gewaltsamer Tod aber macht sie bis
heute interessant ...